本书成果是国家社科基金"基于企业生产行为的创新补贴政策绩效管理激励约束机制研究"（项目批准号：21BJY197）的阶段性成果。

专利密集型产业的创新绩效及其空间特征研究

曹建云 ◎ 著

PERFORMANCE AND
SPATIAL CHARACTERISTICS OF
PATENT-INTENSIVE
INDUSTRIES' INNOVATION

中国财经出版传媒集团

经济科学出版社
Economic Science Press

·北 京·

图书在版编目（CIP）数据

专利密集型产业的创新绩效及其空间特征研究／曹
建云著 . -- 北京：经济科学出版社，2024. 8. -- ISBN
978 - 7 - 5218 - 6252 - 2

Ⅰ. F269. 24

中国国家版本馆 CIP 数据核字第 20246ZE616 号

责任编辑：卢玥丞　赵　岩
责任校对：刘　娅
责任印制：范　艳

专利密集型产业的创新绩效及其空间特征研究

ZHUANLI MIJIXING CHANYE DE CHUANGXIN

JIXIAO JIQI KONGJIAN TEZHENG YANJIU

曹建云　著

经济科学出版社出版、发行　新华书店经销

社址：北京市海淀区阜成路甲 28 号　邮编：100142

总编部电话：010 - 88191217　发行部电话：010 - 88191522

网址：www. esp. com. cn

电子邮箱：esp@ esp. com. cn

天猫网店：经济科学出版社旗舰店

网址：http://jjkxcbs. tmall. com

北京季蜂印刷有限公司印装

710 × 1000　16 开　22.75 印张　350000 字

2024 年 8 月第 1 版　2024 年 8 月第 1 次印刷

ISBN 978 - 7 - 5218 - 6252 - 2　定价：92.00 元

（图书出现印装问题，本社负责调换。电话：010 - 88191545）

（版权所有　侵权必究　打击盗版　举报热线：010 - 88191661

QQ：2242791300　营销中心电话：010 - 88191537

电子邮箱：dbts@ esp. com. cn）

前言

《知识产权强国建设纲要（2021－2035年）》提出，实施知识产权强国战略，全面提升我国知识产权综合实力，大力激发全社会创新活力，建设中国特色、世界水平的知识产权强国。当今世界正经历百年未有之大变局，新一轮科技革命和产业变革深入发展，国际力量对比深刻调整，国际环境日趋复杂，不稳定性不确定性明显增加。进入新发展阶段，推动高质量发展是保持经济持续健康发展的必然要求，知识产权作为国家发展战略性资源和国际竞争力核心要素的作用日益凸显。

专利密集型产业既是以专利为核心生产要素的产业，也是关键技术和核心技术的主要生产载体，发展专利密集型产业打通科技创新与经济发展之间通道已经成为共识。提升专利密集型产业的创新绩效是实施知识产权强国战略、推动经济高质量发展的重要举措。从经济高速增长到经济高质量发展阶段，实现创新驱动是动能转换的根本，其核心是要凸显知识产权在国家发展和国际竞争力提升中的核心要素作用，没有知识产权的支撑，任何企业都难以在价值链高端有立锥之地，坚持价值链高端取向，必然要求坚持知识产权导向，攀登价值链的高端，必然要求从依靠密集的劳动力及资源投入，转向依靠密集的知识产权创造与应用。在经济转型和知识产权质量提升背景下，发挥知识产权密集型产业尤其是专利密集型产业对经济的引领作用，无疑需要把握专利密集型产业的创新绩效及其空间特征。

本书研究专利密集型产业创新绩效的时空演变规律，试图从五个方面研究提升专利密集型产业创新绩效的理论与实践问题。

一是专利密集型产业创新绩效的内涵是什么。正确识别和把握创新绩效的内涵是客观评价创新绩效现状的基础和前提。专利密集型产业的创新绩效要从创新产出效果及创新效率两个方面把握，一方面，从经济贡献、就业贡献、科技贡献等方面，研究专利密集型产业作为对专利及专利保护的依赖程度较高的产业，依赖于专利权保护对技术、创新和社会福利发展的促进；另一方面，从创新投入与创新产出角度，对科技研发阶段和经济产出阶段的创新效率进行评价。

二是专利密集型产业创新绩效水平及其影响因素是什么。以 IncoPat 科技创新情报平台和国家知识产权局官网下载的专利数据为基础，测度专利密集型产业创新绩效，结果显示：①从创新产出效果来看，发明专利密集型工业的社会经济贡献较大，对工业总产值的贡献超过50%、对工业销售产值的贡献接近60%、对出口的贡献超过70%、对新产品销售收入的贡献达到80.21%；无论是发明申请还是发明授权，专利密集型工业的贡献率远高于非专利密集型工业，2008~2017年专利密集型工业对发明申请的贡献率基本稳定在92%左右，对发明授权的贡献率均在92%以上。②从创新效率来看，2008~2018年，专利密集型工业行业的技术效率、纯技术效率和规模效率分别为0.685、0.991、0.691，都高于非专利密集型工业行业。从变化趋势来看，专利密集型和非专利密集型工业行业的技术效率、纯技术效率和规模效率总体而言都呈现上升的趋势，其中技术效率和规模效率的上升趋势较为明显，专利密集型和非专利密集型工业行业的技术效率分别提升了0.153和0.233，规模效率分别提升了0.145和0.227，规模效率提升对技术效率的贡献度分别为94.95%和97.58%。即把创新过程看成"黑箱"，技术效率的提升主要源于规模效率的提升，表明在创新过程中，企业或组织主要通过扩大规模而非单纯提高技术和管理效率来提高整体效率，政策制定者可以通过优化资源配置和规模效应如支持企业扩大规模、优化产业结构、提高资源利用效率等措施，促进创新和技术进步。从创新过程来看，专利密集型工业行业科技研发阶段的技术效率和规模效率分别为0.533和0.285，分别比非专利密集型工业行业高

0.243 和 0.268，纯技术效率为 0.925，比非专利密集型工业行业低 0.014；专利密集型工业行业经济产出阶段的技术效率、纯技术效率和规模效率分别为 0.657、0.985、0.668，分别比非专利密集型工业行业高 0.277、0.009 和 0.279。③从影响因素来看，创新全过程中，行业盈利能力、人力资本水平对创新效率的影响显著为正，研发强度对创新效率的影响显著为负。科技研发阶段和经济产出阶段两个创新子过程中，人力资本水平、行业盈利能力、对外开放水平都显著促进了创新效率的提升；企业规模、产学研合作水平都在一定程度上抑制了创新效率的提升。研发强度、学习和吸收能力、固定资产投资均显著促进了科技研发阶段的创新效率，但显著地抑制了经济产出阶段的创新效率。

　　三是专利密集型产业创新主体构成、创新模式及创新网络空间特征是什么。用发明申请和发明授权专利反映创新产出，结果显示，①从创新主体的构成来看，2008～2017 年的发明申请专利中，81.79% 来自企业，7.54% 来自高等院校，6.90% 来自个人。2008～2017 年的发明授权专利中，80.06% 来自企业，10.69% 来自高等院校，5.59% 来自研究所。②从创新模式来看，2008～2017 年，发明申请专利以独立申请为主，独立申请专利数 227647 件，占 85.87%，合作申请专利数 37454 件，占 14.13%；从变化趋势来看，2008～2017 年，合作申请的比重呈现出不断下降的趋势，2008 年为 20.34%，2017 年下降到 7.27%。2008～2017 年，授权专利以独立申请为主，独立申请的发明授权专利数 78727 件，占 90.39%，合作申请的发明授权专利 8369 件，占 9.61%。从变化趋势来看，合作申请的授权专利的比重呈现出不断下降的趋势，2008 年为 11.80%，2017 年下降到 9.22%。在合作对象的选择上，不同类型的主体的选择呈现明显的差异，44.25% 的企业选择与企业合作申请专利，而研究所、高等院校和其他机构和组织选择与自身同类型的主体合作申请专利的比重非常低，分别为 8.77%、4.33% 和 0，表明研究所、高等院校和其他机构和组织主要通过与异质性的主体进行合作创新，与此相反的是，个人更倾向于与同类型的主体合作申请专利。③从创新空间特征来看，无论是人员投入还是经费投入，创新投入较高的省区市集中在广东、江苏、浙江、山东等。从创新产出的空间分布来看，无论是新产品开发项目数还是新产品销售收入，广东、江苏、浙江均位列前三，广东最高，两个指标分别占全国的15.82%和15.84%；其次是江苏，两个指标分别占全国的15.34%和15.17%；浙江排第三，两个指标分别占全国的14.55%和11.29%。

四是合作创新网络有哪些特征、创新网络的区域异质性如何、创新网络如何影响创新绩效。①从合作创新网络特征来看，合作创新网络规模从2008年222个创新主体增加到2016年的708个创新主体；网络密度不高，呈现下降趋势，从2008年的0.047下降到2016年的0.011，创新主体联系不够紧密；创新网络聚集系数都大于1，创新主体之间的连通性较好；度数中心势较低，2008~2016年均低于0.5%，而且呈现下降趋势，说明创新网络的集中趋势并不是很明显，网络中的节点分布相对均匀，没有出现少数节点占据主导地位的情况，缺少创新的领导力量，联系比较松散。个体网络特征方面，合作创新超过1000次的创新主体有12个，分别是鸿海精密工业股份有限公司、鸿富锦精密工业（深圳）有限公司、中国移动通信集团公司、国家电网公司、海洋王照明科技股份有限公司、三星电子株式会社、北京三星通信技术研究有限公司、深圳市海洋王照明工程有限公司、美的集团股份有限公司、中国移动通信有限公司研究院、清华大学、北京奇虎科技有限公司。②从创新网络省际差异和城际差异来看，2008~2017年，31个省区市合作创新网络的聚集系数为44.167，说明创新主体之间的连通性很好；度数中心势整体较高，为16.13%，表明合作创新网络的集中趋势比较明显，存在处于中心位置的省份；网络平均最短路径长度值为1.594，表明任意两个节点之间平均需要通过2个中间节点才能实现连接，各省区市创新网络之间整体连接效率高。205个城市的合作创新网络聚集系数为7.360，表明创新主体之间的连通性一般；度数中心势为1.64%，表明网络中的权力或影响力相对较为分散，没有特别突出的中心节点；网络平均最短路径长度值为2.367，表明任意两个节点之间平均需要通过3个中间节点才能实现连接，各城市创新网络之间整体连接效率不够高。③合作广度、合作深度、是否主导合作创新对合作创新数量和质量均产生了显著的正向影响，省外合作次数对合作创新数量和质量均产生了微弱但显著的负向影响，网络根植性对合作创新数量和质量的影响均不显著。合作创新网络对创新绩效的影响在不同类型主体之间存在明显的差异：合作广度对创新数量和创新质量的影响方面，企业大于高等院校和研究所；合作深度对创新数量和创新质量的影响方面，高等院校和研究所大于企业；是否主导合作对创新数量的影响方面，企业大于高等院校和研究所；是否主导合作对创新质量的影响方面，高等院校和研究所大于企业。此外，合作创新网络对创新绩效的影响在主导创新合作的不同水平上存在明显的差异：合作广度和合作深度能显著促进主导创新合作次数不多的创新主体的创新数量和创新质量，对主导创新合作次数较多的创新主体的创新数量和质量的影响不显著；网络根植性能显著促进主导创新合作次数较多的创新主体的创新数量和创新质量，对主导创新合作次数不多的创新主体的创新数量和创新质量的影响不显著；省外合作次数显著促进了主导创新合作次数较多的创新主体的创新数量，但对其创新质量提升的促进作用不显著；省外合作次数对主导创新合作次数不多的创新主体的创新数量和创新质量都产生了显著的抑制作用。

五是专利密集型产业创新绩效是否存在空间效应。①无论是科技研发阶段的创新产出专利申请量、经济产出阶段的创新产出新产品销售收入还是全过程的创新效率，都存在显著的空间效应。表明在科技创新的不同阶段以及创新全过程中，各区域或实体之间的表现并非孤立，而是存在一种相互影响的负向关系。②在科技研发阶段，R&D 内部支出经费、科技机构人员对本地区的专利申请量产生了显著的正向促进作用，对周围地区也产生了正向的空间溢出作用，只是目前溢出效应不显著。③在经济产出阶段，专利申请量对本地区和周围地区的新产品销售收入具有显著的促进作用；技术改造经费对本地区新产品销售收入具有显著的促进作用，但对周围地区新产品销售收入的正向影响不显著。④对创新效率而言，开发新产品经费占 GDP 比重的提升能显著促进本地区和周围地区的创新效率提升；技术引进和消化吸收资金投入占 GDP 比重提升显著抑制了本地区和周围地区的创新效率提升。

本书是学术探究与应用分析相结合的成果，是一本运用创新经济学分析产业发展的著作。本书包括八章内容，由广州国家创新型城市发展研究中心的曹建云撰写而成，同时感谢马泽雯、蔡周雯、陈鸿杰、蔡雨江等同学在本书撰写过程中提供的帮助。本书得到了国家社科基金"基于企业生产行为的创新补贴政策绩效管理激励约束机制研究"（项目批准号：21BJY197）资助，特此感谢。

曹建云

2024 年 6 月 23 日

目 录

第一章

引　言

第一节　研究问题的提出

一、研究背景

（一）知识产权日益成为国家发展的战略性资源和国际竞争力的核心要素

在第四次工业革命和创新驱动发展战略下，知识产权日益成为国家发展的战略性资源和国际竞争力的核心要素，知识产权密集型产业对经济和就业的贡献日益突出。自从 20 世纪 50 年代以来，世界上众多国家都纷纷在各自不同的起点上，努力寻求实现工业化和现代化的路径。一些国家主要依靠自然资源的禀赋优势增加国民财富，如中东石油资源强国，其发展路径充满坎坷；一些国家主要依附于发达国家的资本、市场和技术，做发达国家的加工基地，如一些拉丁美洲国家，世界经济的风吹草动极易引起依存国家的轩然大波，从而遭遇所谓的"中等收入陷阱"，其发展路径并不顺畅；而创新型国家把科技创新作为基本战略，大幅度提高科技创新能力，形成日益强大的国家竞争优势和国际话语权，尤其是第四次工业革命以来，创新成为经济发展的主要驱动力，知识产权日益成为国家发展的战略性资源和国际竞争力的核心要素。美国作为全球最为发达的市场经济国家，几乎所有的产业都在一定程度上依赖知识产权，2012 年 5 月，美国商务部下属经济统计管理局（Economic Statistics Administration，ESA）及美国专利商标局（United States Patent and Trademark Office，USPTO）联合发布了《知识产权与美国经济：产业聚焦》，该报告中指出，2010 年，知识产权密集型产业为美国国内生产总值（GDP）贡献了 5.06 万亿美元，占当年美国 GDP 的 34.8%[①]。2013 年 9 月，欧洲专利局（EPO）和欧盟内部市场协调局（OHIM）联合发布《知识产权密集型产业对欧盟经济及就业的贡献》专题报告，报告显示，2008 年至 2010 年知识产权密集型产业对欧盟贡献了 26% 的就业和 39% 的 GDP[②]。

党的十八大提出实施创新驱动发展战略，强调科技创新是提高社会生产力和综合国力的战略支撑，必须摆在国家发展全局的核心位置。习近平总书记多次就科技创新发表重要讲话，对实施创新驱动发展战略做出明确指示。实施创新驱动发展战略已成为国家顺应时代潮流、把握发展机遇的必然选择。以专利为重要组成部分的知识产权是反映创新能力最直接和最具体的体现，是一个国家或地区经济社会发展重要的内在动力和决定性因素。拥有知识产权的数量和质量以及运用知识产权的能力和水平已成为衡量一个国家和地区创新水平、经济发展实力以及综合竞争能力的重要指标。特别是 2015 年以来，党中央、国务院出台多份与知识产权密集型产业相关的重要文件。2015 年 1 月 4 日，《国务院办公厅关于转发知识产权局等单位深入实施国家知识产权战略行动计划（2014 - 2020 年）的通知》明确指出，深入实施知识产权战略是全面深化改革的重要支撑和保障，是

---

① 《知识产权与美国经济：产业聚焦（节选）》，节选自美国经济和统计管理局及美国专利商标局组织编写的《知识产权与美国经济：产业聚焦》报告，中国知识产权报/国家知识产权战略网，2012 年 12 月 26 日。

② 《国务院关于印发"十四五"国家知识产权保护和运用规划的通知（国发〔2021〕20 号）》，中国政府网，2021 年 10 月 9 日。

推动经济结构优化升级的重要举措；要更加注重知识产权质量和效益，优化产业布局，引导产业创新，鼓励有条件的地区发展区域特色知识产权密集型产业，构建优势互补的产业协调发展格局；建设一批知识产权密集型产业集聚区，在产业集聚区推行知识产权集群管理，构筑产业竞争优势。2015 年 3 月 13 日，《中共中央、国务院关于深化体制机制改革加快实施创新驱动发展战略的若干意见》中指出，研究建立科技创新、知识产权与产业发展相结合的创新驱动发展评价指标，并纳入国民经济和社会发展规划。2015 年 9 月 7 日，中共中央办公厅、国务院办公厅印发《关于在部分区域系统推进全面创新改革试验的总体方案》的通知（中办发〔2015〕48 号），将"知识产权密集型产业在国民经济中的比重大幅提升，形成一批具有国际影响力、拥有知识产权的创新型企业和产业集群"列入主要目标，并将知识产权密集型产业比重居前列作为承担改革试验的区域必须具备的基本条件之一。2015 年 12 月 18 日，国务院印发《关于新形势下加快知识产权强国建设的若干意见》，提出培育知识产权密集型产业，探索制定知识产权密集型产业目录和发展规划。"十三五"时期，党中央、国务院建立健全国务院知识产权战略实施工作部际联席会议制度，重新组建国家知识产权局，持续推进知识产权战略实施，知识产权创造能力稳步提高，国内每万人口发明专利拥有量从"十二五"末的 6.3 件增加到 15.8 件[①]，2020 年全国专利密集型产业增加值为 121289 亿元，比 2019 年增长 5.8%（未扣除价格因素），比同期国内生产总值现价增速高 3.1 个百分点，占国内生产总值的比重为 11.97%[②]；2022 年，专利密集型产业增加值首次突破 15 万亿元，占国内生产总值的比重达 12.7%，2017～2022 年年均增速达 9.4%[③]。

---

① 《国务院关于印发"十四五"国家知识产权保护和运用规划的通知（国发〔2021〕20号）》，中国政府网，2021 年 10 月 9 日。

② 《国家知识产权局、国家统计局公告第 466 号：关于 2020 年全国专利密集型产业增加值数据公告》，国家知识产权局，2021 年 12 月 30 日。

③ 《加快发展专利密集型产业（新论）（人民网）》，国家知识产权局，2024 年 3 月 20 日。

（二）我国实施知识产权强国战略，推动知识产权融入产业创新发展

当今世界正经历百年未有之大变局，新一轮科技革命和产业变革深入发展，国际力量对比深刻调整，国际环境日趋复杂，不稳定性不确定性明显增加。进入新发展阶段，推动高质量发展是保持经济持续健康发展的必然要求，创新是引领发展的第一动力，知识产权作为国家发展战略性资源和国际竞争力核心要素的作用更加凸显。

2014 年 12 月 10 日，《国务院办公厅关于转发知识产权局等单位深入实施国家知识产权战略行动计划（2014－2020 年）的通知》明确提出了建设知识产权强国的战略目标，指出要认真谋划我国建设知识产权强国的发展路径，努力建设知识产权强国，为建设创新型国家和全面建成小康社会提供有力支撑。[①] 2021 年 9 月 22 日，中共中央、国务院印发《知识产权强国建设纲要（2021－2035 年）》，对知识产权强国建设的战略目标、思路和举措进行了明确，为积极推进知识产权强国建设提供指导，该文件提出，要实施知识产权强国战略，全面提升我国知识产权综合实力，大力激发全社会创新活力，建设中国特色、世界水平的知识产权强国。并将"到 2025 年，知识产权强国建设取得明显成效，专利密集型产业增加值占GDP 比重达到 13%，每万人口高价值发明专利拥有量达到 12 件"作为发展目标的预期指标。[②]《国务院关于印发"十四五"国家知识产权保护和运用规划的通知》（国发〔2021〕20 号）进一步强调，立足新发展阶段，完整、准确、全面贯彻新发展理念，构建新发展格局，坚持以推动高质量发展为主题，以全面加强知识产权保护为主线，以建设知识产权强国为目标，以改革创新为根本动力，全面提升知识产权创造、运用、保护、管理和服务水平，促进建设现代化经济体系，激发全社会创新活力，有力支撑

---

① 《国务院办公厅关于转发知识产权局等单位深入实施国家知识产权战略行动计划（2014－2020 年）的通知》，中国政府网，2015 年 1 月 4 日。

② 《中共中央、国务院印发〈知识产权强国建设纲要（2021－2035 年）〉》，中华人民共和国商务部，2021 年 11 月 18 日。

经济社会高质量发展。

在此背景下，体现知识产权、科技创新与产业经济发展紧密融合的专利密集型产业愈加受到广泛关注。专利密集型产业既是以专利为核心生产要素的产业，也是关键技术和核心技术的主要生产载体，专利密集型产业因其创新能力突出、市场竞争力强的特点，已经成为创新型国家促进经济社会高质量发展的有力支撑，培育壮大专利密集型产业也是我国推动知识产权融入创新发展、助力经济高质量发展的重要举措。然而，专利密集型产业创新要素密集，投资风险大，国际竞争激烈，对知识产权创造和运用依赖强，对知识产权管理和保护要求高，因此，积极创造知识产权是抢占新一轮经济和科技发展制高点、化解专利密集型产业发展风险的基础；要通过有效运用知识产权培育专利密集型产业创新链和产业链、推动创新成果产业化和市场化。

从经济高速增长到经济高质量发展阶段，实现创新驱动是动能转换的根本，其核心是要凸显知识产权在国家发展和国际竞争力提升中的核心要素作用，没有知识产权的支撑，任何企业都难以在价值链高端有立锥之地，坚持价值链高端取向，必然要求坚持知识产权导向，攀登价值链的高端，必然要求从依靠密集的劳动力及资源投入，转向依靠密集的知识产权创造与应用。在经济转型和知识产权质量提升背景下，发挥知识产权密集型产业尤其是专利密集型产业对工业经济的引领作用，无疑需要把握专利密集型产业的创新绩效水平及其空间特征，为产业和创新政策的制定提供数据支撑。

二、研究意义

（一）应用价值

（1）有利于实现创新驱动发展战略。"十四五"时期是我国创新发展的关键时期，《中共中央关于制定国民经济和社会发展第十四个五年规划和二○三五年远景目标的建议》提出了到 2035 年基本实现社会主义现代化远景目标，我国经济实力、科技实力、综合国力将大幅跃升，经济总量和城乡居民人均收入将再迈上新的大台阶，关键核心技术实现重大突破，进入创新型国家前列。专利的运用在国民经济行业中的作用将进一步凸显，对专利密集型产业展开研究，通过建立定量评估方法筛选出专利密集型产业，并定量测算其对创新和经济的贡献，一方面能使专利更好地成为创新驱动发展的引擎，使知识产权工作在国家全局中的战略地位进一步提升，为我国在新常态下实现经济社会持续稳步发展作出更为积极的贡献；另一方面可以了解我国在专利方面具有优势的产业，使专利的生产和使用成为寻求产业优化升级的重要突破口，为制造业强国战略探寻出发点和方向。

（2）为区域创新系统构建和产业转型升级问题提供理论指导，有利于推动经济发展方式转变。加快经济发展方式转变，切实提高经济发展质量是我国经济社会领域的一场深刻变革。而产业结构的调整与优化是经济发展方式转变的重要途径之一。专利密集型产业融技术和知识于一身，具有高技术、高增长、高附加值等特性，其创新能力的高低是该产业整体技术创新水平的较好反映，也关系到产业链的可持续发展。专利密集型产业技术创新效率的提升对优化产业结构来说至关重要。因此以专利密集型产业为核心，客观科学地评估专利密集型产业技术创新效率，找出影响其技术创新效率的关键因素，探寻提升创新绩效的路径，为制定产业发展政策、专利政策等提供可靠的依据，为区域创新系统构建和产业转型升级问题提供理论指导，有利于有计划、有目标地指导专利密集型产业的发展，对于提升专利密集型产业技术创新效率、促进产业结构调整和经济转型具有重要的战略意义。

（3）创新绩效空间特征分析及空间溢出效应的实证研究揭示创新活动的区域协同效应，为区域创新政策的制定和区域创新体系的建设提供重要参考和依据。创新系统内部的协同创新和创新系统之间的空间关联是实现创新绩效的不同方式。对专利密集型产业创新绩效的空间效应进行分析，并得出存在显著的空间相关性的研究结论，为区域协同创新发展提供数据支撑，对于制定有效的创新政策和推动经济高质量发展具有重要意义。

（二）学术价值

（1）跨学科研究区域创新系统及产业发展问题。本书涉及的学科包括法学、经济学，将专利和产业结合起来研究专利密集型产业对创新和经济的贡献，为我国产业转型升级研究提供新的思路和研究领域。长期以来，我国对知识产权的研究主要集中在知识产权法治建设中的重大理论和实践中的问题，更多地关注知识产权的保护和鼓励知识产权的申请，但是在知识产权促进创新和推动经济增长方面却不够重视，过于单纯地进行理论研究，定量分析的学术研究并不多见。本书以知识产权密集型产业中的专利密集型产业为着眼点，在分析国内外研究的基础上定义、界定专利密集型产业，定量分析专利密集型产业与创新和经济的关系，采用的研究方法以及探索出的专利密集型产业对创新和经济的贡献，对我国实施创新驱动建设知识产权强国具有一定的启示作用，为以后进行相关研究提供一个抛砖引玉的思路。

（2）基于创新过程的视角，从"效果"和"效率"两方面全面地评价专利密集型产业的创新绩效。创新的完成需要商业上的实现，创新活动的分析需要考虑创新产出下游的商业化效果，本书将专利密集型产业的创新过程分为两个阶段——科技研发和经济产出，避免现有研究过于重视技术研发能力而忽视技术转化能力或商业化能力。本书将创新绩效定义为整个创新活动过程产生的多方面的社会经济效果即产出效果和创新效率，既评价科技研发阶段的专利产出、经济阶段的新产品销售收入，又评价两个阶段的创新效率，比现有研究中仅以专利数量、新产品销售收入或创新效率中的单个指标作为创新绩效的代理指标更为全面。

（3）以专利密集型产业为突破口研究区域创新系统及产业转型升级问题。提升国家或区域竞争力要依靠产业创新，产业结构优化升级不是简单的下哪个产业、上哪个产业的问题，而是要由创新能力较强的产业来带动，专利密集型产业既是以专利为核心生产要素的产业，也是关键技术和核心技术的主要生产载体，专利密集型产业的发展本质上可以促进产业创新发展及转型升级，提高产业和区域竞争力。

（4）深入剖析创新密集型产业创新主体构成、创新模式和创新网络特征，从合作创新网络和合作模式视角探讨不同类型创新主体提升创新绩效的可能路径。创新主体建立不同的创新结构、采取不同的连接方式都会影响创新绩效，揭示合作创新网络结构、网络关系和网络规模特征对创新绩效的具体作用机制，为科研团队、企业等创新主体优化合作网络结构、提高创新绩效提供理论依据。

第二节 文 献 综 述

一、国外文献综述

专利一直被视为创新产出的标志，关于专利与创新、经济发展的关系研究始终都是学者关注的焦点。

宏观层面上，诺豪斯（W. Norhaus，1969）、霍彭海因、洛贝特和米切尔（H. Hopenhayn，G. Llobet & M. Mitchell，2006）、莱姆利（M. Lemley，1999）等从制度设计方面探讨了如何设计专利保护的期限才能激励创新，从而使经济效益最大化。许多学者对专利保护对创新活动的激励作用进行了实证研究，证实了专利保护对经济的积极影响。克莱默等（S. Krammer et al.，2009）对16个东欧国家进行研究，证实这些正处于发展转型的国家加强知识产权保护能够促进创新。布兰斯特等（L. Branstetter et al.，2013）对英国工业企业进行研究，发现通过提高知识产权保护建设企业创新环境，显著提高了企业研发的积极性。但也有学者认为知识产权保护对专利质量的正向影响并不显著，甚至会出现抑制作用，其原因可能是知识产权制度阻碍了知识在技术中的流动，使企业无法低成本地获得需要的技术和知识，知识的使用受到限制。干戈帕迪亚和蒙代利（K. Gangopadhyay & D. Mondaly，2012）认为在标准的内生模型中，知识产权保护是科学知识自由流动的一个障碍，因此知识产权保护会导致创新知识的流通减少，使企业研发动力不足，抑制企业创新。赵和金（S. Cho & H. Kim，2017）以美国高科技企业为例，研究发现知识产权保护和企业创新之间的关系为负，但是这种抑制的负效应会被国际化程度所降低。部分学者则认为知识产权保护和专利质量具有非线性关系（N. Papageorgi & A. Sharma，2016），整体呈现倒"U"型。纳哈维和基亚拉（A. Naghavi & S. Chiara，2015）研究发现当知识产权保护强度较低时，改善知识产权保护环境能够使企业技术创新得到增强，但是一旦突破某一阈值，知识产权保护对创新的影响则不明显。杜什尼茨基和莱诺克斯（G. Dushnitsky & M. Lenox，2006）认为较小程度的知识产权保护能够推动技术进步，促进企业专利质量的提升，但是超过一定程度的知识产权保护会抑制企业创新。福如卡娃（Y. Furukawa，2010）证明了知识产权保护和创新在没有规模效应的内生增长模型中，受到来自知识学习能力和知识对创新的驱动之间的相互作用而呈现倒"U"型关系。

中观层面上，学者们探讨了专利保护对专利密集度较高的产业的影响，如艾伯特等（G. Albert et al.）将"产业的专利密集度"定义为产业的专利授权数与产业的年平均产值的比值，考察了专利保护较强的国家，其专利密集度较高的产业的增长及其出口增长情况，证实了专利保护在产业发展中的积极作用。也有学者关注政府补助对专利质量和创新的影响。费尔德曼和凯利（M. Feldman & M. Kelley，2006）认为，研发补助在企业创新中产生"成本缩减效应"和"融资效应"，从而促进企业创新。克劳森（T. Clausen，2009）发现企业将获得的研发补助资金用于基础研究工作时，能够有效地促进企业研发活动的开展，提升企业的基本技术能力从而提高研发质量。当和本桥（J. Dang & K. Motohashi，2015）通过对专利补贴进行研究，发现政府对专利研发进行资金补贴能够提升企业专利质量。菲斯克（C. Fisch et al.，2016）对专利数量、质量以及专利补助之间的关系进行研究，认为创新补助能够提高企业专利质量。也有部分学者认为寻租行为的存在使得研发补助对企业专利质量产生抑制作用。因为政府对于补助发放具有一定的自由裁量权，因此，政府资源可能更加倾向于有政治关联的企业，而真正需要补助的企业可能无法获取补助资金或者获取补助资金无法支撑其研发活动的展开，导致补助资金无法真正发挥作用。斯蒂格利茨和外斯（J. Stiglitz & A. Weiss，1981）认为企业或者企业的政治关联者为了获得政府补助会千方百计创造机会，而并不是真正愿意去进行创新活动，从而导致企业创新专利质量下降。波音（P. Boeing，2016）通过对研发补助的分配方式和效率进行研究发现，中国政府补助主要受众为国有企业，并且研发补贴对企业创新有明显的"挤出效应"。

相比之下，从产业的角度研究专利密集型产业对创新和经济的贡献的研究开展得较晚、文献相对较少。2005 年美国经济学家联盟的首席经济学家斯蒂芬·西韦（Stephen E. Siwek）在《增长的引擎：美国知识产权产业的经济贡献》首次提出"知识产权产业"的概念，并量化了美国的知识产权产业对经济的贡献，指出专利产业是知识产权产业的重要组成部分。2012 年 4 月，美国商务部联合专利商标局对外发布了知识产权与美国经济的实证研究报告《知识产权与美国经济：产业聚焦》，该报告属于开拓性研究，聚焦美国知识产权密集型产业，认定 313 个产业中的 75 个产业为知识产权密集型产业，并根据"五年内产业的专利授权数与五年内产业平均就业人员数的比率"来定义专利密集型产业，结果表明，2010 年，知识产权密集型产业为美国贡献了 34.8% 的 GDP，其中专利密集型产业对 GDP 的贡献率为 5.3%。① 该报告将知识产权密集型产业作为一个整体进行定义，而并非单指知识产权本身的贡献率，避免了"只见树木，不见森林"的片面观点，结论具有较强的说服力。继美国之后，2013 年 9 月，欧洲专利局（European Patent Office，EPO）和欧盟内部市场协调局（Office for Harmonization in the Internal Market，OHIM）联合发布《知识产权密集型产业对欧盟经济及就业的贡献》专题报告，报告显示，2008～2010 年，知识产权密集型产业创造了欧盟 39% 的 GDP、26% 的直接就业机会和 90% 的贸易出口额。2015 年 3 月，美国民间智库 DNP Analytics 发布研究

---

① 《知识产权与美国经济：产业聚焦（节选）》，节选自美国经济和统计管理局及美国专利商标局组织编写的《知识产权与美国经济：产业聚焦》报告，中国知识产权报/国家知识产权战略网，2012 年 12 月 26 日。

报告《知识产权密集型制造产业：促进美国经济增长》，该报告以 2000 ～ 2012 年官方数据为基础，将研发投入作为衡量知识产权密集度的指标，通过将知识产权密集型制造产业与非知识产权密集型制造产业的主要经济指标进行对比，评估了美国制造部门研发投入对美国经济的影响，证实了创新与经济增长之间的正相关性。[①] 2022 年 3 月，美国专利商标局发布《知识产权和美国经济（第三版）》，对知识产权密集型产业对美国经济作出的贡献进行了量化，该报告发现，2019 年，知识产权密集型产业生产总值约为 7.76 万亿美元，其中，发明专利密集型产业约 4.5 万亿美元。2019 年知识产权活动占美国国内经济活动的 41%，知识产权密集型产业共创造了 6300 万个就业岗位，占美国所有就业岗位的 44%。2019 年，该产业产生的直接就业岗位约为 4720 万个，占美国总就业岗位的 33%；间接就业（包括至少部分依赖知识产权密集型产业最终销售额的其他行业所创造的就业岗位）占美国就业总量的 11%。[②]

二、国内文献综述

在知识产权与经济发展的关系方面，着眼于产业经济领域的实证分析并不多见。但从建设创新型国家的战略目标提出以来，知识产权作为提升国家竞争力的核心要素开始受到重视，相关研究逐渐增多，国家知识产权局出版了一系列的研究成果，如 2013 年出版了《中国区域产业专利密集度统计报告》，2015 年出版了《国际专利分类与国民经济行业分类参照关系表（试用版）》及《我国专利密集型产业界定方法及产业目录研究报告》、2018 年国家知识产权局出版了《国际专利分类与国民经济行业分类参照关系表（2018）》等。江苏专利信息服务中心 2016 年也出版了《江苏知识产权密集型产业监测研究报告》。为全面反映我国专利密集型产业

---

① 《美国知识产权密集型制造产业对经济的贡献及其对我国的启示》，国家知识产权局，2015 年 6 月 19 日。
② 《美国专利商标局报告：知识产权密集型产业的产值占美国国内生产总值的 41% 以上，雇佣了三分之一的劳动人口》，搜狐新闻网，2022 年 4 月 27 日。

发展状况，根据国家统计局发布的《知识产权（专利）密集型产业统计分类（2019）》（国家统计局令第25号），国家统计局利用第四次全国经济普查数据，于2019年首次开展了全国专利密集型产业增加值核算，经核算，2018年全国专利密集型产业增加值为107090亿元，占国内生产总值（Gross Domestic Product，GDP）的11.69%。2021年发布的《关于2020年全国专利密集型产业增加值数据公告》显示，2020年全国专利密集型产业增加值已突破12万亿元，同比增长5.8%，比同期GDP现价增速高3.1个百分点，占GDP的11.97%。2021年，我国印发《知识产权强国建设纲要（2021-2035年)》和《"十四五"国家知识产权保护和运用规划》，强调加强专利密集型产业培育。各项数据和政策表明，专利密集型产业在优化产业结构、推动经济高质量发展、提升国际竞争力中有着举足轻重的地位，已成为知识产权强国战略的重要组成部分。

目前，国内对专利密集型产业的研究主要集中在以下方面。

第一，对专利密集型产业的界定。主要有两种方法，一种是指标体系评价法，如许强（2007）、吴艳（2007）等从投入和产出方面设定评价指标体系筛选专利密集型产业，尤丽、岳宗全和张兮（2023）将高价值专利作为重要指标纳入专利密集型产业评价体系，以高价值专利密集度、高价值专利占比、研发活动规模和研发人员占比4个方面的指标，综合界定专利密集型产业。遆泽龙、王晓佳和陈伟（2022）在整理专利密集型产业国际竞争力研究成果的基础上，构建了专利密集型产业国际竞争力分析的初选指标体系，对专利密集型产业国际竞争力初选指标的重要性和关键性进行分类筛选，最后得到专利密集型产业国际竞争力分析的指标体系。另一种是通过计算专利密集度或专利强度来界定专利密集型产业，如潘玲、毛秋红和许大英（2023）针对贵州省专利密集型产业的识别界定标准和产业分类尚未建立的现状，参考国家知识产权局、国家统计局以及美国商务部和欧洲专利局等界定专利密集型产业的标准，构建了贵州省专利密集型产业界定标准：一是行业发明专利规模高于全省平均水平；二是行业发明专利密集度高于全省平均水平。张劲文（2015）利用层次分析法和专家打分对样本产业的专利密度进行综合评分，以此确定专利密集型产业。李黎明

（2016）则基于样本产业的研发投入和成果产出视角确定相应指标，采用模糊优选法确定所研究产业的专利密度。我国 2016 年发布的《专利密集型产业目录（2016）》，对专利密集度的测算参考了美国的计算方法，在界定专利密集型产业时，除考虑专利密集度外，将发明专利规模和政策引导纳入评价指标。为了更加科学地界定专利密集型产业，我国于 2019 年修正统计方法，并印发《知识产权（专利）密集型产业统计分类（2019）》，将专利密集型产业分为 7 个国民经济大类、31 个中类、188 个小类。

第二，专利密集型产业的发展现状及其影响因素研究。姜南（2014）运用 DEA – Malmqusit 指数法对 2008 ~ 2011 年间我国专利密集型产业和非专利密集型产业的 R&D 绩效变化进行了评价，发现 2008 ~ 2011 年我国专利密集型产业的 R&D 绩效平均增长率 1.107% 低于非专利密集型产业平均增长率 1.196%；专利密集型产业的 R&D 增长主要是由技术进步带来的，而非专利密集型产业的 R&D 增长主要是由技术效率变化带来的；专利密集型产业中，不同产业的 R&D 绩效增长的主要要素有所不同，通用设备制造业和专用设备制造业的 R&D 绩效增长主要要素为技术效率变化，而其他 4 个产业的 R&D 绩效增长的主要要素为技术进步。李凤新、刘磊和倪苹等（2015）对我国高专利密集度产业进行了统计分析，结果发现，2008 ~ 2012 年，科技推广和应用服务业，专业技术服务业，资本市场服务，渔业，研究和试验发展，软件和信息技术服务业，制造业，批发业，其他服务业，电信、广播电视和卫星传输服务，管道运输业以及商务服务业等 12 个行业的发明专利密集度高于全国平均水平（13.51 件/万人），属于高专利密集度产业，占整个国民经济大类行业数的 20.69%。而且高发明专利密集度产业创新能力较强，出口竞争优势显著，对 GDP 贡献持续提升，盈利能力进一步增强；但发明专利密集度分布区域差异较大，两极分化态势明显。徐明（2013）对专利密集型产业的人力投入、资金使用、研发活动中的 9 个因素进行了研究，结果发现，企业平均新产品开发项目数、参加项目人员占全部从业人员的比例、企业平均科技活动经费外部支出等是影响专利密集型产业发展的主要因素。潘玲（2023）分析了 2017 ~ 2021 年贵州省专利密集型产业特征、发展态势、产业分布、专利分布及变化趋势，发现贵州省专利密集型产业发展保持了较好延续性，发明专利规模整体呈增长趋势，而各产业发明专利密集度则有所波动，专利地区分布严重不均衡；满足贵州省专利密集型产业条件的行业减少，范围呈集中趋势；贵州省专利密集型产业与国家专利密集型产业及战略性新兴产业具有较好协同性，行业种类较国家层面更为广泛；贵州省专利密集型产业与当地特色优势产业契合度高，但其产业总产值与专利支撑程度反差巨大，专利对产业的贡献未充分体现，应着力促进创新链与产业链融合协同发展。尤丽、岳宗全、张兮（2023）通过综合评价法分析专利密集型产业的创新投入、创新产出、经济效益之间的作用机制，结果表明，加大专利密集型产业的创新投入对经济效益有着积极的促进作用，但我国专利密集型产业存在发展不均衡、创新产出未与经济效益形成明显相关性及经济效益优势不显著等问题。

第三，专利密集型产业对经济的贡献及其作用机理研究。国家知识产权局于2013年12月发布的《中国区域产业专利密集度统计报告》，分析了高专利密集度产业对我国的 GDP、利润率、就业、出口等方面的影响，结果发现我国高专利密集型产业专利密集度提升较快、产业覆盖范围较广、经济效益突出、外贸竞争优势明显、劳动密集特点显著。2008～2012年，我国三次产业平均发明专利密集度达到13.5件/万名就业人员，较2007～2011年提升45.2%，其中，高发明专利密集度产业达到41.6件/万名就业人员，为低发明专利密集度产业的17倍。从成本费用利润率指标来看，2012年，高发明专利密集度产业比低发明专利密集度产业高2.4个百分点；从产业增加值来看，2012年，高专利密集度产业增加值总量已达13.7万亿元，在国内生产总值中所占比重达到30.7%；从出口交货值来看，2012年高专利密集度产业的出口交货值占其总产值的比重达到20.7%，占总出口额的比重达到58.6%；从就业贡献来看，2008～2012年，高专利密集度产业劳动者报酬占全社会劳动者报酬总额的19.4%，其就业人数占全部城镇就业人员总数的26.1%。[①] 姜南、单晓光、漆苏

---

① 《国家知识产权局研究项目"中国区域产业专利密集度统计报告"》，国家知识产权局，2014年4月15日。

（2014）对专利密集型产业、版权密集型产业和商标密集型产业进行了区分，研究了 2008～2010 年知识产权密集型产业对中国 GDP 以及就业人数的贡献，结果表明，2008～2010 年知识产权密集型产业对中国 GDP、就业的平均贡献率分别为 26.62% 和 26.46%，中国知识产权密集型产业的就业率贡献值与欧盟差不多，对经济活动的贡献率比欧盟低。任科名（2022）构建了技术创新效率评价指标体系，对陕西省专利密集型产业技术创新效率进行评价，发现陕西省专利密集型产业两阶段技术创新效率在全国排名整体处于靠后位置且均是由于纯技术效率过低导致的，省内各专利密集型产业两阶段技术创新效率也表现出不同的特征：在新技术研发阶段，综合技术效率和技术进步指数共同带动了陕西省专利密集型产业全要素生产率的提升，而在成果转化阶段，全要素生产率提升的原因则是由于综合技术效率的快速增长。

第四，专利密集型产业目录研究。国家知识产权局自 2012 年起就启动了有关专利密集型产业的研究，国家知识产权局印发的《专利密集型产业目录（2016）》、国家统计局印发的《知识产权（专利）密集型产业统计分类（2019）》等文件，通过对各年度专利密集型产业的测算与分析，从国家层面对知识产权（专利）密集型产业划分标准和分类统计范围进行了界定，确定了我国专利密集型产业目录，具体涉及 8 类产业，分别是基础信息产业、软件和信息技术服务业、现代交通装备制造业、智能制造装备产业、生物医药产业、新型功能材料产业、节能环保产业和资源循环利用产业。

第五，专利密集型产业创新效率及其空间演化特征研究。姜楠等（2014）对 2001～2010 年中国专利密集型产业与非专利密集型产业的创新效率体系进行了对比研究，结果表明，2001～2005 年专利密集型产业专利 R&D 投入的技术效率要高于非专利密集型产业，2006～2010 年专利密集型产业的经济产出绩效要低于非专利密集型产业，两阶段的不同主要是由于纯技术效率的变化引起的。孙磊等（2016）从全国、省级区域、八大综合经济区 3 种角度分析了 2005～2014 年我国专利密集型产业的绩效，结果显示，虽然专利密集型产业前期投入积累已经有了明显效果，但是缺乏将其快速吸收、转化的高技术人才和相匹配的产业规模，从而阻碍了创新效率的提高；中国东部沿海地区的经济实力与专利密集型产业技术创新效率不相匹配，在知识产权运营过程中存在帕累托效率低下的问题，造成技术创新产出效率低下；中国八大综合经济区的技术创新效率呈增长趋势，但是其技术效率还有待提升。祝宏辉和杨书奇（2022）检验知识产权保护强度和自主创新、模仿创新投入对专利密集型和非专利密集型两类制造业两阶段创新效率的影响，结果表明，两类制造业的研发效率和成果转化效率水平较高并呈现上升趋势，但 DEA 有效的行业较少且存在行业差异；加强知识产权保护和自主创新投入能有效促进专利密集型制造业两阶段创新效率的提升，而对非专利密集型制造业的影响效果存在阶段性差异，模仿创新投入对二者两阶段创新效率增长没有显著促进作用；两类制造业的创新两阶段之间均不存在显著的正向溢出效应。左弈和周衍平（2023）测算了 2006～2019 年"一带一路"沿线省份专利密集型产业绿色创新效率及其空间效应，结果显示，"一带"地区专利密集型产业绿色技术研发和绿色成果转化效率仍有一定提升空间，"一路"地区两阶段效率均达到有效状态；研究期内绿色技术研发和绿色成果转化效率呈上升态势并伴随极化现象；两阶段效率均存在正空间自相关性且研发效率相关性强于转化效率。

三、已有研究评述

已有关于知识产权与创新、经济发展关系的理论和实证研究，证实了专利在经济发展中的重要性，为本书研究专利密集型产业对经济增长的贡献提供了立题依据。专利密集型产业的目录及行业界定、发展现状及其影响因素、经济贡献、创新效率及其空间特征等研究将专利密集型产业作为一个整体进行定义，从产业层面研究专利对经济的贡献，为本书研究提供了参考。纵观已有研究，还存在以下不足：

第一，对专利密集型产业创新绩效的衡量及评价不够全面。一是对创新产出的内容衡量不够全面，创新产出不仅仅包括专利，也包括新产品、新工艺等，因此，对创新绩效的衡量不仅要考虑专利产出量，还要考虑专利转化率；二是对创新过程的衡量不够全面，创新绩效并不完全反映在创新投入与创新产出（如专利、新产品）的关系，创新绩效最终还需要从知识产权要素（专利、新产品等）向经济绩效的转化体现出来。

第二，没有在深入分析专利密集型产业创新主体特征、创新模式和合作创新网络的基础上，进一步探究创新网络与创新绩效的关联。不同类型的创新主体的创新行为存在差异，创新主体建立不同的创新结构、采取不同的连接方式都会影响创新绩效，因此，不能忽视创新主体构成、创新模式及创新网络与创新绩效的关联。

第三，没有在深入分析专利密集型产业创新行为的空间特征的基础上，进一步探究创新绩效的空间效应。事实上，分析创新投入、创新产出、创新效率在空间上的关联性和空间异质性，能揭示隐藏在空间数据背后的信息，有助于理解创新资源的分布和创新活动的模式，为政策制定者制定有效的创新政策提供依据。

因此，本书在参考国家知识产权局《专利密集型产业目录（2016）》等分类目录的基础上，对我国专利密集型产业进行界定，阐述专利密集型产业与相关产业、技术之间的关联，从经济贡献、就业贡献、科技贡献三个方面分析专利密集型产业在创新驱动及经济高质量发展中的作用。结合创新生产活动过程，测算专利密集型产业科技研发阶段和经济产出阶段的创新效率，并从宏观、中观、微观三个层面分析影响科技研发阶段和经济产出阶段创新效率的因素。在此基础上，以通信设备、计算机及其他电子设备制造业为例，分析专利密集型产业创新主体的类型、创新主体的创新模式、创新网络特征及其与创新绩效的关联，揭示专利密集型产业创新投入、创新产出、合作创新网络的空间分布及创新绩效的空间溢出效应。本书在以下三个方面对现有研究进行了补充和完善：

第一，从创新产出效果和创新效率两个方面评价创新绩效，既研究创新全过程的创新绩效，也对比分析科技研发阶段和经济产出阶段的创新绩效。

第二，分析专利密集型产业创新主体的类型、创新主体的创新模式及其创新网络，实证检验创新网络结构、创新网络关系、创新网络规模对创新绩效的影响，并探讨这种影响在不同的创新主体类型及不同的主导合作创新水平上的异同，揭示合作创新网络结构、网络关系和网络规模特征对创新绩效的具体作用机制，为科研团队、企业等创新主体优化合作网络结构、提高创新绩效提供理论依据。

第三，分析专利密集型产业创新投入、创新产出及合作创新网络的空间分布，检验科技研发阶段和经济产出阶段的创新产出及创新效率的空间溢出效应，为制定区域协同创新政策提供数据支撑。

第三节　研究内容、方法与数据来源

一、研究内容

本书主要围绕专利密集型产业的创新绩效展开，回答我国专利密集型产业的创新绩效水平是怎样的、创新网络的时空演变趋势是什么、创新网络如何影响创新绩效、创新绩效是否存在空间溢出特征等问题。主要研究内容如下：

第一，专利密集型产业的识别。结合《知识产权与美国经济：产业聚焦》《2015 国际专利分类与国民经济行业分类参照关系表（2018）》等文献，剖析专利密集型产业的内涵及其特征，在参考美国商务部、世界知识产权组织及我国国家知识产权局关于专利密集型产业识别方法的基础上，分别对三次产业分类、国民经济行业门类、大类进行专利密集型产业/行业的识别。回答"我国专利密集型产业/行业是什么"。

第二，专利密集型产业的创新绩效水平及其影响因素研究。从创新产出效果及创新效率两个方面评价专利密集型产业的创新绩效，一方面，从经济贡献、就业贡献、科技贡献等方面研究专利密集型产业作为对专利及专利保护的依赖程度较高的产业，依赖于专利权保护对技术、创新和社会福利发展的促进；另一方面，从创新投入与创新产出角度对科技研发阶段和经济产出阶段的创新效率进行评价。回答"专利密集型产业的创新绩效是怎样的"，剖析专利密集型产业的优势和劣势，为产业升级和高质量发展提供政策方向。同时从宏观、中观和微观三个层面构建专利密集型产业创新效率的分析框架，探究专利密集型产业创新效率的影响因素，揭示制约专利密集型产业核心能力提升的瓶颈因素，为寻找提升专利密集型产业创新效率的突破口提供数据支撑。

第三，专利密集型产业创新投入和创新产出、创新主体、创新模式及合作创新网络的空间特征研究。以典型的技术密集型行业——通信设备、计算机及其他电子设备制造业为例，考察创新人员和创新资金投入、专利数量和专利质量以及新产品开发项目数和新产品销售收入等创新产出的空间特征，分析创新网络中企业、高等院校、研究所、其他组织和机构对创新绩效的贡献及其空间分布，探讨单独创新和合作创新两类创新模式现状及特征，揭示合作创新网络在省份之间和城市之间的差异，为揭示创新绩效的空间效应提供数据支撑。

第四，专利密集型产业创新网络特征及其与创新绩效的关联研究。结合合作创新网络具有主体异质性、结构松散性、行为协同性等特征，分析合作创新网络通过知识共享与溢出效应、资源整合与协同效应影响创新绩效的机理，实证检验创新网络结构、创新网络关系、创新网络规模对创新绩效的影响，探讨合作创新网络对创新绩效的影响在不同类型主体之间、在主导创新合作的不同水平上的异同。

第五，专利密集型产业创新绩效空间溢出效应研究。从创新产出和创新效率两个方面进行分析，利用莫兰指数和莫兰散点图呈现专利密集型产业科技研发阶段创新产出、经济产出阶段创新产出和创新效率的空间特征，用空间计量模型实证检验创新绩效的空间溢出效应，揭示创新活动的区域协同效应，为区域创新政策的制定和区域创新体系的建设提供重要参考和依据。

二、研究方法

本书采用理论和实证分析相结合，定性与定量分析相结合的方法，用到的计量分析软件主要有 Spss、Stata、Deap、Matlab、Arcgis、Geoda、Ucinet、R 软件等。具体方法如下：

第一，采用三阶段 DEA 模型测算专利密集型产业创新效率。大多数网络 DEA 模型都属于径向 DEA 模型，忽略了投入产出变量的松弛问题，当投入不足或者产出过多时，技术创新效率会被低估；三阶段 DEA 模型将数据包络分析和随机前沿分析法结合在一起，剔除了可能造成技术创新效率无效的环境因素及随机误差因素，使得专利密集型行业可以在同等条件下进行对比，更准确地反映某一领域的投入产出效率，因此，本书采用三阶段 DEA 模型研究专利密集型产业的创新效率。

第二，采用 Tobit 回归模型分析专利密集型产业创新效率的影响因素。以专利密集型行业 2008～2018 年的面板数据为样本，以三阶段 DEA 测算出的全要素生产率及其分解为因变量，从宏观、中观、微观层面构建产业创新效率影响因素分析框架，分析我国专利密集型产业创新效率的影响因素。

第三，利用 Ucinet、R 软件构建专利密集型产业创新主体的合作网络矩阵，制作网络节点图形，从整体网络特征、个体网络特征两个层面对合作创新网络特征进行深入分析。

第四，采用负二项回归模型探究合作创新网络与创新绩效的关联。从合作创新数量和合作创新质量（计数数据）两个方面衡量创新绩效，分别采用合作专利数、合作专利被引证次数作为代理指标，在解释变量中，选用网络地位、是否主导合作作为创新网络结构的代理指标，网络根植性和合作深度作为创新网络关系的代理指标，合作广度作为合作创新网络规模的代理指标，同时将创新主体类型及主导合作创新数量作为异质性检验指标。

第五，采用 Arcgis、Geoda、Stata 软件进行空间自相关分析和空间计量模型的估计与检验。通过 Moran'I 指数和莫兰散点图检验创新产出效果和创新效率是否存在空间自相关性，然后利用空间杜宾模型测算科技研发阶段创新产出、经济产出阶段创新产出和创新效率的空间溢出效应。

三、数据来源

本书用到的国民生产总值、就业等数据主要来自《中国统计年鉴》《中国工业统计年鉴》《中国经济普查年鉴》《广东经济普查年鉴》《广东工业统计年鉴》《广东统计年鉴》以及 EPS 全球统计数据。专利数据主要来自于 INCOPAT 专利数据网、国家知识产权局官网及《广东科技统计年鉴》等。

第二章

专利密集型产业创新绩效的
相关概念及理论

第四次工业革命和创新驱动发展战略下，知识产权日益成为国家发展的战略性资源和国际竞争力的核心要素，专利密集型产业被作为一个整体进行定义，其创新绩效受到大量关注。

第一节　专利密集型产业的内涵及特征

一、专利密集型产业的内涵

目前，学术界对于专利密集型产业的界定并不统一，比较权威的是2012年美国商务部发布的《知识产权与美国经济：产业聚焦》报告中对专利密集型产业的界定，即专利密集型产业是以专利为核心生产要素的产业，也是最直接依赖于专利保护的产业，又分为专利密集型制造业和专利密集型服务业。2019年3月13日国家统计局第4次常务会议通过国家统计局令（第25号）《知识产权（专利）密集型产业统计分类（2019）》，分类规定的知识产权（专利）密集型产业是指发明专利密集度、规模达到规定的标准，依靠知识产权参与市场竞争，符合创新发展导向的产业集合。其内涵体现如下。

（一）具有较强的创新能力

创新是新工具或新方法的应用，从而创造出新的价值。20 世纪 60 年代，随着新技术革命的迅猛发展，美国经济学家华尔特·罗斯托（W. Rostow，1959）提出了"起飞"六阶段理论，将"创新"的概念发展为"技术创新"，把"技术创新"提高到"创新"的主导地位。汤姆森路透社发布的《全球创新报告》中，将专利作为衡量创新活动强度的一个重要指标，并提出专利密集型产业是以专利为核心生产要素的产业，也是关键技术和核心技术的主要生产载体，从劳动力的工资、受教育程度及创新产出等方面来看，专利密集型产业具有较强的创新能力；在竞争激烈的劳动力市场中，工资紧密地与劳动者生产力联系在一起，受教育程度也是衡量劳动者能力和预期生产力的常见标准。根据美国商务部联合专利商标局发布的《知识产权与美国经济：产业聚焦》，2010 年，专利密集型产业的就业人员平均每周的工资为 1407 美元，比同期的知识产权密集型产业的平均水平高 251 美元，比非知识产权密集型产业的平均水平高 592 美元。专利密集型产业的从业人员的受教育程度相对较高，2010 年，专利密集型产业中，38.7% 的 25 岁及以上的从业人员拥有本科及以上学历，比非知识产权密集型产业高出 4.5 个百分点。[1]《知识产权密集型产业对欧盟经济及就业的贡献》显示，2010 年专利密集型产业平均周工资为 831 欧元，比同期的知识产权密集型产业的平均水平高 116 欧元，比非知识产权密集型产业的平均水平高 324 欧元[2]。此外，陈伟等（2015）研究发现，我国高专利密集型产业整体创新效率呈现上升趋势，技术效率得到较大的提高，但规模效率不高，由此抑制了整体创新效率的提高。

《知识产权（专利）密集型产业统计分类（2019）》明确，界定专利

---

① 《知识产权与美国经济：产业聚焦（节选）》，节选自美国经济和统计管理局及美国专利商标局组织编写的《知识产权与美国经济：产业聚焦》报告，中国知识产权报/国家知识产权战略网，2012 年 12 月 26 日。

② 欧洲专利局、欧盟内部市场协调局：《知识产权密集型产业对欧盟经济及就业的贡献》，知识产权出版社 2014 年版。

密集型产业是以推动创新发展为导向，分类范围限定于经国务院专利行政部门实质审查、创新水平更高的发明专利，未纳入实用新型专利和外观设计专利。同时参考《战略性新兴产业分类（2018）》、《高技术产业（制造业）分类（2017）》和《高技术产业（服务业）分类（2018）》，将研发（R&D）投入强度高的行业纳入分类范围。需要指出的是，在二阶段创新效率体系中，专利是中间产出，因此，并不能认为专利密集型产业是创新活动强度高或创新效率高的产业。而且，专利申请数量多的产业不一定是专利密集型产业，专利申请量较少的个别行业并不一定是非专利密集型产业，如飞机行业，虽然专利申请量较少，但其专利价值极高，可视为专利密集型产业。

（二） 对整个经济社会有很强的带动性和引领性影响

专利密集型产业不仅能带动经济的快速增长，还具有显著的直接和间接就业效应，在整个产业经济中具有重要的战略性位置。

根据美国商务部联合专利商标局发布的《知识产权与美国经济：产业聚焦》，2010 年，知识产权密集型产业的增加值为 5.06 万亿美元，为美国贡献了 34.8% 的 GDP，其中，专利密集型产业对 GDP 的贡献率为 5.3%。知识产权密集型产业的出口额为 7750 亿美元，占美国商品总出口的 60.7%，知识产权密集型产业的商业进口有 13.36 亿美元，占美国商业进口的 69.9%，从 2000 ~ 2010 年，知识产权密集型产业出口增长了 52.6%，而知识产权密集型产业进口增加了 61.6%。知识产权密集型产业直接和间接提供的就业岗位分别为 2710 万个和 1290 万个，即每两个知识产权密集型产业的就业岗位就带动了 1 个非知识产权密集型产业的就业，共提供了 4000 万个就业岗位，占当年就业的 27.7%，其中，专利密集型产业直接提供的就业岗位为 390 万个，远低于商标密集型产业提供的就业岗位（2260 万个），但这并不能否认专利密集型对就业的具有较强的拉动作用的事实，理由如下：第一，专利密集型产业来自制造业，通常比服务部门具有较大的乘数效应，它比商标和版权密集型产业更依赖于外部供应链，间接支持相对大量的工作岗位，即专利密集型产业具有较大的间接就业效应。第二，制造业是受金融危机影响最大的行业，2010 年的数据并不能真实反映专利密集型产业的就业效应，事实上，2011 年的数据显示，专利密集型产业的就业增长 2.3%，比版权密集型产业低 0.1 个百分点，比知识产权密集型产业的平均水平高 0.7 个百分点，比非知识产权密集型产业的平均水平高 1.3 个百分点。[①] 根据《中国专利密集型产业统计监测报告（2022）》，2019 年美国专利密集型产业增加值占 GDP 比重为 24%，就业人员所占比重为 13%。[②]

来自欧盟的数据也支持专利密集型产业对整个经济社会有很强的带动性和引领性影响。《知识产权密集型产业对欧盟经济及就业的贡献》显示，2008～2010 年，专利密集型产业的增加值为 17044.85 亿欧元，占 GDP 总量的 13.9%；直接和间接创造的就业岗位分别为 2244 万个和 1274 万个，占当年就业总量的 16%，专利密集型产业的出口额为 9577.48 亿欧元，占欧盟出口总量的 70.6%，进口额为 10497.95 亿欧元，占欧盟进口总量的 68.6%。[③] 根据《中国专利密集型产业统计监测报告（2022）》，2017～2019 年欧盟专利密集型产业增加值占 GDP 比重为 17.4%，就业人员所占比重为 11.0%。

中国专利密集型产业创新发展动能强劲，引领带动作用突出。2021 年中国专利密集型产业增加值达到 14.30 万亿元，比上年增长 17.89%，占 GDP 的比重达到 12.44%，较上年提高 0.47 个百分点。2021 年，我国专利密集型产业就业人员共 4870.64 万人，比上年增加 194.08 万人，占全社会就业人员的 6.52%，比上年提高 0.29 个百分点，较 2018 年提高 0.34 个百分点。[④]

---

① 《知识产权与美国经济：产业聚焦（节选）》，节选自美国经济和统计管理局及美国专利商标局组织编写的《知识产权与美国经济：产业聚焦》报告，中国知识产权报/国家知识产权战略网，2012 年 12 月 26 日。

②④ 《中国专利密集型产业统计监测报告（2022）》，国家知识产权局，2023 年 7 月 21 日。

③ 欧洲专利局、欧盟内部市场协调局：《知识产权密集型产业对欧盟经济及就业的贡献》，知识产权出版社 2014 年版。

（三） 对提高国家或区域的国际竞争力具有战略意义

当今社会，国家或区域的国际竞争力越来越多的表现为产业竞争力，长期以来我国按照比较优势来安排产业结构，先进产业不在我国，因此，产业的国际竞争力弱；反观20世纪50年代以来创新型国家的发展，他们把科技创新作为基本战略，大幅度提高科技创新能力，形成了日益强大的国家竞争优势和国际话语权。在创新驱动发展背景下，技术进步模式要立足于自主创新，依靠原始创新和引进技术的再创新，形成具有自主知识产权的关键技术和核心技术，关键技术和核心技术的载体就是产业，因此，提升国家竞争力还需依靠产业创新，产业结构优化升级不是简单的下哪个产业、上哪个产业的问题，而是要由创新能力较强的产业来带动，专利密集型产业既是以专利为核心生产要素的产业，也是关键技术和核心技术的主要生产载体，专利密集型产业的发展本质上可以促进产业转型升级，提高国家和区域产业的竞争力。

二、专利密集型产业的特征

根据专利密集型产业的内涵，专利密集型产业具有以下特征。

（一） 专利密集型产业对专利及专利保护的依赖程度较高

专利密集型产业是以专利为核心生产要素的产业，其在生产过程中，对专利的依赖程度要强于资本、劳动等一般生产要素，而且由于产生的专利具有一定的经济价值，极其需要专利制度的法律保护来激励专利密集型产业创新活动的进行和保障企业的相关经济利益。因此，相比于非专利密集型产业来说，专利密集型产业的专利密度（产业人均专利持有量）和专利强度（产业单位产值的专利持有量）较大。

（二） 专利密集型产业主要集中在制造业领域

根据2004～2008年的数据，美国排名前十位的专利密集型产业分别是计算机及周边设备，通信设备制造业，半导体和电子元件制造业，其他计算机及电子产品，电子仪器制造业，电子设备、电器和组件，基本化学品制造业，医药制造业，其他杂项制造业和其他化工产品，专利强度数值最大的四个行业都属于计算机和电子产品制造业。在欧盟，2004~2008年的专利密集型产业名单中，居主导地位的是制造业，在20个专利密集程度最高的产业中有16个是制造业，分别为电动手工工具制造，基本医药产品制造，其他化学制品制造，光学仪器及摄影器材制造，测量、检测及导航仪器和设备制造，家用电器制造，冶金机械制造，放射、电子医学及电子医疗设备制造，纺织、服装和皮革生产机械制造，其他有色金属生产，通信设备制造，电子元件制造，其他运输设备制造，工业气体制造，纸张和纸板制品机械制造，军用战车制造。根据2019年3月13日国家统计局令（第25号）《知识产权（专利）密集型产业统计分类（2019）》，知识产权（专利）密集型产业的范围包括信息通信技术制造业，信息通信技术服务业，新装备制造业，新材料制造业，医药医疗产业，环保产业，研发、设计和技术服务业等7大类、31个中类、188个小类，其中，26个中类、151个小类是制造业。

（三）具有较强的间接就业效应，能提供高质量的就业岗位

《知识产权与美国经济增长：聚焦产业》显示，和商标、版权密集型产业相比，专利密集型产业的直接就业效应并不一定大，尤其是在过去的10年间，制造业经济投资不足，进入21世纪后，制造业生产能力处于停滞状态，在此期间美国制造行业失去了超过300万个就业岗位。专利密集型产业集中在制造业，2010年，直接提供的就业岗位为390万个，远低于商标密集型产业提供的就业岗位（2260万个），但由于制造业通常比服务部门具有较大的乘数效应，它比商标和版权密集型产业更依赖于外部供应链，对外部产业能产生更大的影响，间接支持相对大量的工作岗位，预测数据显示，2010年，专利密集型产业间接提供了330万个就业岗位，即每1.2个专利密集型产业的就业岗位就带动了1个其供应链相关其他行业的就业，而商标密集型行业带动1个其供应链相关其他行业的就业需要1.72

个直接就业岗位，版权密集型行业需要 2.05 个。2008～2010 年，欧盟的专利密集型产业间接提供了 1274 万个就业岗位，即每 1.76 个专利密集型产业的就业岗位就带动了 1 个其供应链相关其他行业的就业，而商标密集型行业带动 1 个其供应链相关其他行业的就业需要 2.59 个直接就业岗位，版权密集型行业需要 3.02 个。此外，专利密集型产业能提供高质量的就业岗位，其从业人员普遍拥有较高的受教育水平和工资水平。中国专利密集型产业统计监测报告（2022）显示，2021 年中国专利密集型产业城镇非私营单位就业人员年平均工资为 11.58 万元，比上年增长 13.28%，比非专利密集型产业（10.50 万元）高 10.29%。[①]

（四）具有较高的产业成长性

专利的拥有和应用与技术创新存在着较密切的联系，具有创新型产业科技投入水平高、发展速度快、产品竞争力强、经济效益水平高等特色。因此，专利密集型产业表现出很高的产业成长性。中国专利密集型产业统计监测报告（2022）显示，中国专利密集型产业 7 大产业 2021 年增加值达到 14.30 万亿元，继 2020 年迈上 12 万亿元台阶之后再创新高，2018～2021 年均增速为 10.11%，高于同期 GDP 现价年均增速 2.39 个百分点。2021 年，我国专利密集型产业增加值占 GDP 比重达到 12.44%，比 2020 年提高 0.47 个百分点，较 2018 年提高 0.79 个百分点。其中，医药医疗产业增加值比 2020 年增长 40.92%，增长最快；其后是信息通信技术制造业和环保产业，比 2020 年分别增长 18.07% 和 17.47%。生命健康、数字经济及绿色低碳等相关产业实现快速发展，有力支撑了经济高质量发展。[②]

---

①② 《中国专利密集型产业统计监测报告（2022）》，国家知识产权局官网，2023 年 7 月 21 日。

第二节　专利密集型产业的识别方法

一、已有识别方法介绍

已有的专利密集型产业的评价方法旨在构造一个作为确定专利密集型产业的依据的指数，从而使对于专利密集型产业的分析由定性转为定量。

（一）美国商务部的方法

2012年，美国商务部发布的《知识产权与美国经济：产业聚焦》，用专利密度评价专利密集型产业，用五年内产业授权专利数与该产业这期间平均就业人数（以千人为单位）的比值来表示，并将专利密集型产业定义为专利密度高于平均水平的产业。

产业专利密集度的计算公式为：

$$产业专利密集度 = \frac{产业五年内向企业授权的专利数}{产业五年内平均就业人数} \qquad (2-1)$$

事实上，增加值和总产值是衡量产业规模的常用指标，但考虑到数据难以获取，该报告采取就业人数代表产业规模，关注产业就业人员规模范畴下的产业专利密度。但由于该方法在分析产业专利密集度时主要考虑产业就业人员的数量规模，导致诸如汽车制造产业、航空产品和组建产业等产业尽管属于技术密集型产业，但是因这些产业就业人数众多，其专利密集度指数明显低于平均水平，排名靠后。需要指出的是，该份报告中的专利授权数仅仅关注了向美国企业授权的专利，这个量占2004~2008年财政年度授权专利总量的45%，占同时期美国申请人授权专利的87%。

（二）欧洲专利局（European Patent Office，EPO）和欧盟内部市场协调局（Office for Harmonization in the Internal Market，OHIM）的方法

欧洲专利局和欧盟内部市场协调局联合发布的《知识产权密集型产业对欧盟经济及就业的贡献》（2013），采用了美国商务部的方法定义专利密集型产业，所不同的是欧盟选择的专利是 2004～2008 年间在 EPO 和 OHIM 申请并随后（截至 2013 年 2 月）获批授权的专利，即专利的申请是在 2004～2008 年期间提交的，但相应的授权日期则截至 2013 年 2 月。同时，在经济分析中，考虑到创新往往都要在经过一段时间后才能产生经济效益，该报告采用了 3～4 年的时滞期。

（三）世界知识产权组织（World Intellectual Property Organization，WIPO）的方法

WIPO 从 2007 年开始发布《世界知识产权指标报告》，该报告的主要研究目的是分析各国知识产权局和世界区域范围的知识产权活动特点，统计分析各国/地区专利活动的趋势，挖掘专利申请数量增长或下降的深层原因。该报告中提供了一种基于多指标评估来综合评量一个国家/地区专利活动密集程度的方法。计算方式如下：

$$专利活动密集度 = \frac{特定国家本国专利申请量}{GDP\ 或\ R\&D\ 投入} \quad (2-2)$$

由于该报告以国家/地区作为分析研究的基本对象，考察的主要是国家/地区层次的区域专利活动的密集程度，并没有对区域内各产业的专利活动密集度进行评价。

（四）经济合作与发展组织（Organisation for Economic Co-operation and Development，OECD）的方法

从 1999 年开始，经济合作与发展组织每两年发布《科学、技术、工业记分牌》研究报告，该报告主要利用经济数据、专利数据的相关指标，

分析相关国家/地区的技术创新能力，进而研究相关国家/地区科技方面的政策是否恰当。在 2009 年和 2011 年发布的报告中，均设计了与专利相关的若干分析指标，前者主要引入了分析相关国家/地区专利密集度的指标，后者在前者基础上进一步引入了分析相关国家/地区新企业专利密集度的指标，具体公式如下：

$$各国专利密集度 = \frac{各国申请的美、日、欧三方专利的量}{R\&D\ 投入} \quad (2-3)$$

$$新企业平均专利申请量 = \frac{特定国家/地区的新企业专利申请总量}{该国/地区新企业总量}$$

$$(2-4)$$

（五）国内采用的方法

国内学者徐明和姜南（2013）用某年产业的专利申请量与从业人数的比值来评价专利密集型产业。国家知识产权局规划发展司（2013）依据某产业五年的发明专利授权数与该产业五年平均就业人数之比来认定高发明专利密度产业，并延伸出了全国高专利密集度产业和地区高专利密集度产业两个重要的概念，这一方法被陈伟、刘锦志、杨早立和周文（2015）等采用。实际上，由于我国统计数据库的建设起步较晚，详细数据较少，且尚缺乏像美国和欧洲那样将专利与产业直接匹配的数据库。因此，为了构建一个较为完备的评价方法，姜南、单晓光和漆苏（2014）联用了四种方法对专利密集型产业进行认定，专利数据采用产业发明专利申请数或产业发明专利存量，经济数据采用产业总产值或产业从业人数，利用专利数据与经济数据的比值来计算产业专利密度，计算四年，评价出每年的专利密集型产业，最终将获得次数较高的产业定义为专利密集型产业。

国家知识产权局（2015）对专利密集型产业的界定进行了调整，明确了界定的原则为：第一，达到一定的专利密集度，将专利密集度高于平均专利密集度的产业（行业）界定为专利密集型产业。第二，具有一定的专利规模，根据专利密集度筛选出的专利密集型产业应该去除专利产出规模过小的行业。第三，具有较强的产业引导性。如应与具有时代特色和发展前景的战略性新兴产业、中国制造 2025、高技术制造业、产业关键共性技术等存在密切联系。第四，具有较高的产业成长性。

知识产权（专利）密集型产业统计分类（2019）明确，知识产权（专利）密集型产业至少应当具备下列条件之一：（1）行业发明专利规模和密集度均高于全国平均水平；（2）行业发明专利规模和 R&D 投入强度高于全国平均水平，且属于战略性新兴产业、高技术制造业、高技术服务业；（3）行业发明专利密集度和 R&D 投入强度高于全国平均水平，且属于战略性新兴产业、高技术制造业、高技术服务业。[①]

不难发现，美国专利商标局、欧洲专利局和欧盟内部市场协调局、世界知识产权组织、经济合作与发展组织及国内相关部门或学者对专利密集型产业的评价中，无论是产业专利密集度，还是国家/地区专利密集度，其基本思路都是根据设定的专利密集度指标，计算单位规模（产值规模、就业规模或 R&D 投入规模）下的专利量（申请量或授权量），进而获得研究对象的专利密集度。

二、本书采用的识别方法

本书着重研究专利密集型产业，目的在于通过科学的评价方法，对各产业可能受到专利影响或作用的程度作出宏观的评估和表征，并据此找出受专利影响或作用较为明显的专利密集型产业。本书并没有直接采用《知识产权（专利）密集型产业统计分类（2019）》中的专利密集型行业分类，原因如下：

一是根据《知识产权（专利）密集型产业统计分类（2019）》编制说

---

① 上述条件中的全国平均水平是指全国工业平均水平。发明专利规模指连续 5 年期间发明专利授权量之和。发明专利密集度指单位就业人员连续 5 年期间获得的发明专利授权量，即发明专利规模与同一时期年平均就业人数之比。R&D 投入强度指企业 R&D 经费支出与主营业务收入之比。R&D 是指为增加知识存量（也包括有关人类、文化和社会的知识）以及设计已有知识的新应用而进行的创造性、系统性工作。

明，发明专利规模指连续 5 年期间发明专利授权量之和，也就是发明专利规模的测算是动态的，并非静态的，不同时期的专利密集型产业界定应该以对应时期的专利测算为基础。

二是专利密集型产业的界定需要将专利分类与国民经济行业分类一一对应。目前将专利分类与国民经济行业分类进行了对照的公开资料为《国际专利分类与国民经济行业分类参照关系表（2018）》。《知识产权（专利）密集型产业统计分类（2019）》涉及 7 个大类，其中研发、设计和技术服务业属于专利密集型服务业，但是《国际专利分类与国民经济行业分类参照关系表（2018）》并没有给出该大类中所有小类行业对应的专利代码，导致该大类无法实现专利代码与国民经济行业代码的对应。

三是考虑到《知识产权（专利）密集型产业统计分类（2019）》中的大类和中类行业是根据小类行业向上归并形成，而小类行业的产值、就业、出口等数据在《中国工业经济统计年鉴》《中国统计年鉴》等资料中不够齐全，难以通过小类行业向上归并形成对应的大类和中类行业数据。

基于以上三点，为了统一数据口径和符合专利密集型产业的筛选原则，本书并未直接采用《知识产权（专利）密集型产业统计分类（2019）》中的分类，而是以《国际专利分类与国民经济行业分类参照关系表（2018）》为基础，通过每条专利唯一对应的 IPC 分类号，按照其所在技术领域将专利逐条对接到国民经济行业，采用国家知识产权局的方法筛选专利密集型产业，具体如下：先用产业五年内发明专利授权数与五年内平均就业人数的比值来计算产业发明专利密度。将产业发明专利密度高于国民经济行业平均水平的定义为专利密集型产业，反之称之非专利密集型产业。专利密集度的计算公式如下：

$$产业发明专利密度 = \frac{产业五年内发明专利授权数}{产业五年内平均就业人数} \qquad (2-5)$$

之所以使用发明专利，是因为发明专利是三种专利中技术含量最高的专利，这也是美国研究报告中采用的标准。在定量测算结果的基础上，通过定性分析、征求专家意见，进行了产业（行业）的增加和删减，目的是刨除专利产出规模较小的行业，同时增补专利密集度较低但是产业的引领性和成长性较高的行业作为专利密集型行业。数据显示，有些行业的发明专利密集度很高，但发明专利授权数却很低。如其他采矿业 2013～2017 年的发明专利密集度高达 3608.27 件/万人，排在第 2 位；但其发明专利申请数和发明专利授权数分别为 31626 件和 8303 年，仅为同期全部行业平均水平的 10.55% 和 10.53%。具体的增补和删除标准为：虽然行业 2013～2017 年的发明专利密度低于平均水平，但是同期专利申请和授权都排在 54 个有发明授权的大类行业 45% 之前，则将该行业确定为专利密集型产业；如果行业 2013～2017 年的发明专利密度高于平均水平，但是同期专利申请和授权排在 54 个有发明授权的大类行业 75% 以后，则将其从专利密集型产业中剔除。[①]

确定上述评价方法，是基于以下几点考虑。

1. 评价方法须具有科学性

专利密集型产业是对专利要素依赖性强于其他要素的产业，直接依据专利总量的排序来评价专利密集型产业的方法显然是不科学的，因为对专利要素依赖性较强的产业与有较高专利存量的产业间没有必然的联系。项目选取的方法的科学性体现在四个方面，第一，专利密度指标计算相对于产业规模的专利量，用于评价专利密集型产业符合实际情况，较为科学。第二，产业规模的衡量采用就业规模而不是总产值规模，根据就业来划分专利数是为了使代表产业规模的专利活动标准化，确保评价结果不受产业规模的影响。通过这种方法计算得出的专利密集度最高的产业是那些每个职位产出专利数最多的产业，而不是拥有专利数最多的产业，更符合实际情况。第三，选取五年的数据，而不是一年的数据，从而可以减小偶然性因素对整体结果造成的影响，使得结果与实际情形无太大出入，因而更具科学性。第四，该方法为美国商务部、欧洲专利局（EPO）、欧盟内部市场协调局（OHIM）和我国知识产权局规划发展司所等权威机构所采用，也是广大国内外学者们广泛采用的方法。

---

① 作者自己根据 2013～2017 年发明专利授权数据和就业人数自行计算得出。

2. 评价方法符合国情和省情

由于中国专利制度起步晚、历史短，国内产业界长期处于专利意识淡薄的状态，直至"入世"以后尤其是国家知识产权战略实施推进以来，专利意识才显著提升。2015 年，我国发明专利申请受理量达到 110.2 万件，同比增长 18.7%，连续 5 年居世界首位，国内每万人口发明专利拥有量从"十二五"末的 6.3 件增加到 15.8 件[①]，专利、商标、版权、植物新品种等知识产权数量位居世界前列，这说明我国自主创新能力和企业的竞争力都有所提升，对于知识产权保护的重视程度也在提高。不可忽视的是，我国专利的数量虽然较多，但是质量并不高，还远不是专利强国。对专利密集型产业的评价要反映出我国专利质量的现状，用就业人数来衡量产业规模，计算专利密度，筛选出专利密集型产业，可以通过计算专利密集型产业的产值贡献率反映专利质量和核心专利对经济的贡献。如果用总产值规模衡量产业规模，筛选出的专利密集型产业都是专利的产出贡献较大的产业，不利于判断和揭示我国专利质量现状。

3. 评价方法具有可操作性，研究结论具有可比性

衡量产业规模的指标众多，包括附加值、总销售额、总产值、就业人数等，相比之下，产业就业人数的公开数据较多、也比较全面，可获得性较强。同时，由于该方法在国内外学者研究中广泛采用，从而使本项研究结果具有足够的可比性。

第三节　产业创新绩效及其评价

一、产业创新绩效的内涵

抓住新一轮科技革命的机遇，落实我国以创新为驱动的发展战略，需

---

① 《国务院关于印发"十四五"国家知识产权保护和运用规划的通知（国发〔2021〕20号）》，中国政府网，2021 年 10 月 9 日。

要客观公正地认识当前创新现状。正确识别和把握创新绩效的内涵是客观评价创新绩效现状的基础和前提。然而，目前对创新绩效没有统一的定义，通过对已有文献的梳理，可以发现，对创新绩效的理解，需要把握以下几个方面。

第一，从创新效果和创新效率两个方面衡量创新绩效。

刘满凤等（2005）提出，技术创新绩效是指给定创新系统一定投入所得到的效果和生产效率的提高。庞瑞芝等（2009）把创新绩效定义为创新效率，并运用价值链模型对中国工业行业1997～2005年的创新效率进行测算，发现我国工业行业在创新价值链上存在的问题并提出政策建议。何伟艳（2012）认为企业或行业在一定的时间、创新资源和环境下的产出效果和投入产出转化效率，即为技术创新绩效，创新投入的大幅增加并不一定能够带来预想的科研产出和经济效益，面对创新资源稀缺的现状，创新效率的高低将会在很大程度决定创新绩效，对创新绩效的衡量，不能忽视创新效率。

第二，创新绩效表现为创新活动产生的多方面的影响，不只是新产品给企业带来的绩效。

然高夫和克什米尔（W. Rycoft & E. Kash，2000）认为，技术创新绩效就是新产品给企业带来的绩效。但是随着研究的深入，学者们发现，技术创新绩效不只是新产品给企业带来的绩效。詹图宁（A. Jantunen，2005）提出技术创新绩效的定义，即过程创新和产品创新给企业绩效带来的提高。陶锋（2009）则认为，技术创新绩效是企业创新活动产生的多方面影响，包括对市场需求、产品质量、生产工艺流程及产品开发设计能力的影响。

第三，创新绩效不仅仅需要关注创新结果，也需要关注创新过程。

现有的研究技术水平已使得学者们能打开创新活动的"黑箱子"，从创新价值链的角度去探究创新效率。高建等（2004）认为，好的技术创新管理对企业的技术创新产出很重要。基于这个理念，他重构了一个技术创新绩效评价概念模型，将技术创新绩效分为产出绩效和过程绩效两个部分进行考察。产出绩效指技术创新的最终产出和产出效率，其反映了企业技术创新绩效的贡献水平；过程绩效指创新项目的管理绩效，最终影响到产出绩效，其反映了企业的技术创新绩效的管理水平。陈劲等（2006）在对现有评价方法进行总结时，发现现有的评价体系存在以下缺陷：过分注重 R&D 投入，混淆投入产出指标；创新绩效以产品为主，较少涉及工艺技术；过分注重产出绩效，忽略过程绩效；过分注重专利数据，忽略我国专利制度不完善的状况。结合我国的企业创新实情，他将过程绩效纳入绩效评价体系，将创新绩效划分为产出绩效和过程绩效。官建成等（2007）将创新活动划分为知识创新阶段和科技成果商业化阶段来探究创新效率，结果发现我国产业的知识创新效率较高，科技成果商业化效率偏低。

综上，可以将创新绩效定义为整个创新活动过程产生的多方面的社会经济效果即产出效果和创新效率。

二、创新效率的评价方法

对创新效率的测量实际上是对技术效率的测量，科普曼斯（C. Koopmans，1951）率先定义了技术有效的概念，他提出，"在固定的技术条件下，若投入不变，没有减少其他产出就不能增加任何产出；或若产出不变，没有增加其他投入就不能减少任何投入"这种状况就是技术有效。根据生产前沿函数测量方法的不同，测算技术创新效率主要有两类方法。第一类是参数方法，利用计量模型估计生产前沿函数，以此来测算技术效率，其中运用较广泛的是随机前沿方法（Stochastic Frontier Analysis，SFA 方法）。第二类是非参数方法，这种方法利用线性规划的方法来确定生产前沿面，并以此测量出技术效率，其中被广泛运用的主要是数据包络方法（Data Envelopment Analysis，DEA 方法）。

查恩斯等（A. Charnes et al.，1978）首先提出了数据包络分析的方法，用于解决同部门之间，具有多个输入、多输出的决策单元有效性问题研究，最开始的模型是基于规模报酬不变（Constant Returns to Scale，CRS）假设的 CCR（三位作者 A. Charnes、W. Cooper 和 E. Rhodes 名字的首字母）模型。1984 年，班克、查恩斯和库珀（R. Banker, A. Charnes & W. Cooper）将 CCR 模型进行扩展，在概念和应用上剔除了 CCR 模型中规模报酬不变的假设，重新形成的包络面的假设条件为规模报酬可变，衡量在不同规模报酬之下效率的估计值，发展成为 BCC（R. Banker、A. Charness 和 W. Cooper 名字首字母缩写）模型。BCC 模型在 CCR 模型的基础上，将技术效率值（Technical Efficiency, TE）进一步分解为规模效率（Scale Efficiency, SE）和纯技术效率（Pure Technical Efficiency, PTE），即 TE = SE × PTE。DEA 方法是运用数学规划的方法求解，既不需要构建确定的函数关系，也不需要事先确定投入产出指标权重，在多投入多产出的效率测度上更是具有很大的优势，是技术效率测算的首选方法。DEA 方法分为传统的 DEA 方法和网络 DEA 方法，传统 DEA 方法又分为基于规模报酬不变的 CCR 模型和基于规模报酬可变的 BCC 模型，同时根据研究的需要，还可以设定为基于投入导向或产出导向。在传统 DEA 方法中，决策单元（Decision Making Unit, DMU）被视为"黑箱"，没有将决策单元的内部结构和各类投入资源在子过程中的配置信息考虑进去，网络 DEA 模型则把技术创新过程分为多个子过程，将"黑箱"转变为"灰箱"，但大多数网络 DEA 模型都属于径向 DEA 模型，忽略了投入产出变量的松弛问题，当投入不足或者产出过多时，技术创新效率会被低估（陶长琪等，2011）。

费莱德等（O. Fried et al., 2002）指出，传统的 DEA 模型没有考虑到环境因素、随机噪声和管理因素的影响，因此需借助随机前沿 SFA 模型做进一步研究。首先将环境因素和随机噪声因素剥离，得出仅受管理无效率影响的决策单元投入冗余；其次将调整后的投入值与原始产出值代入 BCC 模型，最后计算效率值，此时得到的效率值已经剔除环境因素和随机噪声因素，相比传统 DEA 模型得到的效率值更能反映出决策单元的实际水平。

目前，三阶段 DEA 已被广泛用于评价各种存在外部环境影响的投入产出效率。如刘伟（2015）用三阶段 DEA 模型研究我国 15 个高新技术行业，发现在剔除环境因素之后，我国高新技术行业整体规模效率下降，纯技术效率提高。沈能和潘雄峰（2011）运用三阶段 DEA 模型测算我国 30

个工业企业的创新效率，发现经过环境变量的调整后，中国各地区的工业企业创新效率出现下降的趋势。考虑到三阶段 DEA 模型将数据包络分析和随机前沿分析法结合在一起，剔除了可能造成技术创新效率无效的环境因素及随机误差因素，使得专利密集型行业可以在同等条件下进行对比，更为准确地反映投入产出效率，本书采用三阶段 DEA 模型测算专利密集型产业的创新效率。测算过程如下。

1. 第一阶段：传统 DEA 模型

第一阶段利用基于投入导向的 BCC 模型来测算不同行业的效率值以及投入松弛量。投入导向下对偶形式的 BCC 模型表示为：

$$\min_{\theta, \lambda} \left[\theta - \varepsilon (e^T s^- + e^T s^+) \right]$$

$$\text{s. t.} \begin{cases} \sum_{i=1}^{n} \lambda_i y_{ir} - s^+ = y_{0r} \\ \sum_{i=1}^{n} \lambda_i x_{ij} + s^- = \theta x_{0j} \\ \sum_{i=1}^{n} \lambda_i = 1 \\ \lambda_i \geqslant 0; \ s^+ \geqslant 0; \ s^- \geqslant 0 \\ i = 1, 2, \cdots, n; j = 1, 2, \cdots, m; r = 1, 2, \cdots, s \end{cases} \quad (2-6)$$

式（2-6）中，n 为决策单元的个数；m 和 s 分别为输入与输出变量的个数；x_{ij} 为第 i 个决策单元的第 j 个投入要素；y_{ir} 为第 i 个决策单元的第 r 个产出要素；λ_i 是非阿基米德无穷小量；e^T 是单元行向量（T 为转置符号）；s^- 和 s^+ 是投入、产出要素的松弛变量，代表投入冗余和产出不足；θ 是决策单元 DMU_0 的效率值，即不同权重下的产出投入比，处于 0 到 1 之间，越接近于 1 表明效率越高。

BCC 模型没有考虑环境因素和随机误差的影响，不能确定效率损失是由管理不善造成的，还是由环境因素或随机误差造成的。

2. 第二阶段：相似 SFA 模型

第二阶段 SFA 模型通过分析投入变量的松弛值，对管理无效率、环境因素和随机误差等对效率值的影响进行剥离，然后调整投入值，重新测算剔除环境因素和随机误差影响的效率。

投入变量松弛值的计算方法为：

$$s_{ni} = x_{ni} - X_n\lambda \geqslant 0, \quad n = 1, \cdots, N; \quad i = 1, \cdots, I \qquad (2-7)$$

式（2-7）中，s_{ni} 是第一阶段 DEA 模型中第 i 个决策单元的第 n 个投入变量的松弛值，x_{ni} 是投入变量的原始值，$X_n\lambda$ 是 x_{ni} 对应产出向量 y_i 在投入效率子集上的最优映射。

考虑投入松弛变量与环境变量的 SFA 模型为：

$$s_{ni} = f^n(z_{ni}, \beta^n) + v_{ni} + u_{ni}, \quad n = 1, \cdots, N; \quad i = 1, \cdots, I \quad (2-8)$$

式（2-8）中，$z_{ni} = (z_{1i}, \cdots, z_{Ni})$ 为 N 个可获得的外生环境变量，它们是对决策单元的效率产生影响的环境变量观察值；$f^n(z_{ni}, \beta^n)$ 是确定可行的松弛前沿函数，β^n 是被估计的环境变量系数；v_{ni} 和 u_{ni} 分别代表第 i 个决策单元的第 n 个投入所产生的随机误差和管理无效率。

在此基础上调整投入值，从混合误差 $v_{ni} + u_{ni}$ 中分离出随机误差 v_{ni}。根据管理无效率 u_{ni} 的条件估计 $\hat{E}(u_{ni} | v_{ni} + u_{ni})$，得到随机误差的估计为：

$$\hat{E}(v_{ni} | v_{ni} + u_{ni}) = s_{ni} - z_i\hat{\beta}^n - \hat{E}(u_{ni} | v_{ni} + u_{ni}),$$
$$n = 1, \cdots, N; \quad i = 1, \cdots, I \qquad (2-9)$$

将处于相对有利的经营环境的决策单元 DMU 值代入调整投入式，得到：

$$\hat{x}_{ni} = x_{ni} + (\max_i(z_i\hat{\beta}^n) - z_i\hat{\beta}^n) + (\max_i(\hat{v}_{ni}) - \hat{v}_{ni}),$$
$$n = 1, \cdots, N; \quad i = 1, \cdots, I \qquad (2-10)$$

其中，$\hat{x}_{ni}$ 表示调整后的投入值，为使每个决策单元均面对同样的经营环境，用 $\max_i(z_i\hat{\beta}^n)$ 表示松弛值最大的决策单元，即效率最低的决策单元，使得所有决策单元的经营环境相同。调整 $\max_i(\hat{v}_{ni})$ 使所有决策单元均处在最坏的运气，使每个决策单元处于相同的环境。

3. 第三阶段：调整后的 DEA 模型

将第二阶段经过 SFA 模型调整后的投入值 $\hat{x}_{ni}$ 和原产出变量值代入 BCC 模型中，替换变量 x_{ni}，再次计算效率值，此时决策单元效率值消除外部环境变量与随机因素影响，体现了各行业的实际创新效率。

第四节 本 章 小 结

本章结合《知识产权与美国经济：产业聚焦》和《知识产权（专利）密集型产业统计分类（2019）》，对专利密集型产业的内涵和特征进行了阐释。专利密集型产业是具有较强的创新能力，对整个经济社会有很强的带动性和引领性影响，对提高国家或区域的国际竞争力具有战略意义的产业。专利密集型产业对专利及专利保护的依赖程度较高，主要集中在制造业领域，具有较强的间接就业效应，能提供高质量的就业岗位，具有较高的产业成长性。本书在界定专利密集型产业时，首先，采用国家知识产权局的方法用产业五年内发明专利授权数与五年内平均就业人数的比值计算出产业发明专利密度，将产业发明专利密度高于国民经济行业平均水平的初筛作为专利密集型产业。在此基础上，进一步通过定性分析、征求专家意见，进行产业（行业）的增加和删减，刨除专利产出规模较小的行业，同时增补专利密集度较低但是产业的引领性和成长性较高的行业作为专利密集型行业。

其次，对产业创新绩效的内涵进行了剖析，认为创新绩效是整个创新活动过程产生的多方面的社会经济效果和创新效率。要从创新效果和创新效率两个方面衡量创新绩效，创新绩效表现为创新活动产生的多方面的影响，不只是新产品给企业带来的绩效；创新绩效不仅仅需要关注创新结果，也需要关注创新过程。

最后，梳理了创新效率评价方法，考虑到弗里德（O. Fried）提出的三阶段 DEA 模型将数据包络分析和随机前沿分析法结合在一起，剔除了可能造成技术创新效率无效的环境因素及随机误差因素，使得专利密集型行业可以在同等条件下进行对比，能更准确地反映某一领域的投入产出效率，本书采用三阶段 DEA 方法进行创新效率的评价。

第三章

专利密集型产业的识别
及其社会经济贡献

第二章已经将创新绩效界定为整个创新活动过程产生的多方面的社会经济效果和创新效率。本章在识别专利密集型产业的基础上，主要定量测度专利密集型产业产生的社会经济效果。

第一节　专利密集型产业的识别

一、数据来源及处理

（一）数据来源

本章数据的时间范围为 2008～2017 年，采集的数据主要有两类：一是专利数据，在 IncoPat 科技创新情报平台和国家知识产权局官网下载得到，数据下载的时间为 2019 年 5 月～2019 年 12 月。二是国民经济行业数据，包括国民经济行业大类、中类和小类的就业人数、生产总值、增加值等数据，取自历年的《中国工业经济统计年鉴》《中国统计年鉴》《中国经济普查年鉴》以及 EPS 全球统计数据等。

（二） 数 据 处 理

1. 国民经济行业分类的统一

《国民经济行业分类》于 1984 年首次发布，分别于 1994 年、2002 年、2011 年、2017 年进行修订。现行的《国民经济行业分类》（GB/T 4754 – 2017）从 2017 年 10 月 1 日起实施。本书的时间跨度为 2008～2017 年，在此期间，国民经济行业分类经过了 2 次修订，本书以新行业分类为标准，依据《国民经济行业分类新旧结构对照表》，将 2008～2010 年和 2011～2016 年的行业分类数据转化为 2017 年行业分类数据。

2. 专利数据与国民经济行业数据的对接

通过 IPC 与国民经济行业对接比较合理和准确，首先，因为通过 IPC 技术领域的对接是从专利使用的角度完成的对接，按照《中华人民共和国专利法》对发明专利的定义"发明是指对产品、方法或者其改进所提出的新的技术方案"，显然，按照专利使用角度通过 IPC 技术领域对接更合理。其次，通过每条专利唯一对应的 IPC 分类号，按照其所在技术领域将专利逐条对接到国民经济行业，显然比通过专利申请人将该企业的全部专利对接到其所在的国民经济行业更准确。因为现实中存在很多申请人所申请的专利并不应用到其主营业务所在的行业的情况，比如研究机构申请的与汽车制造相关的专利，再比如主营业务为汽车制造的企业申请的与服装生产相关的专利等。

美国专利商标局（United States Patent and Trademark Office，USPTO）的技术分类系统与北美产业分类系统（North American Industry Classification System，NAICS）代码基本一致，因此其在认定专利密集型产业时相对容易；欧盟 BvD（Bureau van Dijk）公司开发的商业数据库 ORBIS 记录了"欧盟工业分类标准"代码，将其与 OHIM 和 EPO 的知识产权官方登记簿数据库进行匹配即可得到各产业的专利信息。而我国由于缺乏类似 ORBIS（Orbiting Radio Bearer Ionospheric Satellite）的大型商业数据库，导致我国国民经济行业分类无法对应到国际专利分类系统（International Patent Classification，IPC）。因此，本书采用国家知识产权局规划发展司和中国专利技术开发公司最新研究成果《国际专利分类与国民经济行业分类参照关系表（2018）》，依据国民经济行业分类划分专利技术，实现专利与产业的对接，进而确定专利密集型产业。

3. 专利计数法

一项专利可能会对应多个产业，因此在计算每一个产业拥有的专利数目时有整体计数和分数计数两种选择。采用整体计数时，每项专利在其对应的各个产业专利数目核算时都按 1 核算。采用分数计数时，要先将每件专利按照与之相联系的产业数进行划分，如果某一专利同时应用于 n 个产业，那么该项专利在其对应的各个产业专利数目核算时都按 $1/n$ 核算。为了避免重复计算，本书采用分数计数计算专利总数，这也是美国商务部和欧盟研究报告中采用的方法。

（三） 数据说明

第一，专利考察的是全部的发明专利授权数据，既包括职务专利（包括全部的大专院校、科研单位、企业、机关团体等作为申请人申请的专利）又包括非职务专利（即个人作为申请人申请的专利），以期完整地考察所有的专利对经济社会发展的价值贡献。

第二，就业人口的统计口径采用总就业人口，而非城镇单位就业人口。由于专利数据的统计是覆盖了行业中所有的企业，包括城镇单位和非城镇单位，用城镇单位就业人员衡量产业规模，进而计算专利密度是不合适的，因此，本书采用就业人口总数，而且这也是《知识产权密集型产业对欧盟经济及就业的贡献》和《知识产权与美国经济：产业聚焦》采用的方法。

第三，专利密集型产业的确定是采用国家知识产权局规划发展司和中国专利技术开发公司最新研究成果《国际专利分类与国民经济行业分类参照关系表（2018）》，依据国民经济行业分类划分专利技术，实现专利与产业的对接，进而确定出专利密集型产业，这也是目前最新、最权威的国民经济行业与专利对应的标准。《中国区域产业专利密集度统计报告》《知识产权（专利）密集型产业统计分类（2019）》采用的并不是该标准。因此，本书确定出来的专利密集型产业及其经济指标会与《知识产权（专利）密集型产业统计分类（2019）》《中国区域产业专利密集度统计报告》中出现不一致的地方。

二、专利密集型产业的识别结果

为了解不同行业口径的专利密集型产业，本书对三次产业、国民经济大类行业和工业行业都进行了分析。

（一）三次产业中，第二产业为专利密集型产业，专利密度为 28.72 件/万人

表 3-1 显示，从三次产业看，2013~2017 年，三次产业平均发明专利密集度为 9.87 件/万就业人口，其中，专利密集型产业为第二产业，其发明专利密度为 28.72 件/万就业人口，非专利密集型产业为第一、第三产业，其发明专利密度分别为 0.31 件/万就业人口和 3.29 件/万就业人口。

表 3-1　　　　　　　　　　三次产业的发明专利密集度　　　　　单位：件/万就业人口

项目	2008~2012 年	2013~2017 年
平均值	7.18	9.87
第一产业	0.20	0.31
第二产业	21.10	28.72
第三产业	3.04	3.29

从变化趋势来看，三次产业平均的发明专利密度呈现上升趋势，从 2008~2012 年的 7.18 件/万就业人口，上升到 2013~2017 年的 9.87 件/万就业人口；专利密集型产业在三次产业间的分布没有明显的变化，第二产业都是专利密集型产业，专利密集型产业的专利密度上升明显，从 2008~2012 年的 21.10 件/万就业人口增加到 28.72 件/万就业人口，与此同时，非专利密集型产业的专利密度出现了小幅上升，第一产业从 0.20

件/万就业人口增加到 0.31 件/万就业人口，第三产业从 3.04 件/万就业人口增加到 3.29 件/万就业人口，专利密集型产业与非专利密集型产业平均专利密度的差距呈现明显的扩大趋势。

（二）54 个有发明授权专利的大类行业中，24 个大类行业是专利密集型产业，其平均发明专利密度为 67.38 件/万人

2013～2017 年，54 个有发明授权专利的大类行业发明专利授权数为 3818487 件，平均发明专利密度为 16.51 件/万就业人口。其中，非金属矿采选业，其他采矿业，饮料制造业，木材加工及木、竹、藤、棕、草制品业，造纸及纸制品业，化学原料及化学制品制造业，医药制造业，化学纤维制造业，橡胶和塑料制品业，非金属矿物制品业，金属制品业，通用设备制造业，专用设备制造业，铁路、船舶、航空航天和其他运输设备，电气机械及器材制造业，仪器仪表及文化、办公用机械制造业，其他制造业，废弃资源和废旧材料回收加工业，金属制品、机械和设备修理业，水的生产和供应业，电信、广播电视和卫星传输服务，互联网和相关服务，软件和信息技术服务业，机动车、电子产品和日用产品修理业 24 个行业的发明专利密度高于平均水平。

根据前述界定专利密集型产业的标准，对专利密集型产业进行如下调整：第一，剔除掉专利密集度较高但发明专利规模很小的行业，即剔除 2013～2017 年的发明专利密度高于平均水平、但同期专利申请和授权排在 54 个有发明授权的大类行业 75% 之后的其他采矿业和非金属矿采选业等 2 个行业；第二，根据专家对产业的引领性和成长性的打分，同时参考《我国专利密集型产业界定方法及产业目录研究报告》，增补发明专利密度低于平均水平但是发明专利规模较大或发明专利增长较快的行业，即增补汽车制造业，通信设备、计算机及其他电子设备制造业 2 个行业，其 2013～2017 年的发明专利密度低于平均水平、但同期专利申请和授权都排在 54 个有发明授权的大类行业的前 45%，最终确定了 24 个专利密集型大类行业（见表 3－2）。2013～2017 年，24 个专利密集型行业的就业人口占 54 个大类行业就业人口总量的 22.57%，发明专利授权数为 3517481 件，占

54 个大类行业的 92.12%，24 个行业平均发明专利密度为 67.38 件/万就业人口，明显高于非专利密集型产业的 1.68 件/万就业人口。

表 3 – 2　　　　　　2013～2017 专利密集型产业（大类行业）

行业名称	大类行业代码	2013～2017 年专利授权数（件）	2013～2017 年专利密集度（件/万就业人口）
饮料制造业	15	25947	20.22
木材加工及木、竹、藤、棕、草制品业	20	30227	34.55
造纸及纸制品业	22	17880	16.85
化学原料及化学制品制造业	26	118323	30.65
医药制造业	27	56576	31.45
化学纤维制造业	28	23887	63.16
橡胶和塑料制品业	29	61132	22.72
非金属矿物制品业	30	82242	17.83
金属制品业	33	123084	41.38
通用设备制造业	34	306683	82.37
专用设备制造业	35	532391	190.61
汽车制造业	36	32953	8.73
铁路、船舶、航空航天和其他运输设备	37	35504	23.96
电气机械及器材制造业	38	192315	38.36
通信设备、计算机及其他电子设备制造业	39	37409	5.17
仪器仪表及文化、办公用机械制造业	40	669067	791.09
其他制造业	41	8846	26.41
废弃资源和废旧材料回收加工业	42	26189	181.78
金属制品、机械和设备修理业	43	584659	4479.25
水的生产和供应业	46	18183	52.35

续表

行业名称	大类行业代码	2013~2017 年专利授权数（件）	2013~2017 年专利密集度（件/万就业人口）
电信、广播电视和卫星传输服务	63	52076	22.58
互联网和相关服务	64	39009	62.21
软件和信息技术服务业	65	93865	26.80
机动车、电子产品和日用产品修理业	80	349034	865.26

（三）41 个有发明授权专利的工业大类行业中，20 个大类行业是专利密集型产业，其平均发明专利密度为 65.77 件/万人

2013~2017 年，41 个工业大类发明授权数为 3187239 件，平均发明专利密度为 41.42 件/万就业人口。专利密集型产业主要集中在工业（工业大类行业代码为 6–46），24 个大类专利密集型行业中有 20 个是工业行业（其中，制造业有 19 个），20 个专利密集型工业的就业人口占工业就业人口总量的 58.95%，发明专利授权数为 2983497 件，占工业总数的 93.61%，20 个行业平均发明专利密度为 65.77 件/万就业人口，大大高于工业的平均水平（41.42 件/万就业人口），但是低于 24 个专利密集型产业的平均水平（67.38 件/万就业人口），这主要是由于机动车、电子产品和日用产品修理业是专利密集型产业，但是非工业行业，其发明专利密度为 865.26 件/万就业人口，拉高了专利密集型产业的平均水平。

（四）573 个有发明授权专利的小类行业中，125 个小类行业是专利密集型产业，其平均发明专利密度为 425.34 件/万人

根据中国经济普查年鉴和《国际专利分类与国民经济行业分类参照关系表（2018）》中行业专利代码及工业行业数据获取情况，小类行业是剔除掉记录媒介复制、核燃料加工、花画工艺品制造、铁合金冶炼、重金属压延加工、其他未列明金属制品制造、核辐射加工、其他未列明制造业等行业后的 573 个小类行业。2013~2017 年 573 个小类行业累计就业人口为

38597.14 万人，累计发明授权数为 5640920 件，发明授权专利密度为 146.15 件/万人。根据前述专利密集型产业的确定标准，最终确定了 125 个专利密集型小类行业（见表 3-3）。2013~2017 年 125 个专利密集型小类行业累计就业人口为 10090.57 万人，发明授权数为 4291879 件，发明授权专利密度为 425.34 件/万人。

表 3-3　2013~2017 年专利密集型产业（小类行业）及其行业代码

行业名称	行业代码	行业名称	行业代码
其他采矿业	1200	气体、液体分离及纯净设备制造	3463
营养食品制造	1491	制冷、空调设备制造	3464
保健食品制造	1492	其他文化、办公用机械制造	3479
瓶（罐）装饮用水制造	1522	其他通用设备制造业	3490
绢纺和丝织加工	1742	矿山机械制造	3511
其他家用纺织制成品制造	1779	建筑材料生产专用机械制造	3515
其他非家用纺织制成品制造	1789	冶金专用设备制造	3516
有机化学原料制造	2614	炼油、化工生产专用设备制造	3521
油墨及类似产品制造	2642	橡胶加工专用设备制造	3522
初级形态塑料及合成树脂制造	2651	塑料加工专用设备制造	3523
合成橡胶制造	2652	食品、酒、饮料及茶生产专用设备制造	3531
合成纤维单（聚合）体制造	2653	制药专用设备制造	3544
化学试剂和助剂制造	2661	玻璃、陶瓷和搪瓷制品生产专用设备制造	3546
专项化学用品制造	2662	纺织专用设备制造	3551
林产化学产品制造	2663	电子工业专用设备制造	3562
香料、香精制造	2684	机械化农业及园艺机具制造	3572
化学药品原料药制造	2710	医疗诊断、监护及治疗设备制造	3581
化学药品制剂制造	2720	医疗、外科及兽医用器械制造	3584
中药饮片加工	2730	机械治疗及病房护理设备制造	3585
中成药生产	2740	环境保护专用设备制造	3591

续表

行业名称	行业代码	行业名称	行业代码
兽用药品制造	2750	交通安全、管制及类似专用设备制造	3596
生物药品制造	2760	其他专用设备制造	3599
卫生材料及医药用品制造	2770	汽车零部件及配件制造	3660
丙纶纤维制造	2825	配电开关控制设备制造	3823
其他合成纤维制造	2829	电力电子元器件制造	3824
轮胎制造	2911	光伏设备及元器件制造	3825
橡胶板、管、带制造	2912	其他输配电及控制设备制造	3829
橡胶零件制造	2913	镍氢电池制造	3842
日用及医用橡胶制品制造	2915	其他电池制造	3849
其他橡胶制品制造	2919	电光源制造	3871
塑料薄膜制造	2921	灯用电器附件及其他照明器具制造	3879
塑料板、管、型材制造	2922	计算机零部件制造	3912
塑料丝、绳及编织品制造	2923	通信系统设备制造	3921
泡沫塑料制造	2924	通信终端设备制造	3922
塑料人造革、合成革制造	2925	工业自动控制系统装置制造	4011
塑料包装箱及容器制造	2926	电工仪器仪表制造	4012
日用塑料制品制造	2927	绘图、计算及测量仪器制造	4013
塑料零件制造	2928	实验分析仪器制造	4014
其他塑料制品制造	2929	试验机制造	4015
水泥制品制造	3021	环境监测专用仪器仪表制造	4021
砼结构构件制造	3022	导航、气象及海洋专用仪器制造	4023
轻质建筑材料制造	3024	农林牧渔专用仪器仪表制造	4024
其他水泥类似制品制造	3029	电子测量仪器制造	4028
粘土砖瓦及建筑砌块制造	3031	光学仪器制造	4041
建筑用石加工	3033	其他仪器仪表制造业	4090
防水建筑材料制造	3034	金属废料和碎屑加工处理	4210
隔热和隔音材料制造	3035	金属制品修理	4310

行业名称	行业代码	行业名称	行业代码
技术玻璃制品制造	3051	通用设备修理	4320
玻璃纤维及制品制造	3061	专用设备修理	4330
玻璃纤维增强塑料制品制造	3062	铁路运输设备修理	4341
卫生陶瓷制品制造	3071	船舶修理	4342
特种陶瓷制品制造	3072	航空航天器修理	4343
日用陶瓷制品制造	3073	电气设备修理	4350
耐火陶瓷制品及其他耐火材料制造	3089	仪器仪表修理	4360
有色金属合金制造	3240	其他机械和设备修理业	4390
金属结构制造	3311	风力发电	4414
金属表面处理及热处理加工	3360	太阳能发电	4415
生产专用搪瓷制品制造	3371	其他电力生产	4419
金属切削机床制造	3421	电力供应	4420
金属成形机床制造	3422	自来水生产和供应	4610
金属切割及焊接设备制造	3424	污水处理及其再生利用	4620
机床附件制造	3425	其他水的处理、利用与分配	4690
连续搬运设备制造	3434		

三、专利密集型产业与相关产业、技术之间的联系

1. 与战略性新兴产业的联系

为满足统计监测战略性新兴产业发展情况的需要，国家统计局于2012年制定了《战略性新兴产业分类（2012）》（试行），2018年又根据"十三五"国家战略性新兴产业发展规划发布了《战略性新兴产业分类（2018）》，该分类涵盖488个国民经济行业，4455种战略性新兴产业产品和服务。《战略性新兴产业分类（2018）》与2012年试行版相比，在结构

和内容等方面都进行了很大的调整，如 2018 版对应的国民经济行业类别增加了 126 个，达到 485 个，在内容上增加了"互联网与云计算、大数据服务""人工智能""数字创意产业""机器人与增材设备制造""智能制造相关服务""新能源汽车充电及维修服务"等符合现代战略性新兴产业特点的类别，并细化了新材料产业。考虑到本书专利密集型产业识别采用的数据是 2013～2017 年，并未涉及 2018 年相关数据，因此，为了数据统计口径一致，本书主要与《战略性新兴产业分类（2012）》（试行）进行对比。

根据《战略性新兴产业分类（2012）》，战略性新兴产业包括节能环保产业、新一代信息技术产业、生物产业、高端装备制造产业、新能源产业、新材料产业和新能源汽车 7 个大类，对应《国民经济行业分类》中的行业类别 359 个，对应战略性新兴产业产品及服务 2410 项。根据 2013～2017 年工业行业数据，筛选出 125 个专利密集型工业小类行业，其中，83 个是战略性新兴产业（见表 3 -4），占专利密集型工业小类行业的比重为 66%。

表 3 -4　　　　　　　专利密集型产业与战略性新兴产业对照

专利密集型产业		战略性新兴产业	
产业代码	产业名称	产业代码	产业名称
2927	日用塑料制品制造	1.1.5	
3021	水泥制品制造	1.1.5	
3024	轻质建筑材料制造	1.1.5	
3031	粘土砖瓦及建筑砌块制造	1.1.5	
3035	隔热和隔音材料制造	1.1.5	节能环保产业
3051	技术玻璃制品制造	1.1.5	
3062	玻璃纤维增强塑料制品制造	1.1.5	
3464	制冷、空调设备制造	1.1.1	
3490	其他通用设备制造业	1.1.1	

续表

专利密集型产业		战略性新兴产业	
产业代码	产业名称	产业代码	产业名称
3511	矿山机械制造	1.1.2	
3515	建筑材料生产专用机械制造	1.1.2	
3516	冶金专用设备制造	1.1.2	
3521	炼油、化工生产专用设备制造	1.1.2	
3531	食品、酒、饮料及茶生产专用设备制造	1.1.2	
3546	玻璃、陶瓷和搪瓷制品生产专用设备制造	1.1.2	
3572	机械化农业及园艺机具制造	1.1.2	
3871	电光源制造	1.1.3	
4012	电工仪器仪表制造	1.1.4	节能环保产业
4014	实验分析仪器制造	1.1.4	
3562	电子工业专用设备制造	1.2.1	
3591	环境保护专用设备制造	1.2.1	
4021	环境监测专用仪器仪表制造	1.2.2	
4620	污水处理及其再生利用	1.2.5	
1200	其他采矿业	1.3.1	
3360	金属表面处理及热处理加工	1.3.2	
3463	气体、液体分离及纯净设备制造	1.3.2	
4210	金属废料和碎屑加工处理	1.3.2	
4690	其他水的处理、利用与分配	1.3.5	
3912	计算机零部件制造	2.2.2	
3921	通信系统设备制造	2.2.1	新一代信息技术产业
3922	通信终端设备制造	2.2.1	
4028	电子测量仪器制造	2.2.5	
2614	有机化学原料制造	3.1.5	
2661	化学试剂和助剂制造	3.1.5	生物产业
2662	专项化学用品制造	3.1.5	
2684	香料、香精制造	3.1.5	

专利密集型产业		战略性新兴产业	
产业代码	产业名称	产业代码	产业名称
2710	化学药品原料药制造	3.1.1	生物产业
2720	化学药品制剂制造	3.1.1	
2730	中药饮片加工	3.1.1	
2740	中成药生产	3.1.1	
2750	兽用药品制造	3.1.4	
2760	生物药品制造	3.1.1	
2929	其他塑料制品制造	3.1.6	
2770	卫生材料及医药用品制造	3.2.1	
3581	医疗诊断、监护及治疗设备制造	3.2.1	
3584	医疗、外科及兽医用器械制造	3.2.1	
3585	机械治疗及病房护理设备制造	3.2.1	
4015	试验机制造	3.2.2	
4024	农林牧渔专用仪器仪表制造	3.2.2	
4041	光学仪器制造	3.2.2	
3434	连续搬运设备制造	4.1.2	高端装备制造产业
3596	交通安全、管制及类似专用设备制造	4.1.2	
4343	航空航天器修理	4.1.2	
4023	导航、气象及海洋专用仪器制造	4.2.2	
4341	铁路运输设备修理	4.3.1	
4330	专用设备修理	4.4.0	
3421	金属切削机床制造	4.5.1	
3422	金属成形机床制造	4.5.1	
3425	机床附件制造	4.5.1	
3599	其他专用设备制造	4.5.2	
4414	风力发电	5.2.2	新能源产业
3825	光伏设备及元器件制造	5.3.1	

续表

专利密集型产业		战略性新兴产业	
产业代码	产业名称	产业代码	产业名称
3849	其他电池制造	5.3.1	
4415	太阳能发电	5.3.2	
4419	其他电力生产	5.4.2	新能源产业
3823	配电开关控制设备制造	5.5.1	
3824	电力电子元器件制造	5.5.2	
2642	油墨及类似产品制造	6.1.1	
2921	塑料薄膜制造	6.1.2	
2924	泡沫塑料制造	6.1.2	
3034	防水建筑材料制造	6.1.6	
3061	玻璃纤维及制品制造	6.1.6	
3072	特种陶瓷制品制造	6.1.4	
3842	镍氢电池制造	6.1.6	
2653	合成纤维单（聚合）体制造	6.2.4	新材料产业
3240	有色金属合金制造	6.2.3	
3311	金属结构制造	6.2.3	
2651	初级形态塑料及合成树脂制造	6.3.2	
2652	合成橡胶制造	6.3.2	
2825	丙纶纤维制造	6.3.1	
2829	其他合成纤维制造	6.3.1	
3660	汽车零部件及配件制造	7.2.4	新能源汽车
3829	其他输配电及控制设备制造	7.3.1	

2. 与《中国制造2025》的联系

制造业是国民经济的主体，是立国之本、兴国之器、强国之基。18世纪中叶开启工业文明以来，世界强国的兴衰史和中华民族的奋斗史一再证明，没有强大的制造业，就没有国家和民族的强盛。打造具有国际竞争力的制造业，是我国提升综合国力、保障国家安全、建设世界强国的必由之路。《中国制造2025》是由国务院于2015年5月印发的部署全面推进实施制造强国的战略文件，是中国实施制造强国战略第一个十年的行动纲领。《中国制造2025》明确了9项战略任务和重点：提高国家制造业创新能力、推进信息化与工业化深度融合、强化工业基础能力、加强质量品牌建设、全面推行绿色制造、大力推动重点领域突破发展、深入推进制造业结构调整、积极发展服务型制造和生产型服务业、提高制造业国际化发展水平。同时明确了新一代信息技术产业、高档数控机床和机器人、航空航天装备、海洋工程装备及高技术船舶、先进轨道交通装备、节能与新能源汽车、电力装备、农机装备、新材料和生物医药及高性能医疗器械十大领域。

将《中国制造2025》的相关行业分类与筛选出的专利密集型工业小类行业对照，125个专利密集型工业小类行业中，有13个是《中国制造2025》所属行业（见表3-5），占专利密集型工业小类行业的10.4%，涉及《中国制造2025》中的高档数控机床和机器人制造、海洋工程装备及高技术船舶制造、节能与新能源汽车制造、农机装备制造、新材料制造和生物医药及高性能医疗器械制造等大类行业。

表3-5　　　　　　　　　专利密集型产业与中国制造业对照

专利密集型产业		中国制造2025	
产业代码	产业名称	产业代码	产业名称
3490	其他通用设备制造业	349	高档数控机床和机器人制造
4330	专用设备修理	433	海洋工程装备及高技术船舶制造
3360	金属表面处理及热处理加工	336	节能与新能源汽车制造
3660	汽车零部件及配件制造	366	
4210	金属废料和碎屑加工处理	421	农机装备制造
3240	有色金属合金制造	324	新材料制造

专利密集型产业		中国制造2025	
产业代码	产业名称	产业代码	产业名称
2730	中药饮片加工	273	
2710	化学药品原料药制造	271	
2720	化学药品制剂制造	272	
2740	中成药生产	274	生物医药及高性能医疗器械制造
2750	兽用药品制造	275	
2760	生物药品制造	276	
2770	卫生材料及医药用品制造	277	

3. 与高技术产业（制造业）的联系

高技术产业（制造业）是指国民经济行业中 R&D 投入强度（即 R&D 经费支出占主营业务收入的比重）相对较高的制造业行业，包括医药制造，航空、航天器及设备制造，电子及通信设备制造，计算机及办公设备制造，医疗仪器设备及仪器仪表制造，信息化学品制造 6 大类。

将《高技术产业（制造业）分类（2017）》与筛选出的专利密集型工业小类行业对照，125 个专利密集型工业小类行业中，有 22 个是高技术制造业（见表 3 – 6），占专利密集型工业小类行业的 17.6%，涉及高技术产业（制造业）中的医药制造业，航空、航天器及设备制造业，电子及通信设备制造业，计算机及办公设备制造业和医疗仪器设备及办公设备制造业等大类行业。

表 3 – 6 专利密集型产业与高技术产业（制造业）对照

专利密集型产业		高技术产业（制造业）	
产业代码	产业名称	产业代码	产业名称
2710	化学药品原料药制造	1.1	医药制造业
2720	化学药品制剂制造	1.1	

专利密集型产业		高技术产业（制造业）	
产业代码	产业名称	产业代码	产业名称
2730	中药饮片加工	1.2	医药制造业
2740	中成药生产	1.3	
2750	兽用药品制造	1.4	
2760	生物药品制造	1.5	
2770	卫生材料及医药用品制造	1.6	
4343	航空航天器修理	2.5	航空、航天器及设备制造业
3562	电子工业专用设备制造	3.1	电子及通信设备制造业
3921	通信系统设备制造	3.4	
3922	通信终端设备制造	3.4	
3912	计算机零部件制造	4.2	计算机及办公设备制造业
3585	机械治疗及病房护理设备制造	5.1	医疗仪器设备及仪器仪表制造业
4011	工业自动控制系统装置制造	5.2	
4012	电工仪器仪表制造	5.2	
4014	实验分析仪器制造	5.2	
4015	试验机制造	5.2	
4021	环境监测专用仪器仪表制造	5.2	
4024	农林牧渔专用仪器仪表制造	5.2	
4028	电子测量仪器制造	5.2	
4041	光学仪器制造	5.2	
4090	其他仪器仪表制造业	5.2	

4. 与产业关键共性技术的联系

2011 年和 2013 年，工业和信息化部分别发布了《产业关键共性技术发展指南（2011 年）》（工信部科（2011）320 号）和《产业关键共性技术发展指南 2013 年）》（工信部科（2013）335 号）。2015 年，为进一步发挥指南的指导作用，工业和信息化部围绕国内外产业发展现状和趋势，通过广泛征求意见，掌握行业发展动态与热点，研究提出了《产业关键共性技术发展指南（2015 年）》。该指南在构建现代产业技术体系、加快转变发展方式、培育和发展战略性新兴产业、促进产业结构优化升级、增强自主创新能力和核心竞争力等关键环节发挥重要作用。《产业关键共性技术发展指南（2015 年）》共确定了优先发展的产业关键共性技术 205 项。其中，节能环保与资源综合利用 48 项、原材料工业 42 项、装备制造业 49 项、消费品工业 27 项、电子信息与通信业 39 项。

与筛选出的专利密集型小类行业对照，125 个专利密集型工业小类行业中，有 81 个是产业关键共性技术（见表 3 - 7），占专利密集型工业小类行业的 64.8%。产业关键共性技术涉及电子信息与通信业、节能环保与资源综合利用、消费品工业、原材料工业、装备制造业 5 个大类行业。

表 3 - 7 **专利密集型产业与产业共性技术对照**

专利密集型产业			产业共性技术	
产业名称	产业代码	产业名称	产业名称	产业代码
3823	配电开关控制设备制造			
3824	电力电子元器件制造	382		
3825	光伏设备及元器件制造			
3829	其他输配电及控制设备制造		电子信息与通信业	
3912	计算机零部件制造	391		
3921	通信系统设备制造	392		
3922	通信终端设备制造			
2614	有机化学原料制造	261		
2661	化学试剂和助剂制造			
2662	专项化学用品制造	266		
2663	林产化学产品制造		节能环保与资源综合利用	
2921	塑料薄膜制造			
2922	塑料板管型材制造	292		
2923	塑料丝绳及编织品制造			

续表

专利密集型产业		产业共性技术	
产业名称	产业代码	产业名称	产业代码
2924	泡沫塑料制造	292	节能环保与资源综合利用
2925	塑料人造革合成革制造		
2926	塑料包装箱及容器制造		
2927	日用塑料制品制造		
2928	塑料零件制造		
2929	其他塑料制品制造		
3031	粘土砖瓦及建筑砌块制造	303	
3033	建筑用石加工		
3034	防水建筑材料制造		
3035	隔热和隔音材料制造		
3051	技术玻璃制品制造	305	
3463	气体液体分离及纯净设备制造	346	
3464	制冷空调设备制造		
3551	纺织专用设备制造	355	
3591	环境保护专用设备制造	359	
3596	交通安全管制及类似专用设备制造		
3599	其他专用设备制造		
3842	镍氢电池制造	384	
3849	其他电池制造		
4021	环境监测专用仪器仪表制造	402	
4023	导航气象及海洋专用仪器制造		
4024	农林牧渔专用仪器仪表制造		
4028	电子测量仪器制造		
4620	污水处理及其再生利用	462	
4690	其他水的处理利用与分配	469	
1491	营养食品制造	149	消费品工业
1492	保健食品制造		

续表

专利密集型产业			产业共性技术
产业名称	产业代码	产业名称	产业代码
1789	其他非家用纺织制成品制造	178	
2710	化学药品原料药制造	271	
2720	化学药品制剂制造	272	
3544	制药专用设备制造	354	消费品工业
3546	玻璃陶瓷和搪瓷制品生产专用设备制造		
3581	医疗诊断监护及治疗设备制造	358	
3584	医疗外科及兽医用器械制造		
3585	机械治疗及病房护理设备制造		
2642	油墨及类似产品制造	264	
2651	初级形态塑料及合成树脂制造	265	
2652	合成橡胶制造		
2653	合成纤维单（聚合）体制造		
3021	水泥制品制造	302	原材料工业
3022	砼结构构件制造		
3024	轻质建筑材料制造		
3029	其他水泥类似制品制造		
3061	玻璃纤维及制品制造	306	
3062	玻璃纤维增强塑料制品制造		
3240	有色金属合金制造	324	
3511	矿山机械制造	351	
3515	建筑材料生产专用机械制造		
3516	冶金专用设备制造		
3071	卫生陶瓷制品制造	307	装备制造业
3072	特种陶瓷制品制造		
3073	日用陶瓷制品制造		
3421	金属切削机床制造	342	
3422	金属成形机床制造		

续表

专利密集型产业			产业共性技术	
产业名称	产业代码	产业名称	产业名称	产业代码
3424	金属切割及焊接设备制造	342		
3425	机床附件制造			
3521	炼油化工生产专用设备制造	352		
3522	橡胶加工专用设备制造			
3523	塑料加工专用设备制造			
3572	机械化农业及园艺机具制造	357		
3660	汽车零部件及配件制造	366	装备制造业	
4011	工业自动控制系统装置制造			
4012	电工仪器仪表制造			
4013	绘图计算及测量仪器制造	401		
4014	实验分析仪器制造			
4015	试验机制造			
4210	金属废料和碎屑加工处理	421		

通过比对专利密集型工业小类行业与战略性新兴产业、《中国制造2025》、高技术产业（制造业）、产业关键共性技术中的行业，发现125个专利密集型工业小类行业中，83个是战略性新兴产业、13个是中国制造2025所属产业、22个是高技术产业（制造业）、81个是产业关键共性技术产业，去重后共有115个专利密集型工业小类行业是战略性新兴产业、《中国制造2025》、高技术产业（制造业）、产业关键共性技术中的行业，占筛选出的专利密集型工业行业的92%，充分说明本书以《国际专利分类与国民经济行业分类参照关系表（2018）》为基础，通过每条专利唯一对应的IPC分类号，按照其所在技术领域将专利逐条对接到国民经济行业筛选出的专利密集型产业符合高技术、创新发展和战略导向等特点。

第二节　专利密集型产业的经济贡献

根据创新绩效的内涵，从创新产出效果及创新效率两个方面评价专利密集型产业的创新绩效。

产出效果主要描述专利密集型产业作为对专利及专利保护的依赖程度较高的产业，依赖于专利权保护对技术、创新和社会福利发展的促进，本书主要从经济贡献、就业贡献、科技贡献等方面进行衡量，相关指标数据均采用 2005 年可比价，考虑到数据的可得性，主要对发明专利密集型工业进行分析，通过测算发明专利密集型工业总产值、工业销售产值、出口、成本费用利润率、资产负债率、新产品销售收入等在工业中的占比及其变化趋势，反映专利密集型产业的经济贡献。

一、发明专利密集型工业对工业总产值的贡献不断加大，超过 50%

2005～2011 年专利密集型工业总产值[①]从 134308.43 亿元增加到 362118.45 亿元，平均每年增长 17.98%，同期，非专利密集型产业的产值从 117311.08 亿元增加到 293890.15 亿元，平均每年增长 16.54%，比专利密集型产业低 1.44 个百分点，相对较快的增长也使得专利密集型产业对规上工业总产值的贡献率从 2005 年的 53.38% 上升到 55.20%（见图 3 - 1）。

---

① 《中国工业统计年鉴》从 2013 年开始不再统计规上工业分行业的工业总产值，因此分行业的工业总产值数据仅有 2011 年以前的。

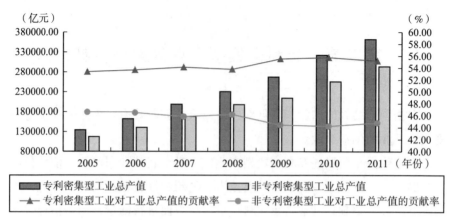

图 3-1　发明专利密集型工业与非发明专利密集型工业总产值对比

二、发明专利密集型工业对工业销售产值的贡献不断加大，接近60%

2005~2016 年，专利密集型产业工业销售产值①从 131348.45 亿元增加到 588395.98 亿元，平均每年增长 14.61%，比同期非专利密集型工业高 2.68 个百分点。分阶段来看，不论是专利密集型产业还是非专利密集型产业，其工业销售产值都呈现下降趋势，尤其是非专利密集型产业下降更快。2005~2010 年专利密集型工业销售产值从 131348.45 亿元增长到315098.58 亿元，平均每年增长 19.13%，非专利密集型产业的产值从 115597.93 亿元增长到 251645.68 亿元，平均每年增长 16.83%。2011~2016 年，专利密集型工业销售产值从 353950.55 亿元增长到 588395.98 亿元，平均每年增长 10.70%，比 2005~2010 年的增长速度低 8.43 个百分点，同期，非专利密集型产业的产值从 289259.22 亿元增长到 399239.26亿元，平均每年增长 6.66%，比 2005~2010 年的增长速度低 10.18 个百分点（见图 3-2）。

---

① 《中国工业统计年鉴》从 2017 年开始不再统计规上工业分行业的工业销售产值，因此分行业的工业销售产值数据仅有 2017 年以前的。

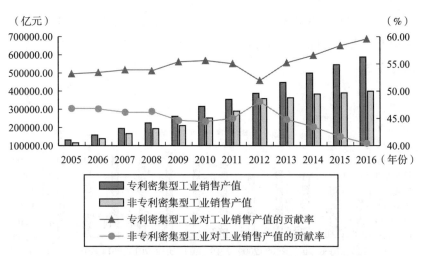

（亿元）

（%）

2005 2006 2007 2008 2009 2010 2011 2012 2013 2014 2015 2016（年份）

■ 专利密集型工业销售产值
□ 非专利密集型工业销售产值
▲ 专利密集型工业对工业销售产值的贡献率
● 非专利密集型工业对工业销售产值的贡献率

图 3 - 2 发明专利密集型工业与非发明专利密集型工业销售产值对比

从贡献率来看，2005～2016年，发明专利密集型工业对工业销售产值的贡献率不断上升，从53.19%上升到59.58%。

三、发明专利密集型工业对出口的贡献不断加大，超过70%

2005～2016年，专利密集型工业和非专利密集型工业出口交货值①均处于上升趋势，专利密集型工业出口交货值平均每年增长为7.82%，比非专利密集型工业出口交货值平均每年增长高2.99个百分点。分阶段来看，2005～2010年专利密集型工业出口交货值从34184.31亿元增长到58371.52亿元，平均每年增长11.29%，同期非专利密集型产业的产值从13556.91亿元增长到16045.64亿元，平均每年增长3.43%，比专利密集型工业低7.87%。2011～2016年，专利密集型工业出口交货值从61183.44亿元增长到78249.45亿元，平均每年增长5.04%，同期，非专利密集型产业的产值从16216.65亿元增长到22784.16亿元，平均每年增

---

① 《中国工业统计年鉴》从2017年开始不再统计规上工业分行业的出口交货值，因此分行业的出口交货值数据仅有2017年以前的。

长 7.04%，比同期专利密集型工业高 1.99 个百分点。2011~2016 年专利
密集型工业出口交货值平均每年增长速度比 2005~2010 年低 6.25 个百分
点（见图 3-3）。

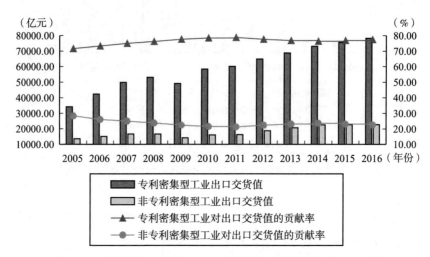

图 3-3　发明专利密集型工业与非发明专利密集型工业出口对比

从贡献率来看，2005~2016 年，发明专利密集型工业对出口的贡献率
不断上升，从 71.60% 上升到 77.45%。

四、发明专利密集型工业成本费用利润率平均值为 6.98%，低于工业平均水平（7.04%）

图 3-4 显示，2005~2018 年工业行业成本费用利润率①为 7.04%，
在此期间经历了先上升后下降的阶段，从 2005 年的 6.61% 上升到 2010 年
的 8.16%，此后开始下降，2018 年下降到 6.84%。同期专利密集型工业
的成本费用利润率为 6.98%，比工业平均水平低 0.06 个百分点，但是随

---

① 成本费用利润率＝利润总额/（主营业务成本＋主营业务税金及附加＋销售费用＋管理费
用＋财务费用＋营业费用）。

着专利密集型工业成本费用利润率上升，这种差距在缩小。

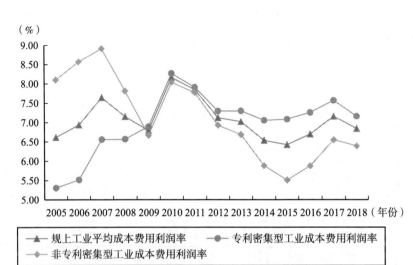

图3-4　发明专利密集型工业与非发明专利密集型工业成本费用利润率对比

2005～2018 年，专利密集型工业成本费用利润率增加了 1.85 个百分点，但非专利密集型工业却下降了 1.71 个百分点。分阶段来看，2005～2010 年专利密集型工业成本费用利润率上升较快，提升了 2.96 个百分点，非专利密集型工业呈现波动变化，先上升后下降，基本维持原水平，同期工业行业成本费用利润率上升了 1.55 个百分点；2011～2018 年，专利密集型工业成本费用利润率呈现下降趋势，由 7.91% 下降到 7.16%，下降了 0.75 个百分点，同期非专利密集型工业下降了 1.38 个百分点，工业行业成本费用利润率下降了 1.01 个百分点。

五、发明专利密集型工业总资产贡献率平均值为 11.32%，低于工业行业平均水平（11.70%）

2005～2018 年工业行业总资产贡献率[①]为 11.70%，在此期间经历了

———————

① 总资产贡献率 = (财务费用 + 利润总额 + 本年应交增值税 + 主营业务税金及附加)/资产总计。

先下降后上升再下降的阶段，从 2005 年的 11.82% 下降到 2006 年的 9.85%，2011 年上升到 16.19%，此后开始下降，2018 年仅为 5.85%（见图 3 − 5）。

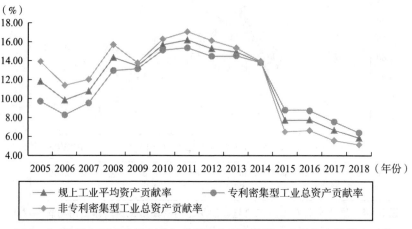

图 3 − 5　发明专利密集型工业与非发明专利密集型工业总资产贡献率对比

2005 ~ 2018 年，专利密集型工业总资产贡献率从 9.73% 下降到 6.42%，共下降了 3.31 个百分点，同期，非专利密集型工业从 13.9% 下降到 5.14%，下降了 8.76 个百分点。分阶段来看，2005 ~ 2010 年专利密集型工业总资产贡献率上升较快，提升了 5.40 个百分点，非专利密集型工业在波动中提升了 2.38 个百分点；2011 ~ 2018 年，专利密集型工业总资产贡献率呈现快速下降趋势，由 15.37% 下降到 6.42%，下降了 8.95 个百分点，非专利密集型工业下降了 11.93 个百分点。

六、发明专利密集型工业资产负债平均值为 56.22%，低于工业行业平均水平（57.29%）

2005 ~ 2018 年工业平均资产负债率[①]为 57.29%，在此期间经历了先

_____

① 资产负债率 = 负债总计/资产总计。

上升再下降的阶段，从 2005 年的 57.81% 上升到 2011 年的 58.10%，此后开始下降，2018 年为 56.53%。同期专利密集型工业平均资产负债率为 56.22%，比工业平均水平低 1.07 个百分点（见图 3-6）。

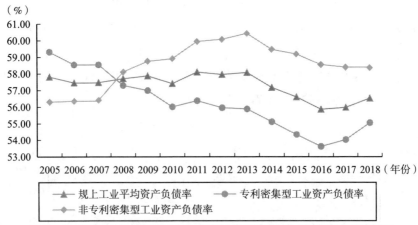

图 3-6　发明专利密集型工业与非发明专利密集型工业资产负债率对比

2005~2018 年，专利密集型工业资产负债率从 59.32% 下降到 55.06%，减少了 4.26 个百分点，非专利密集型工业从 56.30% 上升到 58.37%，上升了 2.06 个百分点。分阶段来看，2005~2010 年专利密集型工业资产负债率下降较快，减少了 3.30 个百分点，非专利密集型工业却上升较快，提升了 2.61 个百分点；2011~2018 年间，专利密集型工业资产负债率呈现先下降后上升的趋势，由 2011 年的 56.38% 下降到 2016 年的 53.62%，后又回升到 2018 年的 55.06%；同期非专利密集型工业呈现相反的变化趋势，从 2011 年的 59.95% 上升到 2013 年的 60.44%，后下降到 2018 年的 58.37%。

七、发明专利密集型工业对新产品销售收入的贡献率在波动中上升，2018 年达到 80.21%

2009~2018 年，专利密集型工业和非专利密集型工业新产品销售收入[①]

———————————

① 《中国科技统计年鉴》2009 年才开始统计分行业新产品销售收入数据，因此本部分数据从 2009 年开始。

整体呈现上升的趋势，平均每年增长率分别为11.73%和10.75%。从变化趋势来看，专利密集型工业和非专利密集型工业新产品销售收入的增长率有所下降，2009～2014年新产品销售收入增长较快，专利密集型工业从457537920.7万元上升到893096413.2万元，平均每年增长14.31%，非专利密集型工业从121187422.2万元上升到261106108万元，平均每年增长16.59%，2015～2018年专利密集型工业新产品销售收入增长速度下降到7.20%，非专利密集型工业下降到4.11%，相比2009～2014年分别下降了7.11个百分点和12.49个百分点（见图3-7）。

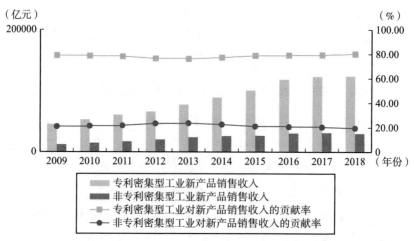

图3-7 专利密集型工业和非专利密集型工业新产品销售收入对比

从贡献率来看，专利密集型工业对新产品销售收入的贡献率远高于非专利密集型工业的贡献率，2009～2017年专利密集型工业的贡献率均在76%以上，2009年为79.05%，2018年上升到80.21%。

第三节　专利密集型产业的就业贡献

考虑到数据的可得性，主要对发明专利密集型工业进行分析，通过测算发明专利密集型工业全部从业人员年平均人数在工业中的占比及其变化趋势，反映专利密集型产业的就业贡献。

2005～2018 年，发明专利密集型工业的从业人员平均每年增长 2.14%，从 3712 万人增加到 4890 万人，占规上工业从业人员的比重从 53.82% 上升到 61.56%，与此同时，非专利密集型工业从业人员平均每年下降 0.32%，从 3184 万人下降到 3053 万人，占规上工业从业人员的比重从 46.18% 下降到 38.44%（见图 3-8）。

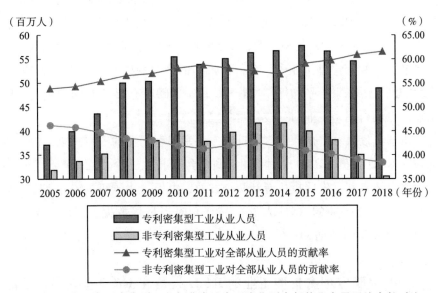

图 3-8　发明专利密集型工业与非发明专利密集型全部从业人员平均人数对比

分阶段来看，2005～2010 年，专利密集型工业从业人员年平均人数由 3712 万人上升到 5546 万人，平均每年增长 8.36%；非专利密集型工业由 3184 万人上升到 3998 万人，平均每年增长 2.91%。2011～2018 年，专利密集型工业从业人员由 5386 万人下降到 4890 万人，平均每年下降 1.37

个百分点；同期非专利密集型工业由 3782 万人下降到 3053 万人，平均每年下降 3.01%。相比 2005～2010 年，2011～2018 年专利密集型工业的从业人员平均每年增长速度下降了 9.74 个百分点，非专利密集型工业下降了 5.92 个百分点。

第四节　专利密集型产业的科技贡献

工业行业中，绝大部分有科技机构的企业都属于专利密集型工业，2008 年规上工业中，有科技机构的企业有 22156 个，其中，17757 个属于专利密集型产业，占 80.15%。随着企业对科技投入的不断重视，无论是专利密集型工业还是非专利密集型工业，设立科技机构的企业都呈现快速的上升趋势，2018 年规上工业中，有科技机构的企业增加到 72607 个，其中 57342 个属于专利密集型工业，15265 个属于非专利密集型工业。2008～2018 年，专利密集型工业中，有科技机构的企业规模不断增长，从 17757 家增加到 57342 家，平均每年增长 12.44%。随着有科技机构的企业不断增加，专利密集型工业对科技的贡献也日益加大。

本节从投入和产出两个方面反映专利密集型工业的科技贡献，投入方面包括 R&D 人员、R&D 全时当量、科技经费投入三个方面，产出方面包括发明申请专利、发明授权专利两个方面，由于《中国科技统计年鉴》从 2008 年才有分行业的 R&D 人员、R&D 全时当量等数据，因此本节采用 2008～2018 年的数据。

一、发明专利密集型工业的 R&D 人员和 R&D 全时当量贡献

（一）2018 年发明专利密集型工业 R&D 人员占规上工业行业的 79.52%

2008～2018 年，专利密集型工业和非专利密集型工业 R&D 人员均呈

逐年上升趋势，专利密集型工业平均每年增长 10.64 个百分点，比非专利密集型工业高出 1.73 个百分点。

分阶段来看，无论是专利密集型工业还是非专利密集型工业，其 R&D 人员的增长速度都呈现明显的下降趋势，相比 2008～2013 年的增长速度，2014～2018 年专利密集型工业的 R&D 人员增长速度下降了 11.87 个百分点，非专利密集型工业下降了 12.58 个百分点。2008～2013 年，专利密集型工业 R&D 人员由 1233207 人增加到 2625683 人，平均每年增长 16.32%，非专利密集型工业由 364821 人增加到 738329 人，平均每年增长 15.14 个百分点；2014～2018 年，专利密集型工业 R&D 人员由 2847844 人增加到 3388670 人，平均每年增长 4.44%，非专利密集型工业由 774033 人增加到 856581 人，平均每年增长速度比专利密集型工业低 1.88%（见图 3－9）。

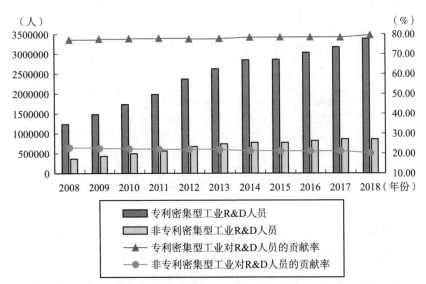

图 3－9 专利密集型工业和非专利密集型工业 R&D 人员投入强度对比

从贡献率来看，2008～2018 年专利密集型工业对 R&D 人员的贡献率大大高于非专利密集型工业，2018 年专利密集型工业 R&D 人员占规上工业的比重达到 79. 52%。

（二）2018 年发明专利密集型工业 R&D 人员全时当量占规上工业行业的 80. 95%

2008 ~ 2018 年，专利密集型工业和非专利密集型工业 R&D 人员全时当量均呈上升趋势，专利密集型工业 R&D 人员全时当量平均每年增长 9. 60%，比非专利密集型工业高 1. 85 个百分点（见图 3 – 10）。

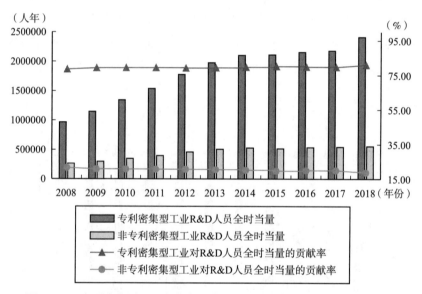

图 3 – 10　专利密集型工业和非专利密集型工业 R&D 人员全时当量对比

分阶段来看，无论是专利密集型工业还是非专利密集型工业，其 R&D 人员全时当量均呈现明显的上升趋势。2008 ~ 2013 年，专利密集型工业 R&D 人员全时当量由 965364. 4 人年增加到 1978520. 1 人年，平均每年增长 15. 43%，非专利密集型工业由 264495. 11 人年增加到 508033. 2 人年，平均每年增长 13. 94%；2014 ~ 2018 年，专利密集型工业 R&D 人员全时当量由 2104445. 4 人年增加到 2413298 人年，平均每年增长 3. 48%，非专利密集型工业由 529983. 8 人年增加到 557899 人年，平均每年增长

1.29%。相比 2008～2013 年的增长速度，2014～2018 年专利密集型工业 R&D 人员全时当量的增长速度下降了 11.95 个百分点，非专利密集型工业下降了 12.65 个百分点。

从贡献率来看，2008～2018 年专利密集型工业对 R&D 人员全时当量的贡献率大大高于非专利密集型工业，2018 年专利密集型工业 R&D 人员全时当量占规上工业的比重达到 80.95%。

二、发明专利密集型工业的科技经费投入贡献

（一）2018 年发明专利密集型工业 R&D 项目经费占规上工业行业的 78.16%

2008～2018 年专利密集型工业和非专利密集型工业 R&D 项目经费均呈逐年上升趋势，专利密集型工业平均每年增长 15.05%，比非专利密集型工业高 1.56 个百分点（见图 3－11）。

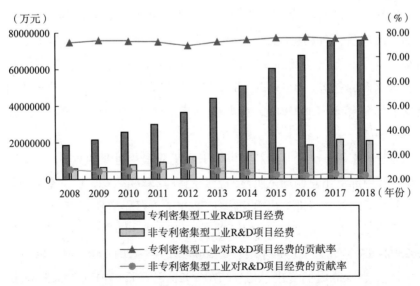

图 3－11　专利密集型工业和非专利密集型工业 R&D 项目经费投入强度对比

分阶段来看，无论是专利密集型工业还是非专利密集型工业，其 R&D 项目经费均呈明显的上升趋势。2008～2013 年，专利密集型工业 R&D 项目经费由 18631639.44 万元增加到 44167753.75 万元，平均每年增长 18.84%，非专利密集型工业由 5881589.296 万元增加到 13628171.9 万元，平均每年增长 18.30%；2014～2018 年，专利密集型工业 R&D 项目经费由 50825432.33 万元增加到 75707172.79 万元，平均每年增长 10.47%，同期，非专利密集型工业由 15007015.54 万元增加到 20857135.56 万元，平均每年增长 8.58%。相比 2008～2013 年的增长速度，2014～2018 年专利密集型工业 R&D 项目经费的增长速度下降了 8.37 个百分点，非专利密集型工业下降了 9.72 百分点。

从贡献率来看，2008～2018 年专利密集型工业对 R&D 项目经费的贡献率明显高于非专利密集型工业，2018 年专利密集型工业 R&D 项目经费的贡献率达到 78.16%。

（二）2018 年发明专利密集型工业科技活动经费内部支出占规上工业行业的 77.97%

2008～2018 年，专利密集型工业和非专利密集型工业科技活动经费内部支出均呈上升趋势。虽然专利密集型工业和非专利密集型工业科技活动经费内部支出总额在 2009 年均有很大幅度的下降，但并不影响两者总体上升的趋势。2008～2018 年间专利密集型工业科技活动经费内部支出平均每年增长 8.30%，比非专利密集型工业高出 3.98 个百分点（见图 3－12）。

分阶段来看，无论是专利密集型工业还是非专利密集型工业，其科技活动经费内部支出总额均呈明显的上升趋势。2008～2013 年，专利密集型工业科技活动经费内部支出总额由 35724607.2 万元增加到 49832556.1 万元，平均每年增长 6.88%，非专利密集型工业由 14465033.61 万元增加到 16023924.07 万元，平均每年增长 2.07%；2014～2018 年，专利密集型工业科技活动经费内部支出总额由 57062923.5 万元增加到 79325932.6 万元，平均每年增长 8.58%，非专利密集型工业由 17542956.36 万元增加到

22085899.72 万元，平均每年增长 5.93%。相比 2008～2013 年的增长速度，2014～2018 年专利密集型工业科技活动经费内部支出的增长速度提高了 1.7 个百分点，非专利密集型工业提高了 3.86 个百分点。

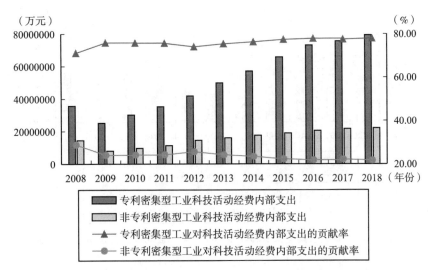

图 3-12　专利密集型工业和非专利密集型工业科技活动经费内部支出总额对比

从贡献率来看，2008～2018 年专利密集型工业对科技活动经费内部支出总额的贡献率远高于非专利密集型工业，2018 年专利密集型工业科技活动经费内部支出总额的贡献率达到 77.97%。

（三）2018 年发明专利密集型工业购买国内技术经费占规上工业行业的 76.10%

2008～2018 年，专利密集型工业和非专利密集型工业购买国内技术经费呈现不同的变化趋势。2008～2018 年专利密集型工业购买国内技术经费呈现快速上升的趋势，平均每年增长 14.60%。分阶段来看，2008～2013 年从 673544.55 万元上升到 962905.37 万元，平均每年增长 7.41%；2014～2018 年由 1048028.91 万元上升到 2630767.91 万元，平均每年增长 25.87%。与此相反，非专利密集型工业 2008～2018 年购买国内技术经费从 881637.45 万元下降到 825817.51 万元，平均每年下降 0.65 个百分点（见图 3 – 13）。

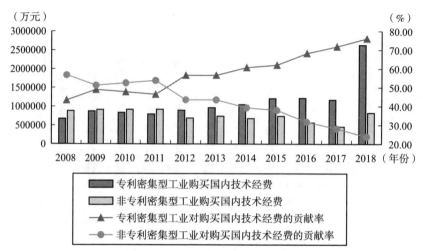

图 3 – 13　专利密集型工业和非专利密集型工业购买国内技术经费对比

从贡献率来看，2008～2018 年专利密集型工业对购买国内技术经费的贡献率逐年上升，2012 年专利密集型工业购买国内技术经费的贡献率达到 56.52%，首次超过非专利密集型工业的贡献率，2018 年进一步提升到 76.10%。

（四）2018 年发明专利密集型工业技术改造经费占规上工业行业的 57.31%

2008～2018 年，专利密集型工业和非专利密集型工业技术改造经费在波动中呈现下降趋势，平均每年下降 1.60%。分阶段来看，专利密集型工业技术改造经费 2008～2013 年有小幅上升趋势，由 17101808.34 万元上升到 17997817.17 万元，平均每年增长 1.03%。2014～2018 年由 16600406.82 万元下降到 14552525.50 万元，平均每年下降 3.24%。2008～2018 年，非专利密集型工业技术改造经费从 22367025.394 万元下降到 10729740.083 万元，平均每年下降 7.08%（见图 3 – 14）。

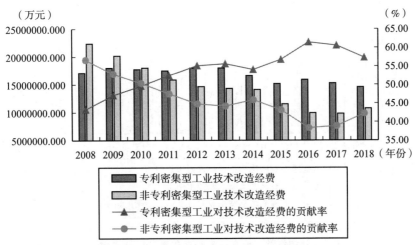

图 3 – 14　专利密集型工业和非专利密集型工业技术改造经费对比

从贡献率来看，2008～2018 年专利密集型工业对技术改造经费的贡献率在波动中呈现上升趋势，2011 年专利密集型工业技术改造经费的贡献率达到 52.45%，首次超过非专利密集型工业的贡献率，2018 年上升到 57.31%。

（五）2018 年发明专利密集型工业技术引进经费占规上工业行业的 93.99%

2008～2018 年，专利密集型工业和非专利密集型工业技术引进经费呈现相反的变动趋势，专利密集型工业技术引进经费从 2625957.44 万元增加到 3434521.68 万元，平均每年增长 2.72%，非专利密集型工业由 1318626.20 万元减少到 219546.98 万元，平均每年下降 16.41%（见图 3 – 15）。

从贡献率来看，专利密集型工业对技术引进经费的贡献率高于非专利密集型工业的贡献率，而且专利密集型工业的贡献率不断上升，2008 年专利密集型工业技术引进经费的贡献率为 66.57%，2018 年上升到 93.99%。

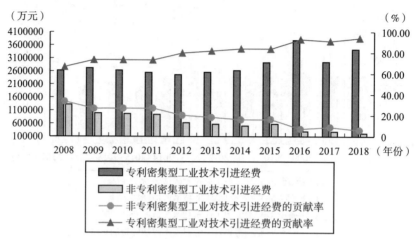

图 3 – 15 专利密集型工业和非专利密集型工业技术引进经费对比

（六）2018 年发明专利密集型工业消化吸收经费占规上工业行业的 91%

2008～2018 年，专利密集型工业和非专利密集型工业消化吸收经费呈现完全相反的变化趋势，专利密集型工业消化吸收经费从 644955.35 万元增加到 650443.89 万元，平均每年增长 0.08 个百分点；非专利密集型工业由 391775.28 万元减少到 64223.03 万元，平均每年下降 16.54%（见图 3 – 16）。

从贡献率来看，专利密集型工业对消化吸收经费的贡献率高于非专利密集型工业的贡献率，而且专利密集型工业的贡献率不断上升，从 2008 年的 62.21% 上升到 2018 年的 91.00%。

三、发明专利密集型工业的发明申请专利贡献

专利数据在 IncoPat 科技创新情报平台下载得到，采集数据的时间范围为 2008～2017 年，采集的口径是全部工业，并不仅限于规上工业。

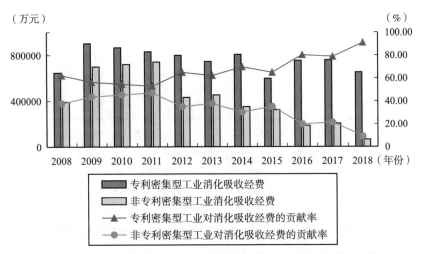

图3-16 专利密集型工业和非专利密集型工业消化吸收经费对比

（一）2008～2017年发明专利密集型工业对发明申请专利数的贡献率基本稳定在92%

2008～2017年，专利密集型工业和非专利密集型工业发明申请专利数均呈逐年上升的趋势，专利密集型工业发明申请专利数由499362件上升到3157035件，平均每年增长22.74%，非专利密集型工业由40836件上升到249949件，平均每年增长22.30%。分阶段来看，无论是专利密集型工业还是非专利密集型工业，其发明申请专利数的增长速度均呈现下降趋势，2008～2012年，专利密集型工业和非专利密集型工业发明申请专利数的年平均增长速度分别为26.59%和30.18%，2013～2017年分别下降到18.38%和12.35%（见图3-17）。

从贡献率来看，专利密集型工业对发明申请专利数的贡献率远高于非专利密集型工业的贡献率，2008～2017年专利密集型工业的贡献率基本稳定在92%左右，2008年为92.44%，2017年上升到92.66%。

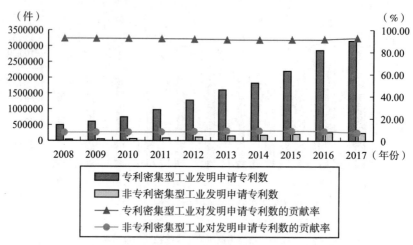

图 3 - 17　专利密集型工业和非专利密集型工业发明申请专利数对比

（二）2008～2017 年发明专利密集型工业对发明申请专利权利要求数的贡献率稳定在 93%

2008～2017 年，专利密集型工业和非专利密集型工业发明申请专利权利要求数均呈逐年上升的趋势，专利密集型工业发明申请专利权利要求数由 4020284 次上升到 24620223 次，平均每年增长 22.31%，非专利密集型工业由 251493 次上升到 1656103 次，平均每年增长 23.30%。分阶段来看，无论是专利密集型工业还是非专利密集型工业，其发明申请专利权利要求数的增长速度均呈现下降趋势，2008～2012 年，专利密集型工业和非专利密集型工业发明申请专利权利要求数的年平均增长速度分别为 24.21% 和 26.14%，2013～2017 年分别下降到 21.68% 和 19.82%（见图 3 - 18）。

从贡献率来看，专利密集型工业对发明申请专利权利要求数的贡献率远高于非专利密集型工业的贡献率，2008～2017 年专利密集型工业的贡献率基本稳定在 93% 左右，2008 年为 94.11%，2017 年上升到 93.70%。

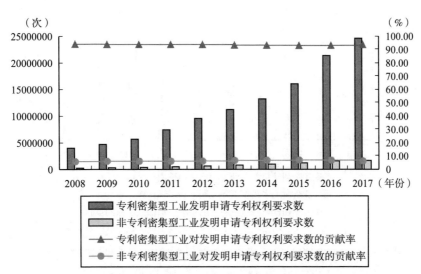

（次）　　　　　　　　　　　　　　　　　　　　　　（%）

图3－18　专利密集型工业和非专利密集型工业发明申请专利权利要求数对比

（三）2008～2017年发明专利密集型工业对发明申请专利引证次数的贡献率不断加大，2017年达到96.47%

2008～2017年，专利密集型工业和非专利密集型工业发明申请专利引证次数均呈逐年上升的趋势，专利密集型工业发明申请专利引证次数由265261次上升到2895613次，平均每年增长30.42%，非专利密集型工业由14697次上升到105994次，平均每年增长24.55%。分阶段来看，无论是专利密集型工业还是非专利密集型工业，其发明申请专利引证次数的增长速度均呈现下降趋势，2008～2012年，专利密集型工业和非专利密集型工业发明申请专利引证次数的年平均增长速度分别为99.17%和113.92%，2013～2017年分别下降到－12.54%和－26.82%（见图3－19）。

从贡献率来看，专利密集型工业对发明申请专利引证次数的贡献率远高于非专利密集型工业的贡献率，2008～2017年专利密集型工业的贡献率均超过92%，2008年为94.75%，2017年上升到96.47%。

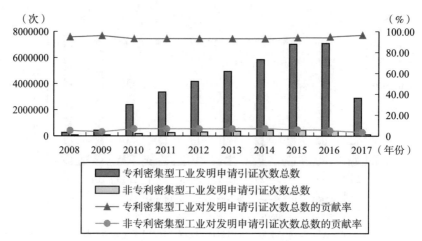

图 3 - 19　专利密集型工业和非专利密集型工业发明申请专利引证次数对比

（四）2008～2017 年发明专利密集型工业对发明申请专利被引证次数的贡献率不断加大，2017 年达到 97.44%

2008～2017 年，专利密集型和非专利密集型工业发明申请专利被引证次数整体呈现下降的趋势，平均每年下降 30.52% 和 37.87%。从变化趋势来看，专利密集型和非专利密集型工业发明申请专利被引证次数呈现阶段性的变化趋势，2008～2012 年被引证次数不断上升，专利密集型工业从 2469515 次上升到 3243185 次，平均每年增长 7.05%，非专利密集型工业从 177897 次上升到 229388 次，平均每年增长 6.56%，2013～2017 年被引证次数逐渐下降，专利密集型工业从 3049136 次下降到 93205 次，平均每年下降 58.19%，非专利密集型工业从 215612 次下降到 2453 次，平均每年下降 67.34%（见图 3 - 20）。

从贡献率来看，专利密集型工业对发明申请专利被引证次数的贡献率远高于非专利密集型工业的贡献率，2008～2017 年专利密集型工业的贡献率均在 93% 以上，2008 年为 93.28%，2017 年上升到 97.44%。

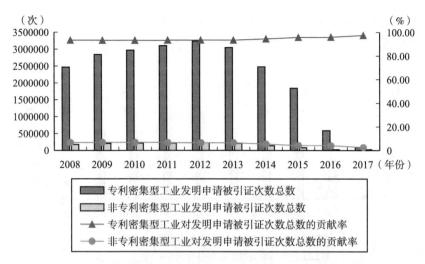

图 3 - 20 专利密集型工业和非专利密集型工业发明申请专利被引证次数总数对比

四、发明专利密集型工业的发明授权专利贡献

专利数据在 IncoPat 科技创新情报平台下载得到，采集数据的时间范围为 2008~2017 年，采集的口径是全部工业，并不仅限于规上工业。

（一） 2008~2017 年发明专利密集型工业对发明授权专利数的贡献不断加大，2017 年达到 96.01%

2008~2017 年，专利密集型工业和非专利密集型工业发明授权专利数整体呈现下降的趋势，平均每年分别下降 6.04% 和 11.47%。从变化趋势来看，专利密集型工业和非专利密集型工业发明授权专利数呈现先上升后下降的趋势，2008~2012 年发明授权专利数不断上升，专利密集型工业从 253277 件上升到 602380 件，平均每年增长 24.18%，非专利密集型工业从 17983 件上升到 44691 件，平均每年增长 25.56%，2013~2017 年发明授权专利数不断下降，专利密集型工业从 745230 件下降到 144632 件，平均每年下降 33.63%，非专利密集型工业从 59908 件下降到 6010 件，平均每年下降 43.72%（见图 3 - 21）。需要说明的是，由于发明专利从申请到授权需要耗费一定的时间，2017 年发明授权专利数大幅下降在一定程度上与此有关。

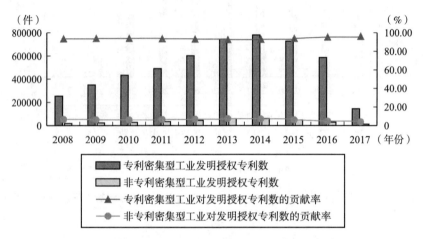

图 3-21　专利密集型工业和非专利密集型工业发明授权专利数对比

从贡献率来看，专利密集型工业对发明授权专利数的贡献率远高于非专利密集型工业的贡献率，2008～2017 年专利密集型工业的贡献率均在 92% 以上，2008 年为 93.37%，2017 年上升到 96.01%。

（二）2008～2017 年发明专利密集型工业对发明授权权利要求数的贡献加大，2017 年达到 95.46%

2008～2017 年，专利密集型工业和非专利密集型工业发明授权权利要求数呈现下降的趋势，平均每年下降 5.18% 和 10.62%。从变化趋势来看，专利密集型工业和非专利密集型工业发明授权权利要求数均呈现先上升后下降的趋势，2008～2012 年发明授权权利要求数不断上升，专利密集型工业从 1219720 次上升到 2926813 次，平均每年增长 24.46%，非专利密集型工业从 98694 次上升到 245156 次，平均每年增长 25.54%；2013～2017 年发明授权权利要求数不断下降，专利密集型工业从 3487436 次下降到 756022 次，平均每年下降 31.77%，非专利密集型工业从 311431 次下

86

降到 35929 次，平均每年下降 41.72%（见图 3 - 22）。

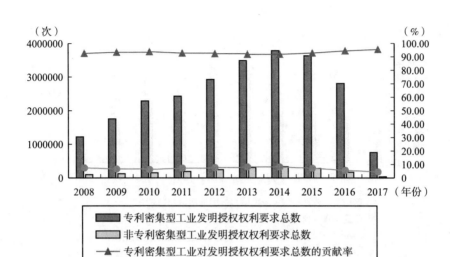

图 3 - 22　专利密集型工业和非专利密集型工业发明授权权利要求数对比

从贡献率来看，专利密集型工业对发明授权权利要求数的贡献率远高于非专利密集型工业的贡献率，2008～2017 年专利密集型工业的贡献率均在 91% 以上，2008 年为 92.51%，2017 年上升到 95.46%。

（三）2008～2017 年发明专利密集型工业对发明授权引证次数的贡献率在波动中上升，2017 年达到 96.94%

2008～2017 年，专利密集型工业和非专利密集型工业发明授权引证次数整体呈现下降的趋势，平均每年下降 4.35% 和 9.26%。从变化趋势来看，专利密集型工业和非专利密集型工业发明授权引证次数均呈现先上升后下降的趋势，2008～2012 年发明授权权利引证次数不断上升，专利密集型工业从 984459 次上升到 2722040 次，平均每年增长 28.95%，非专利密集型工业从 49862 次上升到 160752 次，平均每年增长 34.00%；2013～2017 年发明授权引证次数不断下降，专利密集型工业从 3428879 次下降到 659563 次，平均每年下降 33.77%，非专利密集型工业从 223044 次下降到 20785 次，平均每年下降 44.75%（见图 3-23）。

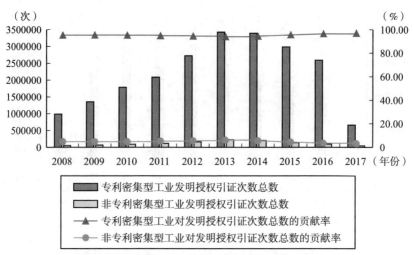

图 3-23　专利密集型工业和非专利密集型工业发明授权引证次数总数对比

从贡献率来看，专利密集型工业对发明授权引证次数的贡献率远高于非专利密集型工业的贡献率，2008~2017 年专利密集型工业的贡献率均在93% 以上，2008 年为 95.18%，2017 年上升到 96.94%。

（四）2008~2017 年发明专利密集型工业对发明授权被引证次数的贡献率均在 99% 以上

2008~2017 年，专利密集型工业和非专利密集型工业发明授权被引证次数整体呈现下降的趋势，平均每年下降 9.31% 和 40.27%。从变化趋势来看，专利密集型工业和非专利密集型工业发明授权被引证次数均呈现先上升后下降的趋势，专利密集型工业发明授权被引证次数在 2008~2012 年不断上升，平均每年增长 20.96%，2013~2017 年平均每年下降 37.28%；非专利密集型工业发明授权被引证次数从 2008 年的 2582 次上升到 2009 年的 2856 次，此后开始下降，2017 年仅为 25 次（见图 3-24）。

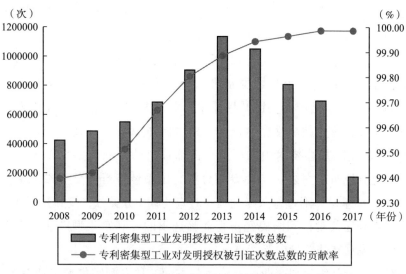

图 3 – 24　专利密集型工业发明授权被引证次数

从贡献率来看，专利密集型工业对发明授权被引证次数的贡献率远高于非专利密集型工业的贡献率，2008～2017 年专利密集型工业的贡献率均在 99% 以上，2008 年为 99.39%，2017 年上升到 99.99%。

第五节　本章小结

本章以 IncoPat 科技创新情报平台和国家知识产权局官网下载的 2008～2017 年专利数据为基础，计算发明专利密度并识别出专利密集型产业，定量测度专利密集型产业产生的社会经济效果。得到结论如下：

第一，专利密集型产业识别方面。2013～2017 年，从三次产业来看，第二产业为专利密集型产业，专利密度为 28.72 件/万人；从大类行业来看，54 个有发明授权专利的大类行业中，24 个大类行业是专利密集型产业，其平均发明专利密度为 67.38 件/万人；从工业大类来看，41 个有发明授权专利的工业大类行业中，20 个大类行业是专利密集型产业，其平均发明专利密度为 65.77 件/万人；从小类行业来看，125 个专利密集型小类行业发明授权专利密度为 425.34 件/万人。通过比对专利密集型工业小类行业与战略性新兴产业、中国制造 2025、高技术产业（制造业）、产业关键共性技术中的行业，发现 125 个专利密集型工业小类行业中，83 个是战略性新兴产业、13 个是中国制造 2025 所属产业、22 个是高技术产业（制造业）、81 个是产业关键共性技术产业，去重后共有 115 个专利密集型工业小类行业是战略性新兴产业、中国制造 2025、高技术产业（制造业）、产业关键共性技术中的行业，占筛选出的专利密集型工业行业的 92%，充分说明本书以《国际专利分类与国民经济行业分类参照关系表（2018）》为基础，通过每条专利唯一对应的 IPC 分类号，按照其所在技术领域将专利逐条对接到国民经济行业筛选出的专利密集型产业符合高技术、创新发展和战略导向等特点。

第二，专利密集型产业的经济贡献方面。从专利密集型工业总产值、工业销售产值、出口、成本费用利润率、资产负债率、新产品销售收入等指标考察发明专利密集型产业的经济贡献，结果发现，发明专利密集型工业对工业总产值的贡献不断加大，超过 50%；对工业销售产值的贡献不断加大，接近 60%；对出口的贡献超过 70%；其成本费用利润率平均值为 6.98%，低于工业平均水平（7.04%）；总资产贡献率平均值为 11.32%，低于行业平均总水平（11.70%）；资产负债率平均值为 56.22%，低于行业平均总水平（57.29%）；新产品销售收入的贡献在波动中上升，2018 年达到 80.21%。

第三，专利密集型产业的就业贡献方面。通过测算发明专利密集型工业全部从业人员年平均人数在工业中的占比及其变化趋势，反映专利密集型产业的就业贡献。2005～2018 年，发明专利密集型工业的从业人员平均每年增长为 2.14%，从 3712 万人增加到 4890 万人，占规上工业从业人员的比重从 53.82% 上升到 61.56%。

第四，专利密集型产业的科技投入贡献方面。从 R&D 人员、R&D 全时当量、科技经费投入三个方面分析专利密集型工业对科技投入的贡献，结果发现，2008～2018 年，专利密集型工业和非专利密集型工业 R&D 人员均呈逐年上升趋势，专利密集型工业平均每年增长 10.64 个百分点，比非专利密集型工业高出 1.73 个百分点，2018 年专利密集型工业 R&D 人员占规上工业的比重达到 79.52%。2008～2018 年，专利密集型工业 R&D 人员全时当量平均每年增长 9.60%，比非专利密集型工业高 1.85 个百分点，2018 年专利密集型工业 R&D 人员全时当量占规上工业的比重达到 80.95%。2008～2018 年专利密集型工业和非专利密集型工业 R&D 项目经费均呈逐年上升趋势，专利密集型工业平均每年增长 15.05%，比非专利密集型工业高 1.56 个百分点，2018 年专利密集型工业 R&D 项目经费占规上工业的比重达到 78.16%。

第五，专利密集型产业的科技产出贡献方面。从发明申请专利、发明授权专利两个方面分析专利密集型工业对科技产出的贡献，结果发现，无论是发明申请还是发明授权，无论是专利数量还是专利质量，专利密集型工业的贡献率远高于非专利密集型工业，2008～2017 年专利密集型工业对发明申请专利数的贡献率基本稳定在 92% 左右，对发明授权专利数的贡献率均在 92% 以上，2017 年达到 96.01%；2008～2017 年专利密集型工业对发明申请专利权利要求数的贡献率稳定在 93% 左右，对发明授权权利要求数的贡献率均在 91% 以上，2017 年达到 95.46%；2008～2017 年专利密集型工业对发明申请专利引证次数的贡献率均超过 92%，对发明授权引证次数的贡献率均在 93% 以上，2017 年达到 96.94%；2008～2017 年专利密集型工业对发明申请专利被引证次数的贡献率均在 93% 以上，对发明授权被引证次数的贡献率均在 99% 以上，2017 年为 99.99%。

第四章

中国专利密集型产业的创新效率

第三章已经通过计算发明专利密度识别出了专利密集型产业，并定量测度了专利密集型产业的经济贡献、就业贡献和科技贡献，从创新产出的角度评价了专利密集型产业的创新绩效，本章进一步从创新效率角度评价专利密集型产业的创新绩效。创新效率的评价采用第二章的三阶段 DEA 方法。

第一节　创新绩效评价指标体系和数据来源

一、创新绩效评价指标体系

创新从概念到实际应用的完整链条可分为科技研发阶段和经济产出阶段两个子过程。科技研发是创新过程的核心，涉及从发现问题到形成解决方案的整个过程，其关键活动包括知识的积累、信息的搜集、问题的明确化、创造性思维的发散和选择，以及灵感的激发，这一阶段的目标是通过投入研发经费、研发人员、科研设备等形成新的创意或技术原型，其创新产出以专利或论文为主。经济产出阶段是将科技研发的成果转化为实际的经济效益和社会价值的过程，其关键活动包括科技成果的转化、产业化、市场推广，以及最终的经济效益评估，这一阶段的目标是实现科技成果的商业化，推动经济增长和社会发展。两个阶段之间存在着复杂的相互作用，科技产出阶段的成果往往是经济产出过程的投入要素。将创新过程分为科技研发阶段和经济产出阶段，不仅有助于理解创新的全貌，还能有效分析创新过程中的关键问题和挑战，为科技创新和经济发展提供有力的理论支持和实践指导。

刘伟和李星星（2013）在对我国53个高新区的技术效率的研究中，选取了R&D资本存量、新产品开发经费存量、R&D人员全时当量作为创新投入指标，发明专利授权量、新产品销售收入作为创新产出指标，市场结构、企业规模以及政府支持作为创新环境指标。白俊红和蒋伏心（2011）选取了R&D经费内部支出、R&D人员全时当量作为创新投入指标，专利授权量作为创新产出指标，研究我国30个省区市的技术效率。不难看出，创新投入的衡量主要是资金投入和人员投入，创新产出的衡量主要是采用专利数据和新产品销售数据，同时创新效率还受到创新环境的影响。

参考现有研究学者选取的指标，结合数据的可得性，选取以下指标评价创新绩效：

科技研发阶段，采用科技活动经费内部支出总额、R&D项目经费和科技机构人员作为投入变量，以专利申请数、发明专利数以及拥有发明专利数作为产出变量。

经济产出阶段，以科技研发阶段的产出变量即专利申请数、发明专利数以及拥有发明专利数作为投入变量，同时考虑到实际生产时，经济产出阶段往往伴随着技术的再研发与改造行为，参考余泳泽（2009）的做法，将技术改造经费支出列入经济产出阶段的投入指标。产出指标选用新产品开发项目数和新产品销售收入。

两阶段创新过程如图4-1所示。

根据三阶段DEA模型，外部环境变量是影响企业创新投入产出，且非主观可控范围内的因素，为了将传统DEA模型中的环境因素剔除，本书研究选择如下环境变量：

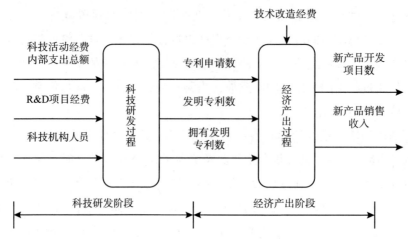

图4-1 创新两阶段投入产出指标体系

政府支持。政府的资金支持等能够缓解企业的资金压力，刺激企业的科技研发的积极性。瓦尔斯滕（Wallsten，2000）认为，政府过多的干预可能会不利于企业进行创新。对于政府支持这一环境变量，需要进一步地验证。采用政府经费占R&D经费内部支出的比重衡量政府支持。

市场结构。衡量市场结构的常用指标包括赫芬达尔-赫希曼指数、4个企业集中率以及8个企业集中率，考虑到数据可获得性，参考冯根福等（2006）和朱有为等（2006）的研究成果，用各行业的企业数量反映市场结构，企业数量越多表示行业的市场竞争越激烈。

二、数据来源及描述性统计分析

数据来自2009~2019年《中国科技统计年鉴》，由于2011年《中国科技统计年鉴》上只有大中工业企业数据，无规模以上工业企业数据，2010年规模以上工业企业相关数据采用2008年、2009年、2011年、2012四年数据的平均值。同时由于统计年鉴上没有开采辅助活动、废弃资源和废旧材料回收加工业两个工业行业数据，本章统计的行业是除了开采辅助活动、废弃资源和废旧材料回收加工业以外的38个行业。各变量的描述性统计如表 4 - 1 所示，2008 ~ 2018 年，38 个工业行业的科技活动经费内部支出总额为 74674.12 亿元，平均每个行业支出 178.65 亿元；R&D 项目经费共投入 65159.59 亿元，平均每个行业投入 155.88 亿元；科技机构人员 25322392 人，平均每个行业 60580 人；申请专利 5898760 件，平均每个行业申请约 14104.69 件；其中，发明专利 2222219 件，平均每个行业约 5316 件；拥有发明专利数 4953654 件，平均每个行业拥有发明专利数约 11851 件；38 个行业平均新产品开发项目数和新产品销售收入分别约为 8907 个和 2770 亿元。

表 4 - 1　　　　　　　　创新效率相关变量的描述性统计

变量	均值	标准差	最小值	最大值
科技活动经费内部支出总额（亿元）	178.65	254.53	0.19	1790.56
R&D 项目经费（亿元）	155.88	237.56	0.15	1734.85
科技机构人员（人）	60580	90067	126.00	678909.00
专利申请数（件）	14104.69	23693.81	11.00	179405.00
发明专利数（件）	5316.31	10970.09	6.00	100216.00
拥有发明专利数（件）	11850.85	29561.45	16.00	300369.00
企业数（个）	9962.00	0.04	128.00	36846.13
政府支持（%）	0.03	8784.32	0.00	0.26
技术改造经费支出（亿元）	75.45	116.41	0.02	1093.20
新产品开发项目数（个）	8906.88	12216.44	18.00	67027.00
新产品销售收入（亿元）	2770.44	4672.77	1.77	33608.96

第二节　创新全过程的创新效率

为了深入分析创新效率，首先将创新过程看成一个"黑箱"，忽略技术产出的中间过程，直接考察从创新资源投入到技术市场化应用的绩效；然后将创新过程分为科技研发和经济产出两个阶段，清晰呈现创新过程中不同阶段的创新效率水平及其差异，为制定有效的促进创新效率的政策提供数据支持和依据。

第一阶段：传统 DEA 模型实证结果。

从图 4-2 技术效率来看，2008~2018 年专利密集型工业行业的平均效率水平为 0.814，比工业行业总体平均水平高 0.053，比非专利密集型工业行业平均水平高 0.107。从变化趋势来看，专利密集型工业行业的技术效率在波动中呈现明显的上升趋势，2008~2010 年从 0.696 上升到 0.821，2018 年进一步上升到 0.925（见图 4-2）。

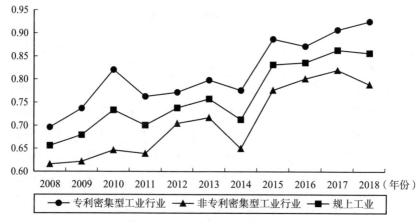

图 4-2　2008~2018 年规模以上工业行业创新全过程技术效率（第一阶段）

从图 4-3 纯技术效率来看，2008~2018 年专利密集型工业行业的平均效率水平为 0.891，比工业行业平均效率水平高 0.034，比非专利密集型工业行业平均水平高 0.068。从变化趋势来看，专利密集型工业行业效率值呈现明显的上升趋势，2008~2018 年从 0.801 上升到 0.960。

从图 4-4 规模效率来看，2008~2018 年专利密集型工业行业的平均效率值为 0.914，比工业行业平均水平高 0.029，比非专利密集型工业行业平均水平高 0.059。从变化趋势来看，2008~2010 年专利密集型工业行业的规模效率值先上升后下降，从 0.867 上升到 2010 年的 0.954，2010 年之后在波动中缓慢上升，从 2010 年的 0.954 上升到 2018 年的 0.963。

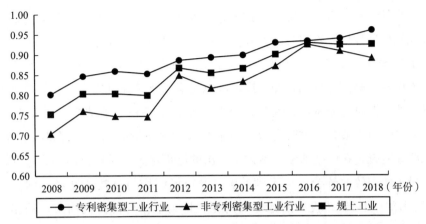

图 4 - 3　2008～2018 年规模以上工业行业创新全过程纯技术效率（第一阶段）

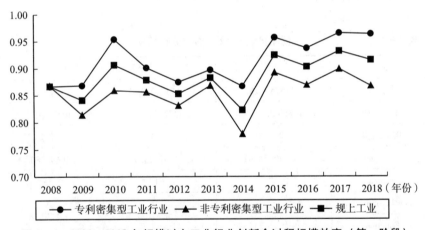

图 4 - 4　2008～2018 年规模以上工业行业创新全过程规模效率（第一阶段）

　　总体而言，在创新全过程的第一阶段，专利密集型工业行业的技术效率、纯技术效率和规模效率都高于非专利密集型工业行业。从变化趋势来看，无论是专利密集型和非专利密集型工业行业，其技术效率都呈现明显的上升趋势，分别上升了 0.229 和 0.173，其中纯技术效率下降的贡献度为 69.36% 和 108.09%。

　　第二阶段：SFA 回归结果。

　　第一阶段效率值的测算得到样本单元的投入松弛变量，投入松弛变量会受到外部环境因素、随机干扰项、管理无效率等多方面的影响。第二阶段剔除外部环境因素对各行业效率的影响，以第一阶段中得到的投入松弛变量为 SFA 回归分析中的被解释变量，分别是科技活动经费内部支出总额投入松弛变量、R&D 项目经费投入松弛变量以及科技机构人员投入松弛变量。外部影响因素为解释变量，分别是政府支持和市场结构。从表 4 - 2 SFA 回归结果来看，政府支持与三个投入松弛变量的相关性都显著为正，表明政府资金在科技活动经费内部支出的比重越大，对科技活动人员和资金投入使用效率越会产生不利的影响。市场结构与科技活动经费内部支出、R&D 项目经费投入松弛变量的相关性为正，与科技机构人员的相关性为负，但是都不显著，说明市场竞争程度对创新投入资源的使用效率还未起到显著的影响。

表 4 - 2 创新全过程 SFA 回归分析结果

变量	科技活动经费内部支出	R&D 项目经费	科技机构人员
常数项	- 215753. 15 *	- 153720. 22 *	- 3317. 29 *
政府支持	1088928. 90 *	533235. 6 *	40794. 73 *
市场结构	2. 03	3. 01	- 0. 03
sigma-squared	461256756781	226456712324 *	180697380 *
gamma	0. 57 *	0. 61 *	0. 76 *
Log Likelihood Function	- 6060. 00	- 5890. 00	- 4320. 00
LR 值	131. 34 *	132. 14 *	242. 54 *

注：* 表示通过 10% 的显著性水平检验。

第三阶段：调整后 DEA 模型实证结果。

从图 4 - 5 调整后的技术效率来看，2008 ~ 2018 年专利密集型工业行业的平均效率水平为 0. 685，比工业行业平均水平高 0. 122，比非专利密集型工业行业平均水平高 0. 244。从变化趋势来看，专利密集型工业行业的技术效率整体呈现上升趋势，从 2008 年的 0. 594 上升 2018 年的 0. 747。

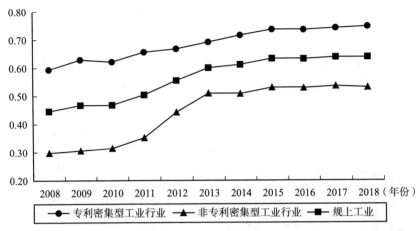

图4-5 2008～2018年规模以上工业行业创新全过程技术效率（第三阶段）

从图4-6调整后的纯技术效率来看，专利密集型工业行业纯技术效率的平均水平为0.991，比工业行业平均效率水平高0.001，比非专利密集型工业行业平均水平高0.002。从变化趋势来看，专利密集型工业行业的纯技术效率呈现先上升后下降，之后在波动中缓慢上升，2008年为0.984，2018年上升到0.997。

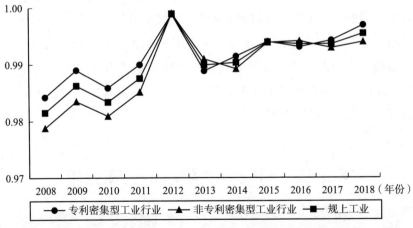

图4-6 2008～2018年规模以上工业行业创新全过程纯技术效率（第三阶段）

从图 4 - 7 调整后的规模效率来看,专利密集型工业行业的平均效率水平为 0.691,比工业行业平均效率水平高 0.123,比非专利密集型工业行业的平均效率水平高 0.246。从变化趋势看,专利密集型工业行业的规模效率呈现明显的上升趋势,2008 ~ 2018 年从 0.604 上升到 0.750。

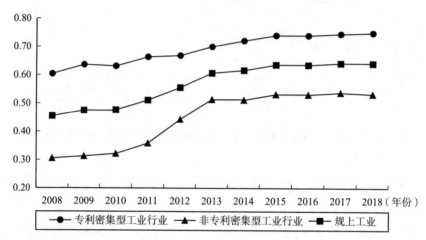

图 4 - 7 2008 ~ 2018 年规模以上工业行业创新全过程规模效率（第三阶段）

经过第二阶段的调整后,专利密集型工业行业的技术效率、纯技术效率和规模效率都高于非专利密集型工业行业。从变化趋势来看,专利密集型和非专利密集型工业行业的技术效率、纯技术效率和规模效率总体而言都呈现上升的趋势,其中技术效率和规模效率的上升趋势较为明显,专利密集型和非专利密集型工业行业的技术效率分别提升了 0.153 和 0.233,其中,规模效率分别提升了 0.145 和 0.227,规模效率提升对技术效率的贡献度分别为 94.95% 和 97.58%。

第三节 科技研发阶段的创新效率

第一阶段:传统 DEA 模型实证结果。

通过构建基础的 DEA - BCC 模型,运用 DEAP 2.1 软件分析我国 2008 ~

2018 年 38 个规模以上工业行业科技研发阶段的创新效率。创新效率衡量
的是整体的运营效率水平，由纯技术效率和规模效率共同决定，纯技术效
率衡量技术水平对投入有效的贡献度，反映单位的管理能力和技术水平，
规模效率度量生产规模接近理想状态的程度。

　　从图 4 − 8 科技研发阶段的创新效率来看，2008 ~ 2018 年专利密集型
工业行业的平均水平为 0.513，比工业行业平均水平高 0.016，比非专利
密集型工业行业高 0.033。从变化趋势来看，专利密集型工业行业的技术
效率呈现出阶段性变化，2008 ~ 2010 年从 0.610 上升到 0.664，此后开始
下降，2018 年下降到 0.395。

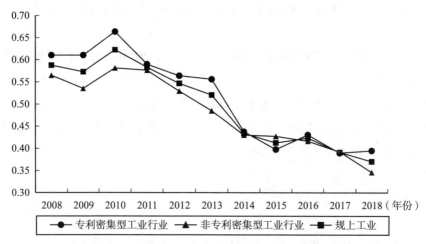

图 4 − 8　2008 ~ 2018 年规模以上工业行业科技研发阶段技术效率（第一阶段）

　　从图 4 − 9 科技研发阶段的纯技术效率来看，2008 ~ 2018 年专利密集
型工业行业的平均水平为 0.657，比工业行业平均水平高 0.047，比非专
利密集型工业行业高 0.095。从变化趋势来看，专利密集型工业行业的纯
技术效率呈现出阶段性变化，2008 ~ 2010 年从 0.713 上升到 0.749，此后
开始下降，2018 年下降到 0.626。

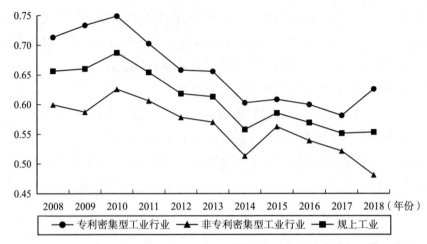

图4-9 2008~2018年规模以上工业行业科技研发阶段纯技术效率（第一阶段）

从图4-10科技研发阶段的规模效率来看，2008~2018年专利密集型工业行业的平均水平为0.802，比工业行业平均水平低0.03，比非专利密集型工业行业低0.06。从变化趋势来看，专利密集型工业行业的规模效率呈现出阶段性变化，2008~2010年从0.862上升到0.892，此后在波动中缓慢下降，2018年下降到0.675。

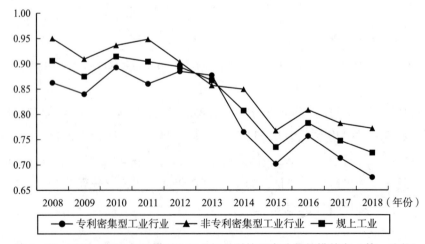

图4-10 2008~2018年规模以上工业行业科技研发阶段规模效率（第一阶段）

总体来看，相比非专利密集型工业行业，专利密集型工业行业科技研发阶段的技术效率和纯技术效率较高，但是规模效率较低。从变化趋势来看，无论是专利密集型工业行业还是非专利密集型工业行业，其技术效率在 2008～2018 年都呈现出了明显的下降趋势，分别下降 0.215 和 0.219，这主要由规模效率下降引起的，规模效率下降对专利密集型工业行业技术效率下降的贡献率为 86.97%，对非专利密集型工业行业技术效率下降的贡献率为 81.49%。

第二阶段：SFA 回归结果。

表 4-3 SFA 回归结果显示，市场结构与科技活动经费内部支出总额、R&D 项目经费投入松弛变量之间的相关性显著为正，说明该行业企业数量过多，竞争程度越激烈，越不利于企业进行 R&D 活动经费投入。市场结构与科技机构人员投入松弛变量之间的相关性为负，但是不具有显著性。

表 4-3 科技研发阶段 SFA 回归分析结果

变量	科技活动经费内部支出总额投入松弛变量	R&D 项目经费投入松弛变量	科技机构人员投入松弛变量
常数项	−878124.75**	−702886.1**	−5326.27**
政府支持	1663118.20**	752818.24**	93453.55**
市场结构	14.24**	10.76**	−0.03
sigma-squared	2420123465723**	1772304501291**	891114500**
gamma	0.96**	0.97**	0.94**
Log Likelihood Function	−5979.81	−5883.66	−4414.43
LR 值	784.12**	881.89**	668.47**

注：** 表示通过 5% 的显著性水平检验。

第三阶段：调整后 DEA 模型实证结果。

对经过 SFA 调整后的投入数据进行 DEA-BCC 模型分析，得出专利密集型工业行业以及非专利密集型工业行业的技术效率值、纯技术效率值以及规模效率值。

从图 4-11 调整后的技术效率来看，2008~2018 年专利密集型工业行业的平均效率值为 0.533，比工业行业平均水平高出 0.121，比非专利密集型工业行业高 0.243。从变化趋势来看，专利密集型工业行业呈现出阶段性的变化，2008~2010 年的上升幅度较大，从 0.482 上升到 0.627，之后呈现下降趋势，从 2010 年的 0.627 下降到 2018 年的 0.522。

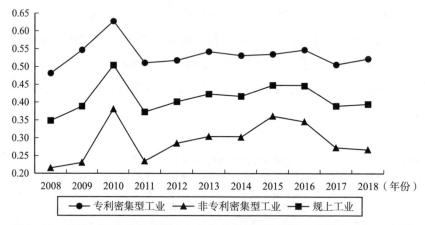

图 4-11　2008~2018 年规模以上工业行业科技研发阶段技术效率（第三阶段）

从图 4-12 调整后的纯技术效率来看，2008~2018 年专利密集型工业行业的平均效率值为 0.925，比工业行业平均效率水平低 0.007，比非专利密集型工业行业低 0.014。从变化趋势来看，专利密集型工业行业效率值从 2008 年的 0.947 上升到 2018 年的 0.988。

从图 4-13 调整后的规模效率来看，2008~2018 年专利密集型工业行业的平均效率水平为 0.585，比工业行业平均水平高 0.134，比非专利密集型工业行业平均水平高 0.268。从时间变化趋势来看，专利密集型行业的规模效率在 2008~2010 年从 0.512 上升到 0.705，2018 年下降为 0.529。

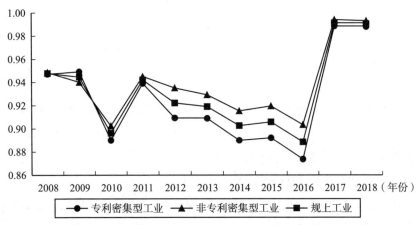

图 4 - 12　2008 ~ 2018 年规模以上工业行业科技研发阶段纯技术效率（第三阶段）

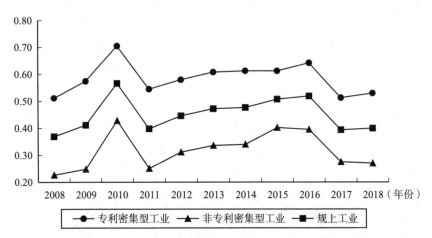

图 4 - 13　2008 ~ 2018 年规模以上工业行业科技研发阶段规模效率（第三阶段）

　　总体来看，经过第二阶段的调整之后，与非专利密集型工业行业相比，专利密集型工业行业在科技研发阶段的技术效率和规模效率较高，但是纯技术效率较低。从变化趋势来看，无论是专利密集型工业行业还是非专利密集型工业行业，技术效率在 2008 ~ 2018 年都呈现上升的趋势，分别上升了 0.041 和 0.052，其中纯技术效率分别上升 0.041 和 0.044，对技术效率的提升起到了重要作用。

第四节 经济产出阶段的创新效率

实际生产时，经济产出阶段的投入还包括对技术进行再研发与改造产生的费用，因此，经济产出阶段的投入指标包括专利申请、发明专利数、拥有发明专利数以及技术改造经费。

第一阶段：传统 DEA 模型实证结果。

从图 4 - 14 经济产出阶段的技术效率来看，2008 ~ 2018 年专利密集型工业行业的平均效率水平为 0.803，比工业行业平均水平高 0.012，比非专利密集型工业行业平均水平高 0.024。从变化趋势来看，专利密集型工业行业的技术效率呈现上升—下降—上升—下降的变化趋势，2008 ~ 2012年从 0.713 上升到 0.886，2012 ~ 2014 年从 0.886 下降到 0.742，到 2015年上升到 0.887，2016 ~ 2018 年逐年下降，从 0.875 下降到了 0.755。

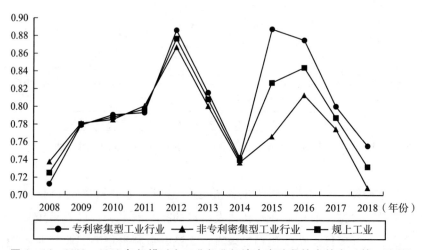

图 4 - 14 2008 ~ 2018 年规模以上工业行业经济产出阶段技术效率（第一阶段）

从图 4 - 15 经济产出阶段的纯技术效率来看，2008 ~ 2018 年专利密集型工业行业的平均效率水平为 0.898，比工业行业平均水平高 0.015，比非专利密集型工业行业高 0.03。从变化趋势来看，专利密集型工业行业的纯技术效率呈现出阶段性变化，2008~2011 年在小幅波动中从 0.838 上升到 0.855，在 2012 年大幅上升到 0.939，2013 年下降到 0.880，2013~2018 年在波动中从 0.880 上升到 0.933。

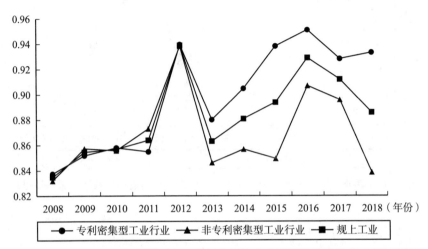

图 4-15　2008~2018 年规模以上工业行业经济产出阶段纯技术效率（第一阶段）

从图 4-16 经济产出阶段的规模效率来看，2008~2018 年专利密集型工业行业的平均效率水平为 0.895，比工业行业平均效率水平低 0.001，比非专利密集型工业行业的平均效率水平低 0.003。从变化趋势来看，专利密集型工业行业的规模效率呈现出阶段性变化，2008~2012 年从 0.850上升到 0.946，2018 年下降到 0.809。

总体来看，和非专利密集型工业行业相比，专利密集型工业行业在经济产出阶段的技术效率和纯技术效率的平均水平都比非专利密集型工业行业高，但规模效率略低于非专利密集型工业行业。从变化趋势来看，2008~2018 年专利密集型工业行业的技术效率总体呈现上升趋势，上升了0.043，而非专利密集型工业行业总体上呈现下降趋势，下降了 0.029。其中，专利密集型工业行业技术效率的提升主要是由于纯技术效率的提升引起的，纯技术效率的提升对专利密集型工业行业技术效率提升的贡献度为

223.37%，规模效率下降阻碍了经济产出阶段技术效率的提升。

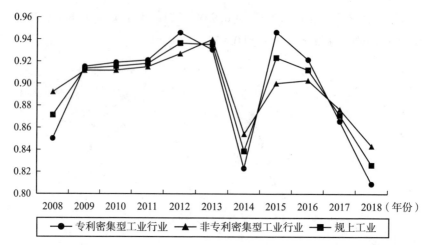

图4-16　2008～2018年规模以上工业行业经济产出阶段规模效率（第一阶段）

第二阶段：SFA回归结果。

从表4-4中的SFA回归结果看，政府支持与专利申请、拥有发明专利数这两个投入松弛变量的相关性为正，说明政府资金投入越多，越会降低专利申请数和拥有发明专利数的效率。而政府支持与发明专利数、技术改造经费这两个投入松弛变量的相关性是负的，说明政府支持力度越大对发明专利数、技术改造经费的利用效率提升起到积极作用。市场结构与四个投入松弛变量的相关性都显著为正，说明该行业的企业数量越多，市场竞争程度越高，越容易造成无效投入，经济产出效率就越低。

表4-4　　　　　　　　　经济产出阶段SFA回归分析结果

变量	专利申请数	发明专利数	拥有发明专利数	技术改造经费
常数项	-879.34*	-277.75*	-387.05**	-275903.46*
政府支持	7427.92*	-161.53	1137.93	-304281.32*
市场结构	0.05*	0.02*	0.04*	6.83**

续表

变量	专利申请数	发明专利数	拥有发明专利数	技术改造经费
sigma-squared	15193175 *	3157235.8 *	6365364.7 *	292325231945 *
gamma	0.85 *	0.83 *	0.71 *	0.79 *
Log Likelihood Function	−3720.00	−3410.00	−3670.00	−5830.00
LR 值	379.298 *	360.341 *	216.323 *	284.645 *

注：** 、* 分别表示通过5%、10%的显著性水平检验。

第三阶段：调整后 DEA 模型实证结果。

对经过 SFA 调整后的投入数据进行 DEA – BCC 模型分析，得到调整后的专利密集型工业行业和非专利密集型工业行业的技术效率、纯技术效率和规模效率。从图 4 – 17 调整后的技术效率来看，2008～2018 年专利密集型工业行业的平均效率水平为 0.654，比工业行业平均水平高 0.139，比非专利密集型工业行业高 0.277。从变化趋势角度来看，专利密集型工业行业的技术效率总体是上升的，2008～2010 年从 0.534 上升到 0.656，2011 年下降到 0.615，2018 年上升到 0.739。

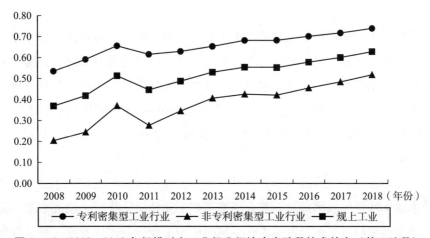

图 4 –17　2008～2018 年规模以上工业行业经济产出阶段技术效率（第三阶段）

从图 4 – 18 调整后的纯技术效率来看，2008～2018 年专利密集型工业行业的平均效率水平为 0.985，比工业行业平均效率水平高 0.004，比非专利密集型工业行业平均效率水平高 0.009。从变化趋势来看，纯技术效率呈现阶段性变化，2008～2010 年从 0.989 下降到 0.964，2010～2012 年从 0.964 上升到 0.996，2012 年之后在波动中缓慢下降，2018 年下降到 0.990。

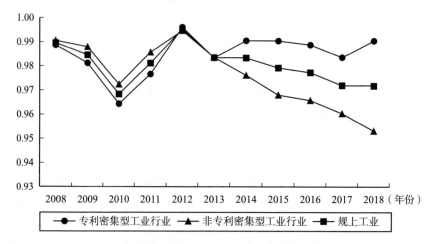

图 4 – 18　2008～2018 年规模以上工业行业经济产出阶段纯技术效率（第三阶段）

从图 4 – 19 调整后的规模效率来看，2008～2010 年专利密集型工业行业的平均效率水平为 0.665，比工业行业平均效率水平高 0.140，比非专利密集型工业行业平均效率水平高 0.279，从变化趋势来看，专利密集型工业行业的规模效率呈现出阶段性变化，2008～2010 年从 0.541 上升到 0.682，2011 年下降到 0.633，2011～2018 年缓慢上升，从 0.633 上升到 0.746。

在经过第二阶段的 SFA 回归后，专利密集型工业行业的技术效率、纯技术效率和规模效率都高于非专利密集型工业行业。从变化趋势来看，无论是专利密集型工业行业还是非专利密集型工业行业，技术效率都呈现出了明显的上升趋势，分别上升了 0.205 和 0.314，主要得益于规模效率的上升，规模效率的提升对专利密集型工业行业和非专利密集型工业行业技术效率上升的贡献率分别为 100.41% 和 105.40%，这一阶段纯技术效率对绩效效率提升的促进作用不大。

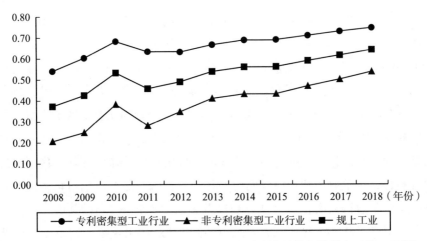

图 4 – 19　2008~2018 年规模以上工业行业经济产出阶段规模效率（第三阶段）

第五节　本章小结

本章在构建创新绩效评价指标体系的基础上，利用三阶段 DEA 方法测算了规上工业行业的创新效率，并将专利密集型工业行业与非专利密集型产业的技术效率、纯技术效率和规模效率进行了对比，主要研究结论如下：

第一，创新生产活动分为两个过程，即科技研发过程和经济产出过程。不同阶段的投入和产出并不相同，为了衡量创新过程不同阶段的创新效率，科技研发阶段采用科技活动经费内部支出总额、R&D 项目经费和科技机构人员作为投入变量，以专利申请数、发明专利数以及拥有发明专利数作为产出变量。经济产出阶段采用科技研发阶段的产出变量作为该阶段的投入变量，同时加入技术改造经费支出作为投入指标，以新产品开发项目数和新产品销售收入作为产出指标。为了将传统 DEA 模型中环境因素剔除，三阶段 DEA 模型中选取政府支持、市场结构两个指标作为环境变量。

第二，忽略技术产出的中间过程，直接考察从创新资源投入到技术市场化应用的绩效时发现，政府支持对科技活动人员和资金投入使用效率都会产生不利的影响；市场竞争程度对创新投入资源的使用效率还未起到显著的影响。剔除环境变量的影响后，2008~2018 年，专利密集型工业行业的技术效率、纯技术效率和规模效率分别为 0.685、0.991、0.691，分别比工业行业平均水平高 0.122、0.001 和 0.123，分别比非专利密集型工业行业高 0.244、0.002 和 0.246。从变化趋势来看，专利密集型和非专利密集型工业行业的技术效率、纯技术效率和规模效率总体而言都呈现明显的上升趋势，技术效率和规模效率的上升趋势较为明显，专利密集型和非专利密集型工业行业的技术效率分别提升了 0.153 和 0.233，其中，规模效率分别提升了 0.145 和 0.227，规模效率提升对技术效率的贡献度分别为 94.95% 和 97.58%。即把创新过程看成"黑箱"，技术效率的提升主要源于规模效率的提升，表明在创新过程中，企业或组织主要通过扩大规模而非单纯提高技术和管理效率来提高整体效率，政策制定者可以通过优化资源配置和规模效应如支持企业扩大规模、优化产业结构、提高资源利用效率等措施，促进创新和技术进步。

第三，从创新子过程来看，科技研发阶段政府的过度扶持会降低科技研发效率，市场竞争程度越激烈，越不利于企业进行 R&D 活动经费投入。剔除环境变量的影响后，2008~2018 年，专利密集型工业行业在科技研发阶段的技术效率和规模效率分别为 0.533 和 0.585，分别比工业行业平均水平高 0.121 和 0.134，分别比非专利密集型工业行业高 0.243 和 0.268；纯技术效率为 0.925，比非专利密集型工业行业低 0.014。从变化趋势来看，无论是专利密集型工业行业还是非专利密集型工业行业，技术效率、纯技术效率和规模效率在 2008~2018 年都呈现缓慢上升的趋势，专利密集型和非专利密集型工业行业的技术效率分别提升了 0.041 和 0.052，其中，纯技术效率分别提升了 0.041 和 0.044，纯技术效率对专利密集型工业行业以及非专利密集型工业行业技术效率提升的贡献度分别为100%和84.98%。即科技研发阶段技术效率的提升主要源于纯技术效率的提升。在技术研发阶段，通过优化研发流程、提高研发资源的利用效率，可以显著提升企业的技术创新能力。例如，采用更先进的研发工具和方法，或者优化研发团队的组织结构，都可以有效提升纯技术效率，从而推动技术效率的整体提升。因此，政策制定者应通过提供研发资金支持、税收优惠、知识产权保护等措施，鼓励企业进行技术创新和管理优化，提高既定规模下决策单元的生产效率，与此同时，政策应引导资源向创新能力强、技术效率高的企业和行业集中，同时优化产业结构，提高资源利用效率，重视通过优化资源配置和规模效应来促进创新和技术进步。

第四，从创新子过程来看，经济产出阶段政府资金投入会在一定程度上降低专利申请数和拥有发明专利数的利用效率，提升发明专利数、技术改造经费的利用效率。市场竞争程度越高，越容易造成无效投入，经济产出效率就越低。剔除环境变量的影响后，2008～2018年，专利密集型工业行业的技术效率、纯技术效率和规模效率分别为0.654、0.985、0.665，分别比工业行业平均水平高0.139、0.004和0.140，分别比非专利密集型工业行业高0.277、0.009和0.279。从变化趋势来看，无论是专利密集型工业行业还是非专利密集型工业行业，技术效率都呈现出了明显的上升趋势，2008～2018年分别上升了0.205和0.314，规模效率的提升对专利密集型工业行业和非专利密集型工业行业技术效率上升的贡献率分别为100.41%和105.40%，这一阶段纯技术效率对绩效效率提升的促进作用不大。规模效率反映了企业实际生产规模与最优生产规模的差距。在经济产出阶段，企业往往需要通过扩大生产规模来降低单位产品的成本，提高市场竞争力；通过优化生产布局、提高生产线的自动化和智能化水平，企业可以实现规模经济，从而提升规模效率，进而推动技术效率的提升。因此，在经济产出阶段，政策制定者需要在鼓励企业扩大生产规模的同时，关注企业技术创新和管理水平的提升，以实现经济产出阶段创新绩效的全面提升。

第五，对比创新全过程及分阶段的创新效率，发现如果将创新过程视为"黑箱"，仅仅关注的是创新过程的输入与输出之间的关系，会掩盖创新过程的不同阶段的效率差异。针对科技研发阶段纯技术效率提升对技术效率的提升贡献较大，而经济产出阶段规模效率提升对技术效率的提升贡献较大的特征事实，政府应鼓励企业加大研发投入，特别是在科技研发阶段，通过提供研发补贴、税收优惠等政策措施，支持企业引进先进技术、培养研发人才，提升企业的纯技术效率。同时，政府还应引导企业优化生产布局，鼓励企业通过兼并重组等方式扩大生产规模，实现规模经济，提升规模效率。此外，政府还应加强知识产权保护，为企业创新提供良好的外部环境，促进企业持续创新和技术效率的提升。

第五章

中国专利密集型产业创新效率的影响因素

专利密集型产业作为创新主体在我国经济发展中扮演着重要角色，是提高综合国力和国家竞争优势的重要源泉。如果专利密集型产业投入产出效率不高，资源就不会得到有效配置。第四章用三阶段 DEA 方法测算了规模以上工业行业的创新效率，并将专利密集型工业行业与非专利密集型行业的技术效率、纯技术效率和规模效率进行了对比，结果发现，2008~2018 年创新效率水平及其提升在不同阶段存在明显差异，科技研发阶段技术效率相对较低，平均水平为 0.533，呈现缓慢上升的趋势，主要源于纯技术效率的提升；经济产出阶段技术效率水平相对较高，平均水平为 0.654，呈现明显的上升趋势，主要源于规模效率的提升。总体而言，专利密集型产业的创新效率水平不高，还存在较大的提升空间。

创新效率反映了创新投入与创新产出之间的对比关系，揭示了创新的本质，但是仅仅对创新效率进行分解，无法找到全面的影响因素，只有对影响专利密集型产业创新效率的因素进行实证分析，才能更深层次探究出现这种结果的原因，为提高我国专利密集型产业技术创新效率提供科学依据。

本章以专利密集型工业行业 2008~2018 年的面板数据为样本，以第四章的创新效率为因变量，从宏观、中观、微观三个层面构建产业创新效率影响因素分析框架，运用 Tobit 回归模型，探究制约我国专利密集型行业创新效率快速提升的主要因素。

第一节　产业创新效率影响因素分析框架

内生增长理论把创新能力概括为源自 R&D 活动的努力及其对知识存量的有效利用，强调除了资本与劳动以外，技术投入、人力资本投入等对企业创新活动尤为重要。国家创新体系理论从演化的角度强调国家的创新政策、教育状况和制度环境对创新的作用。谢伟等（2008）采用面板数据模型分析了 R&D 投入强度、产业发展阶段、政府政策导向、市场竞争度对高新技术产业研发效率的影响，结果发现，R&D 投入强度、政府政策导向、市场竞争与研发效率呈负相关，并提出各地区应该在完善内外部环境的基础上，整合研发投入的资源，提高研发效率，进而维护高新技术产业的持续快速发展。陈程等（2012）以技术开发效率和成果转化效率为因变量，重点探讨了企业规模、研发强度、产业绩效、企业支持、政府支持、金融支持、市场结构、产权结构、开放程度对创新效率的影响，结果发现，我国高新技术产业的研发效率受诸多影响因素的制约，在技术开发阶段，产权机构和企业规模有显著的影响；而成果转化阶段，企业规模和企业支持有显著的影响。李丹青等（2017）基于 2009～2015 年中国制造业 25 个行业的面板数据，采用随机前沿分析方法构建超越对数生产函数模型，对国有及国有控股企业、内资企业和外资企业（含港澳台地区）的技术创新效率进行测度，并分析了企业规模、市场结构、出口、技术获取及改造情况、盈利能力对技术创新效率的影响，结果发现，在三类制造业企业中均存在技术无效率，且不同所有制企业样本行业技术效率值差异较大；从影响制造业技术创新效率的因素来看，企业规模、市场结构、技术获取和改造费用支出均与技术创新效率显著正相关，出口导向程度对技术创新效率具有显著抑制作用，各行业的盈利能力对技术创新效率并无显著影响。

从现有研究来看，构建产业创新效率影响因素分析框架，应遵循两个基准：第一，不能忽视创新环境对创新效率的影响，影响创新行为和创新效率的环境包括产业外部环境和产业内部环境，产业的内部要素从根本上决定着产业竞争能力的强弱，产业外部要素为产业的发展提供良好的发展环境和发展机遇，对产业的发展起着至关重要的作用。第二，不能忽视创新主体——企业的关键作用。企业及其产品是产业创新的主体和载体，分析产业创新效率的影响因素不能忽略企业层面因素。因此，本章从宏观、中观和微观三个层面构建产业创新效率的影响因素分析框架。宏观方面反映市场竞争程度、对外开放水平、政府资金支持的影响，中观层面反映研发强度、产学研合作水平、行业盈利能力的影响，微观层面反映企业规模、固定资产投资、学习和吸收能力、人力资本水平的影响。

一、宏观层面

宏观层面主要反映产业的外部环境与制度因素对创新效率的影响。

（一）市场竞争程度

熊彼特（J. Schumpeter，1912）认为，垄断与技术创新有着密切的关系，垄断利润是企业家创新的动力，垄断企业有更雄厚的研发资本和更强的风险承担能力去促进创新，研究开发在集中的行业里要比在自由竞争的行业里表现得更为突出，只有不完全竞争才是技术变革的源泉，是经济动态创新与技术增长的发动机。在一个充满竞争的市场上，模仿和侵权是经常发生的，创新主体不太可能确立其信息的所有权，而减少竞争却可以使创新行为得到更大的保护，从而为研究和开发提供相应的激励。然而，新古典经济学理论认为，在一个充满竞争的市场上，生存的压力必然迫使企业进行创新活动，这正是自由竞争使得经济生活充满活力的原因之一，只有市场竞争才能激励创新活动。阿罗（J. Arrow，1962）认为，企业在垄断的市场结构中可以享受着很高的垄断利润，导致企业创新动力的不足，垄断除了造成静态福利损失外，还可能延缓技术进步，竞争性环境会给企业研发带来更大的激励。冯根福等（2006）、谢伟等（2008）指出，市场竞争程度与企业研发效率呈负相关关系，即适当地垄断结构更有利于企业研发效率提高。而盛锁等（2006）认为垄断市场会导致企业创新动力不足，同时又缺少创新压力，垄断企业通过操纵原有产品的市场价格已经获得了高额的垄断利润，而创新虽然能够生产出新产品，但是企业要承担高额的创新成本和巨大风险，并且新产品会对原有产品产生一定的"自我替代"，降低原有产品的垄断利润。张家琛（2022）选取中国工业中的38个行业，运用1998～2012年的数据研究了市场集中度对技术创新影响，发现市场集中度与技术创新水平呈负相关，且市场集中度越高，越阻碍技术创新。

事实上，市场竞争程度对创新的影响在技术研发和经济产出两个阶段存在显著差异。付宁宁等（2023）利用超效率 DEA 模型和 Tobit 回归方程、测算智能制造企业两阶段创新效率及其影响因素时，用细分行业企业数占大类行业企业数的比重衡量市场结构，反映企业在行业内的垄断程度，结果表明，我国智能制造企业创新效率呈逐年上升趋势，市场结构对技术研发效率具有正向影响，回归系数为 0.005，对经济转化效率存在负向影响，回归系数为 -0.056，即市场竞争能提升智能制造企业创新研发阶段的创新效率，但是市场竞争过于激烈不利于智能制造企业研发成果的经济转化。

（二）对外开放水平

国际贸易理论认为，自由贸易是双赢的，对外开放有利于区域经济增长。对外开放程度的提升能够扩大并加深科技活动的竞争与合作，有助于创新要素集中和优化配置，有利于地区间的技术创新合作和技术进步，对科技创新活动带来强有力的刺激，促进创新效率的提升。已有研究证实行业开放对创新效率有积极影响，如余官胜（2011）研究发现，出口贸易和技术创新存在相互促进的关系，任何促进技术创新或出口贸易的政策都能够同时促进这两者的发展。项本武和齐峰（2015）研究发现，对外开放度对我国战略性新兴产业技术效率产生显著的正影响，我国战略性新兴产业技术效率随着对外开放度的提高而上升，引进外资可以通过吸收国外先进的技术水平和管理经验、学习国外工作技巧、利用国际营销渠道及营销平台、借鉴国外品牌及无形资产等路径，对我国战略性新兴产业本土企业带来积极的技术溢出效应和竞争效应，从而对该产业技术效率的提升产生积极的促进作用。程远等（2021）研究表明企业的出口行为会显著提升企业创新能力。同时，企业出口强度的增加也对创新能力的提升具有促进作用。

一般而言，行业开放程度越高，越容易引进并学习国外先进的技术和成功的管理经验，刺激企业不断提升管理和创新水平；而且对外开放程度的提高会不断吸引外资，为国内市场注入新的活力，促使企业合理配置研发资源，从而推动创新效率的提升（周江华等，2022）。

（三）政府资金支持

关于政府支持力度与创新效率之间的关系存在不同的观点。大部分研究证实了政府支持能促进创新效率的提升。唐清泉（2009）对我国大中型工业企业"十五"以来的 R&D 效率进行了研究，发现政府资金与 R&D 投入效率显著正相关，原因在于创新活动风险高且资金回收期长，仅依赖市场调节会造成创新效率低下，政府资金属于公共投入，它所带来的知识扩散与传播速度更快，充分的政府资金有利于 R&D 效率的提高。政府资金支持一方面能促进企业增加内部研发投入，另一方面能促使企业以更低成本、更高效地接收和消化企业外部知识如源于高校和科研院所的知识，从而提升企业创新绩效（李明星，2019）。此外，政府财政补贴、税收减免、利息优惠等政策手段均能够鼓励科技创新，强化区域产学研协同创新效应（林黎，2018）。然而，也有研究表明，政府支持对不同的创新阶段的效率提升影响存在差异。邱兆林（2014）指出，政府研发资金投入对研发阶段和科技成果转化阶段的效率都有正向影响，但对研发阶段的影响程度大于科技成果转化阶段。这是因为政府研发资金更多地投向科研机构，增加了这些部门的专利产出，而科技成果转化阶段的研发资金主要来源于企业，政府对科技成果转化阶段的资金支持不够大，难以和市场导向的研发需求有效对接。曹建云（2021）对广东战略性新兴产业的创新绩效研究表明，政府研发资助对科技研发阶段和经济产出阶段的创新效率的影响存在显著差异，政府补贴每提高一个百分点，科技研发阶段的创新效率上升 0.068 个百分点，经济产出阶段的创新效率下降 0.135 个百分点。李培楠和赵兰香等（2014）认为在技术开发阶段，政府的研发支持对创新绩效有负向影响，而在经济产出阶段则有正"U"型关系，不同阶段的政府研发资助可能会对创新绩效产生不同的影响。

余泳泽和刘和东（2010）等认为，政府在对创新的支持中更注重社会效益，使政府政策支持资金无法很好地发挥经济效益，导致对创新效益的负面影响。基于此，本文认为，政府支持力度在企业进行研发和创新过程中起到信号作用，引导企业的技术发展方向，明确其技术发展路径，对企业的研发活动起到激励与促进作用。但因信息不对称等问题，政府在选择扶持项目时可能无法对其长期发展趋势作出有效判断，容易造成较高的项目失误率，从而导致经济产出阶段效率低下。

二、中观层面

（一）研发强度

创新始终是一个国家、一个民族发展的不竭动力和生产力提升的关键要素。创新产出需要大量的、长期的创新投入。学术界对于研发强度与创新绩效之间的关系，存在不同的观点。已有研究表明，研发资金的投入强度集中体现了企业对科技创新的重视度以及企业的研发实力，对创新效率有重要影响。穆丹比和斯威夫特（R. Mudambi & T. Swift，2014）利用美国上市公司的数据，实证检验研发投入与企业创新绩效的关系，结果发现，加大研发投入能够显著提升企业的创新绩效；张志茹等（2022）以科创板上市企业 2016～2020 年的面板数据，建立固定效应模型，实证分析研发投入强度对企业创新绩效的影响，研究发现研发资金投入与企业创新绩效呈显著正相关关系。但陈程和刘和东（2012）发现我国高新技术产业研发强度与技术开发效率之间呈不显著的负相关关系，原因可能是资金投入使用的管理不当，投资没有落在实处，导致资源浪费进而影响了研发效率。杜跃平和王良高（2011）以深市高科技成长型上市公司的财务数据为研究样本，发现随着研发投入的增加，销售增长量逐渐减小，销售利润率下降，可能的原因是研发投入具有滞后性，长远来看较高的 R&D 投入会提高企业的盈利水平，但短期内连续且巨大的研发支出，对企业的营利性甚至生存都有可能产生负面影响，因为这有可能影响企业资金的正常流动。此外，研发活动具有极大的不确定性，尤其是在不确定的环境或基础研究领域。因此，短期内巨大的研发支出对企业的营利性具有负面影响，影响大小依赖于所处行业和研发投入的类型。张宵和葛玉辉（2023）则认为研发投入强度与技术创新效率之间并非单一的线性关系，而是表现为先降后升的"U"型曲线关系，内部控制能够正向调节研发投入强度对于技术创新效率的影响。

研发投入对企业创新绩效的影响已经得到大量文献的证实，然而，研发投入在创新不同阶段的影响是不同的，张志茹等（2022）认为，研发强度直接影响科技研发阶段的创新产出，研发资金的投入有利于增加专利产出，提升科技研发阶段的创新绩效。陈程和刘和东（2012）认为，研发强度并未直接作用于经济产出阶段，虽然研发阶段更优质的成果产出有助于企业经营活动的开展，但是研发经费投入也为企业带来成本负担，二者效应或抵消。

（二）产学研合作水平

以纳尔逊（R. Nelson，1993）为代表的国家创新体系理论认为，大学和研发机构的基础研究对产业创新有较强的渗透作用，是一个国家企业技术创新来源的基础和源泉。乔治亚等（G. Georgea et al.，2002）认为，在产学研合作过程中，企业慢慢掌握了科技创新与专利活动的关联知识，使得以后类似业务完成得更加快捷、高效，促使申请的专利数量增加。洛夫和赫什马蒂（Lööf & A. Heshmati，2002）指出，企业新产品销售收入比重和产学研合作紧密程度正向相关，因为产学研合作可以节省企业 R8D 资金，增加企业内部知识存量，使得企业有更多资金用于项目或新产品研发。费姆斯等（D. Faems et al.，2005）指出，R&D 导向型合作通过隐性知识交流和启发式学习，促进现有资源的利用与整合，改善现有技术，有利于新产品的创新和新技术的研发。

魏守华等（2013）认为相对于分割状况的 R&D 活动，无论是通过项目合作还是人员交流方式的产学研合作，都有助于提升我国高技术产业创新绩效。吴俊等（2016）利用江苏省 4833 家有研发经费支出的战略性新兴产业微观企业数据，实证分析了产学研合作对创新绩效的影响，结果发现，产学研合作对战略性新兴产业企业创新绩效具有显著的影响，回归系数为 0.068；事实上，战略性新兴产业采取产学研合作创新行动不是孤立的，往往伴随着政府研发补贴激励，而且政府倾向于支持技术吸收能力强的企业采取产学研合作创新行动，从而在政府研发补贴、企业技术吸收能力和产学研合作创新之间形成三角关系，政府研发补贴、企业技术吸收能力、大企业虚拟变量与产学研合作之间的交互效应对战略性新兴产业创新绩效具有稳健而显著的正向影响。杨嵘等（2022）借助三阶段 DEA – Tobit 模型，实证分析了 2009～2019 年我国各省份高技术产业创新效率的时空演变及其影响因素，发现产学研合作水平的提高能够显著提升高技术产业科技研发阶段的创新效率，说明企业与高校、科研院所等开展合作能够加快构建创新网络，从而创造更多的创新成果。

（三）行业盈利能力

研发投资具有高投入、高风险和回报周期长的特征，盈利能力是企业研发决策需要考量的重要因素之一。卡内利等（G. Cainelli et al. , 2015）利用西班牙制造业企业的数据进行研究，发现研发活动可以作为企业的差异化战略，在竞争对手面临融资约束时，盈利能力较高的企业有能力做出研发决策并能长期维持研发活动所必要的投资，从而获得竞争优势。陈和李（B. Chen & S. Lee，2018）利用 588 家中国上市公司的数据研究了现金流、盈利能力和研发投资之间的动态关系，结果表明，盈利能力越高的企业研发强度也越高。孙晓华和翟钰（2021）指出，盈利质量与盈利持续性对企业两阶段研发投资均具有显著的正效应，盈利水平对于研发强度的作用并不明显。武赛赛（2016）研究证明上市军工企业专利申请强度与主营业务利润率、每股收益都存在显著正相关关系，技术资产比例与每股收益存在显著正相关关系。周艳菊等（2014）在研究中国沪市 A 股上市高新技术企业的资本结构和技术创新能力之间的关系时，考察了盈利能力对"关系"的调节作用，结果表明盈利能力的"风险基准"降低作用和"激励动机"的提升作用有效地促进了企业的研发投资。行业平均盈利能力的提高既是行业内资产利用效率及生产经营管理有效性进一步提升的体现，也是行业向更大规模、更高质量发展的内在需求（张西征等，2012），较高的盈利能力为行业的发展带来充裕的资源，进一步提升资源配置效率，同时也有助于整个行业技术效率的提升。

三、微观层面

（一）企业规模

关于企业规模与创新之间的关系，学者们有不同的看法，争议主要集中在大、中、小型哪种规模的企业更具创新能力和创新效率。企业规模与创新效率的关系主要有以下 4 种：（1）熊彼特（A. Schumpeter，2012）最早提出的创新理论认为，相对小型企业而言，大型企业在创新研发上更具优势，因为只有大型企业才能为研发创新活动提供雄厚的资金支持，而且其管理制度更加完善，更能吸引高科技人才的加入，也具有一定的市场控制力，能通过多样化投资分散由研发创新失败带来的高风险。学者们的实证研究结论也支持了熊彼特的假说，如雷维拉和费尔南德斯（J. Revilla & Z. Fernández，2012）在对西班牙的制造业进行研究时，指出大规模企业的创新效率相对较好，其与客户和供应商的关系是创新机会的重要来源。（2）谢勒和罗斯（M. Scherer & D. Ross，1971）认为，规模扩大后，企业管理控制能力和效率会下降，因而会导致内耗增加，研发效率下降，即企业规模与创新效率呈负相关关系。（3）帕维特等（K. Pavitt et al.）运用英国企业的相关数据，研究发现较小企业和较大企业由于自身存在比较优势，研发效率相比中等企业要高，企业规模与创新效率之间呈现"U"型关系。（4）余永泽等（2010）利用松弛变量的 DEA 模型，基于价值链视角将高技术产业科技研发过程分为技术开发和经济产出两个阶段，并分别对其效率和影响因素进行了实证研究，结果发现，企业规模对研发效率影响不明显。

不难看出，大部分研究证实了企业规模会影响创新绩效。而且，企业规模在创新不同阶段的影响是不同的。肖仁桥等（2012）认为，科技研发阶段的创新效率主要取决于研发部门的投入产出效率，企业规模扩大带来的管控难度加大、信息传递速度慢、内耗增加等问题会直接影响研发效率；然而，在经济产出阶段，大规模企业的规模经济效应、抗风险能力相对较强，产业化、商业化效率较高，经济产出效率也将提升（陈程和刘和东，2012）。

（二）固定资产投资

贺莉（2013）认为，企业流动资产不宜占用企业太多资金，否则会影响固定资产的投资效率，同时也会使企业盈利能力下降，而较多的固定资产有利于企业生产能力的形成和提高，与企业绩效存在着正相关关系。王怀明和闫新峰（2007）对 40 家农业上市公司 2005 年的截面数据进行研究，发现由于农业上市公司的服务对象和行业性质的特殊性，其固定资产占比相对较低、固定资产处于相对落后的水平，而且固定资产使用效率整体偏低，固定资产占比与公司绩效呈正相关关系。克莱因（B. Klein，1978）认为，企业在实现规模经济时增加固定资产投资，会加快其发展速度，同时能够有效降低平均生产成本，提高企业总体利润率，拉高企业绩效。

（三）学习和吸收能力

产业创新能力和创新效率与企业自身学习和吸收能力有关。在当前知识经济条件下，创新行为是建立在学习和吸收已有的先进知识的基础上的，知识学习和吸收能力是企业获取、整合以及利用异质性资源的动态能力。知识学习和吸收能力对企业创新绩效的影响在于：一是企业本身所拥有的知识体系和经验能够有效地对所获取的异质性资源进行识别和利用，而新知识的增加则更进一步促进了对异质性资源的甄别、利用，从而使企业能够提升创新产出水平。二是企业获取、整合以及利用资源的能力作为企业竞争优势的主要来源之一，本身就是企业的一种稀缺性资源，能为企业创造出更高的绩效。佛斯菲尔伊和特尔伊博（A. Fosfuri & A. Tribo，2007）认为，吸收能力对企业创新绩效具有显著的正向影响作用。高云峰（2014）研究表明企业科学研习和经验学习对技术能力跃迁都有正向影响，且两种影响具有交互作用。许骞（2020）以338家企业为样本，检验了创新开放度、知识吸收能力与企业创新绩效之间的关系，结果表明，知识吸收能力正向影响企业创新绩效，且在创新开放度与企业创新绩效之间起中介作用。魏晓辉（2020）以技术多样化为中介变量，研究企业创新能力、吸收能力和关系学习对企业创新绩效的影响，结果表明企业的创新能力、吸收能力和关系学习对企业技术多样化有显著的正向影响；技术多样化对现阶段企业绩效有显著的正向影响；技术多样化对创新能力有部分中介效应。

（四）人力资本水平

舒尔茨（W. Schultz，1990）强调了人力资本对经济增长的影响，认为人力资本是一种关键的生产要素，人力资本积累是经济增长的源泉。

学者们实证检验了人力资本对创新绩效的影响，结果显示，人力资本与创新绩效显著正相关。纳尔逊和菲尔普斯（R. Nelson & S. Phelps，1996）的研究表明，人力资本可以通过对创新能力的激励产生外部效应，受教育者比其他劳动者对特殊资本要素更具替代性，高教育水平劳动者是低教育水平劳动者很好的替代。邹艳等（2009）以知识密集型企业、高新技术企业为研究对象，将企业智力资本分为人力资本、组织资本和社会资本等，研究了人力资本与创新绩效的关系，结果表明，人力资本对技术创新绩效有显著的正向影响，回归系数为0.34。徐艳和方伟（Y. Hsu & W. Fang，2009）对台湾集成电路设计产业的创新绩效进行了实证研究，结果表明人力资本对新产品开发绩效产生显著的正向影响。但也有研究表明，人力资本水平和创新绩效不一定存在显著的正相关关系。冯文娜（2010）用研发人员数量代表人力资本水平，分析了山东省高新技术企业的人力资本与企业创新产出的关系，发现研发人员投入与专利产出、新产品产出之间的相关关系未通过显著性检验，与创新绩效具有弱的负相关关系。张炜（2007）对浙江省高技术企业智力资本与组织创新能力之间的关系进行了实证研究，结果发现，浙江省高技术企业的人力资本水平尚未得到有效地发挥，人力资本对渐进创新能力不具有显著的正效应。曹勇等（2010）用研发人员数量代表人力资本水平，研究了 1995～2008 年我国电子与通信设备制造业研发人员投入与产出绩效的关系，结果表明，研发人员投入对不同的产出绩效指标产生不同的影响，增加研发人员投入可以增加主营业务收入，但却降低了新产品销售份额。总的来看，人力资本作为衡量人口质量的重要指标，可分割并投入不同的部门发挥作用，人力资本独有的创新性、创造性和高效的资源调整能力，使其成为产业创新中最具能动性的要素，是决定技术创新能力的重要因素。

第二节　产业创新效率影响因素的
指标选择和数据来源

一、因变量

为了深入分析不同创新阶段的影响因素，一方面对产业创新全过程的创新效率进行分析，揭示影响产业创新效率的影响因素，另一方面对比分析科技研发阶段和经济产出阶段的创新效率，揭示创新生产活动中，影响创新效率的共性和个性化因素。创新效率采用技术效率指标，即全过程技术效率、科技研发阶段技术效率、经济产出阶段技术效率三个指标，稳健性检验中，采用规模效率替代技术效率。数据与第四章的测算方法相同，但剔除了水的生产与供应业（详见本节"变量的描述性统计分析"）。

二、自变量

根据前述产业创新效率影响因素分析框架，自变量包括宏观、中观和微观三个层面 10 个指标，指标的衡量和测算方法如下：

市场竞争程度：行业的企业数量既是衡量产业市场化程度的指标，也是影响市场结构的重要因素，一般而言，企业数量越多，市场集中度越低，竞争越激烈。采用含科研机构的企业数量衡量市场竞争程度。

对外开放水平：对外开放反映的是国际商品、服务、劳务、资本等要素的流动。张海洋（2008），陈程、刘和东（2012）采用三资企业产值与工业总产值的比值衡量对外开放水平，刘玲利（2008）和陈建丽等（2014）分别采用出口额占国内生产总值的比例、行业出口交货值占主营业务收入的比率衡量对外开放水平，参考已有研究，并结合数据可得性，采取新产品出口销售额衡量对外开放水平。

政府资金支持：政府对创新的支持主要表现为直接的资金支持或间接的税费减免。由于税费减免相关数据缺乏，一般采取政府直接的资金支持比例衡量政府支持力度，如余永泽等（2010）、邱兆林（2014）采用科技活动经费筹资额中政府资金的比重衡量，陈建丽等（2014）采用研发经费内部支出中政府资金比重衡量，借鉴已有研究，采取科技活动经费内部支出中政府资金的比重衡量政府支持力度。

研发强度：学者们选用不同的指标衡量研发强度，如谢伟等（2008）采用 R&D 经费内部支出与销售收入的比重；汤石雨（2008）采用新产品开发经费、技术改造和引进经费、消化吸收及技术购买经费之和占销售收入的比重；陈程和刘和东（2012）采用研发经费占新产品销售收入的比重衡量。参考已有研究，采用开发新产品经费占新产品销售收入比重衡量研发强度。

产学研合作水平：吴俊等（2016）、杨嵘等（2022）采用 R&D 经费外部支出占 R&D 经费内外支出的比重、R&D 外部经费支出占高技术产业主营业务收入比重衡量产学研合作强度。刘斐然等（2023）将上市公司与高校和科研院所联合申请的发明专利与实用新型专利界定为产学研合作成果。基于数据的可获取性，用外部经费中对研究机构和高校支出之和表示产学研合作水平。

行业盈利能力：邓进（2008）、陈程和刘和东（2012）等学者采用新产品销售利税率即利税总额与新产品销售收入比值来衡量行业的盈利能力。孙晓华和翟钰（2021）选取营业利润占总资产的比重衡量盈利水平。白旭云等（2012）采取销售利润率作为衡量企业盈利能力的指标，即企业利润总额与企业销售收入净额的比率。基于数据的可获取性，采取利润总额与新产品销售收入比值衡量。

企业规模：企业规模的衡量指标有多个，叶蓁等（2006）、张海洋（2008）、邹鲜红（2010）、肖仁桥等（2012）分别采用大型企业增加值与行业增加值的比重、企业平均销售收入、企业平均资产水平、高技术产业从业人员平均人数衡量，余永泽等（2010）和邱兆林（2014）、陈建丽（2014）采用工业总产值与企业数量之比衡量。参考已有文献，采用工业销售总产值与企业数量之比衡量企业规模。

固定资产投资：选取《中国科技统计年鉴》中固定资产购建费占科技活动经费内部支出的比重衡量。

学习和吸收能力：李丹青和胡雪萍（2017）选取技术获取和改造费用支出衡量企业技术学习水平；吴延兵（2008）采用引进国外技术费用衡量企业对外技术学习成本。根据《中国科技统计年鉴》的指标说明，技术引进经费支出是在报告期购买国外或港澳台技术所发生的支出；消化吸收经费支出是指根据自身技术存量，借助二次创新实现技术的消化与吸收而产生的支出。技术引进可以为技术学习、知识吸收提供机会，因此，选取技术引进经费和消化吸收经费支出衡量学习和吸收能力。

人力资本水平：研发人员是技术创新的关键要素，研发人员的人力资本水平在一定程度上决定了技术创新水平，大部分学者采用 R&D 人员全时当量衡量（曹阳、张文思，2017；王伟和孙芳城，2017；尹伟华，2012等）。肖曙光等（2020）和王京滨等（2022）分别采用本科以上学历的员工人数占员工总人数的比例、普通本专科在校人数占地区总人口比重（即万人在校大学生数）测度人力资本水平。参考已有研究，选取 R&D 人员折合全时当量衡量人力资本水平。

自变量数据来源于《中国科技统计年鉴》。变量说明如表 5 – 1 所示。

表 5 – 1　　　　专利密集型产业创新效率影响因素变量说明

变量名称	说明
创新全过程技术效率	三阶段 DEA 测算得出
科技研发阶段技术效率	
经济产出阶段技术效率	
创新全过程规模效率	
科技研发阶段规模效率	
经济产出阶段规模效率	
市场竞争程度	含科研机构的企业数量
对外开放水平	新产品出口销售额
政府资金支持	科技活动经费内部支出中政府资金的比重
研发强度	开发新产品经费占新产品销售收入的比重
产学研合作水平	外部经费中对研究机构和高校支出之和
行业盈利能力	利润总额占新产品销售收入的比重
企业规模	工业销售总产值与企业数量之比
固定资产投资	固定资产购建支出占科技活动经费内部支出之比
学习和吸收能力	技术引进经费和消化吸收经费支出之和
人力资本水平	R&D 人员折合全时当量

三、变量的描述性统计分析

第三章已经从工业大类中筛选出 20 个专利密集型行业，包括酒、饮料和精品茶制造业，木材加工及木、竹、藤、棕、草制品业，造纸及纸制品业，化学原料及化学制品制造业，医药制造业，化学纤维制造业，橡胶和塑料制品业，非金属矿物制品业，金属制品业，通用设备制造业，专用设备制造业，汽车制造业，铁路、船舶、航空航天和其他运输设备，电气机械及器材制造业，通信设备、计算机及其他电子设备制造业，仪器仪表及文化、办公用机械制造业，其他制造业，废弃资源和废旧材料回收加工业，金属制品、机械和设备修理业，水的生产和供应业。第四章测算专利密集型产业创新效率时，由于《中国科技统计年鉴》上没有废弃资源和废旧材料回收加工业的相关数据，因此，测度了创新效率的专利密集型行业实际上只有除了废弃资源和废旧材料回收加工业以外的 19 个行业，同时由于水的生产和供应业部分指标数据缺失较多，最终纳入本部分分析的行业为 18 个。变量描述性统计结果如表 5 – 2 显示，18 个专利密集型行业 2008 ~ 2018 年科技研发技术效率、经济产出技术效率、创新全过程技术效率均值分别为 0. 561、0. 689、0. 720。

表 5 – 2　　　　专利密集型产业创新效率影响因素变量描述性统计

变量名称	均值	标准差	最小值	最大值
创新全过程技术效率	0. 720	0. 295	0. 064	1. 000
科技研发技术效率	0. 561	0. 309	0. 030	1. 000
经济产出技术效率	0. 689	0. 316	0. 039	1. 000
创新全过程规模效率	0. 727	0. 295	0. 064	1. 000
科技研发规模效率	0. 615	0. 329	0. 031	1. 000
经济产出规模效率	0. 700	0. 318	0. 039	1. 000
市场竞争程度 $r1$	3. 026	0. 568	1. 260	3. 924
企业规模 $r2$	1. 984	1. 183	0. 382	5. 903
人力资本水平 $r3$	4. 717	0. 562	3. 380	5. 742
学习和吸收能力 $r4$	4. 760	0. 767	2. 188	6. 401
行业盈利能力 $r5$	0. 069	0. 020	0. 012	0. 135
政府资金支持 $r6$	0. 049	0. 049	0. 008	0. 259
产学研合作水平 $r7$	4. 478	0. 729	2. 602	6. 153
对外开放水平 $r8$	0. 165	0. 109	0. 022	0. 541
研发强度 $r9$	0. 079	0. 019	0. 027	0. 129
固定资产投资 $r10$	0. 144	0. 076	0. 063	0. 516

第三节　产业创新效率影响因素的灰色关联分析

利用灰色关联度分析法探究宏观、中观和微观层面各因素与创新效率之间的联系。创新效率采用全过程技术效率、科技研发阶段技术效率和经济产出阶段技术效率值。

一、灰色关联性测度方法

灰色关联度分析通过分析系统中各因素序列曲线几何形状的相似程度来判断其关联度大小，曲线形状越接近，序列之间越相关，序列之间的相关关系越大，反之则越小。该方法适用于动态分析，且不受数据样本容量与数据分布等方面的限制。用灰色关联度分析方法研究各因素与创新效率的关联性步骤如下：

第一，确定参考序列。参考序列是用来描述系统行为特征的序列，将前文测算出来的创新效率作为参考序列（母序列），记为 $X_0 = [x_0(1),$ $x_0(2), \cdots, x_0(n)]$；比较序列由系统行为的相关影响因素组成，为子序列，记为 $X_i = [x_i(1), x_i(2), \cdots, x_i(n)]$，其中，$i = 1, 2, \cdots, m$。

第二，数据无量纲化处理。由于数据的单位不同，量纲上存在差异，不能直接进行比较。在计算灰色关联度之前，需要对数据进行无量纲化处理，采用 Z 评分法进行无量纲化处理。计算公式如下：

$$x_i'(q) = \frac{x_i(q) - \overline{x_i}}{s_i} \qquad (5-1)$$

其中，$x_i'(q)$ 是经过处理后得到的标准化值，$x_i(q)$ 为 q 行业或区域第 i 个指标的实际值，$\overline{x_i}$ 为样本均值，s_i 为样本标准差。

第三，计算灰色关联系数。根据 $\Delta_i(q) = |x_0'(q) - x_i'(q)|$ 计算差序列，求出两级最大差 $M = \max_i \max_q \Delta_i(q)$、两级最小差 $m = \min_i \min_q \Delta_i(q)$，最后计算灰色关联系数。计算公式如下：

$$\emptyset_i(q) = \frac{m + \rho \times M}{\Delta_i(q) + \rho \times M} \quad\quad (5-2)$$

其中，ρ 表示分辨系数，$0 < \rho < 1$，ρ 值越小，分辨能力越强，通常情况下，ρ 取 0.5，主要是为了提高关联系数间的显著差异性，其设定值对关联系数和关联度没有影响（郭庆等，2017）。

第四，计算灰色关联度。求出灰色关联系数的算术平均值，即灰色关联度越大，表明变量之间的关联作用越强。计算公式如下：

$$r_i = \frac{1}{n} \sum_{q=1}^{n} \emptyset_i(q) \quad\quad (5-3)$$

二、创新全过程创新效率的灰色关联分析

对 2008～2018 年各影响因素与专利密集型行业创新全过程创新效率的关联度排名，发现 $r_3 > r_1 > r_7 > r_4 > r_8 > r_9 = r_5 > r_2 > r_6 > r_{10}$，排在前五的因素依次是人力资本水平、市场竞争程度、产学研合作水平、学习和吸收能力以及对外开放水平，人力资本水平与创新全过程的创新效率关联度最高，为 0.911，从变化趋势来看，呈现明显的上升趋势，2008～2012 年关联度平均值为 0.898，2013～2018 年上升到 0.922；同期市场竞争程度与创新全过程的创新效率关联度从 2008～2012 年的 0.845 上升到 2013～2018 年的 0.880，平均为 0.864，数据说明，专利密集型行业创新全过程的创新效率可能得益于较高的人力资本水平和市场对科技研发的重视。一般而言，人力资本水平的提高意味着拥有更多具备专业技能和知识的劳动力，这些高技能劳动力能够更好地理解和应对研发过程中的复杂问题，高素质的人才更容易产生创新思维，有助于企业在创新过程中发现新的解决方案，而且人力资本水平的提高有助于提高企业的学习能力，使企业能够更快地吸收和掌握新技术、新方法，提高创新效率。激烈的市场竞争迫使企业不断提高自身的创新能力，以在竞争中脱颖而出。这种竞争压力促使企业在创新过程投入更多的资源和精力，从而提高创新效率。此外，产学研合作水平、学习和吸收能力以及对外开放水平与专利密集型行业创新全

过程创新效率的关联度分别为 0.837、0.821、0.690，说明产学研合作水平越高、企业知识吸收能力越强、对外开放程度越高，可能越有利于提升创新效率。

三、科技研发阶段创新效率的灰色关联分析

对 2008～2018 年各影响因素与专利密集型行业科技研发阶段创新效率的关联度排名，发现 $r_3 > r_1 > r_4 > r_7 > r_9 > r_8 > r_5 > r_6 > r_2 > r_{10}$，即排在前五的因素依次是人力资本水平、市场竞争水平、学习和吸收能力、产学研合作水平、研发强度。其中，人力资本水平与科技研发阶段创新效率的关联度最高，为 0.861，从变化趋势来看，二者的关联度从 2008～2012 年的 0.842 上升到 2013～2018 年的 0.876，呈现明显的上升趋势；同期市场竞争水平与科技研发阶段创新效率的关联度为 0.829，二者的关联度在波动中呈现缓慢的上升趋势，从 2008 年的 0.832 上升到 2018 年的 0.850。由此表明，激烈的竞争环境作为企业创新的催化剂，可能可以推动专利密集型行业科技研发阶段的科研活动发展，提升创新效率。此外，学习和吸收能力与科技研发阶段创新效率的关联度为 0.789，企业作为物质资本和人力资本的特别市场契约（周其仁，1996），高质量人力资本具有较强的资源配置能力，且能通过知识溢出效应与吸收效应提升创新推进产业间的创新交流与合作（李盛楠等，2021），促进知识外溢和扩散，快速将新知识、新技术进行转化与应用，促进专利密集型行业科技研发阶段创新效率提升。产学研合作与科技研发阶段创新效率的关联度平均为 0.780，一般来讲，企业、高校和科研机构在技术上往往具有互补性，产学研合作通过整合企业、高校、政府各方资金、设备、人才和技术等资源，实现优势互补，推动创新。研发强度与科技研发阶段创新效率的关联度平均为 0.702，表明研发资金的投入可能有利于提升自主创新能力和专利产出，从而提升创新绩效（张志茹等，2022）。

四、经济产出阶段创新效率的灰色关联分析

表 5 - 3 对 2008 ~ 2018 年各影响因素与专利密集型行业经济产出阶段创新效率的关联度排名，显示 $r_3 > r_1 > r_7 > r_4 > r_5 > r_2 > r_8 > r_9 > r_6 > r_{10}$，即排在前五的因素依次是人力资本水平、市场竞争程度、产学研合作水平、学习和吸收能力以及行业盈利能力，其与专利密集型行业经济产出阶段创新效率的关联系数分别为 0.903、0.875、0.845、0.828、0.694。高质量人力资本往往具有较强的资源配置能力，且能通过知识溢出效应与吸收效应提升创新，推进产业间的创新交流与合作（李盛楠等，2021），促进知识外溢和扩散，快速将新知识、新技术进行转化与应用，促进专利密集型产业创新效率提升。此外，从关联度来看，经济产出阶段创新效率的提升可能得益于较强的市场竞争程度、产学研合作、企业学习和吸收能力以及行业盈利能力。

表 5 - 3　　　　各因素与专利密集型产业创新效率灰色关联度

阶段		r_1	r_2	r_3	r_4	r_5	r_6	r_7	r_8	r_9	r_{10}	平均
创新全过程创新效率	2008 年	0.847	0.715	0.897	0.816	0.680	0.694	0.832	0.687	0.687	0.658	0.751
	2009 年	0.843	0.695	0.889	0.810	0.700	0.668	0.836	0.666	0.684	0.615	0.741
	2010 年	0.842	0.689	0.879	0.814	0.705	0.689	0.870	0.685	0.713	0.647	0.753
	2011 年	0.842	0.686	0.907	0.827	0.723	0.690	0.847	0.683	0.686	0.660	0.755
	2012 年	0.849	0.661	0.915	0.830	0.643	0.666	0.847	0.684	0.692	0.668	0.746
	2013 年	0.860	0.669	0.923	0.844	0.652	0.673	0.848	0.708	0.663	0.633	0.747
	2014 年	0.850	0.658	0.919	0.810	0.657	0.638	0.854	0.664	0.661	0.618	0.733
	2015 年	0.874	0.657	0.919	0.811	0.655	0.649	0.815	0.673	0.661	0.609	0.732
	2016 年	0.897	0.709	0.926	0.815	0.759	0.701	0.836	0.709	0.730	0.669	0.775
	2017 年	0.890	0.687	0.916	0.807	0.688	0.673	0.801	0.709	0.684	0.643	0.750
	2018 年	0.907	0.709	0.927	0.852	0.715	0.706	0.822	0.726	0.720	0.747	0.783
	平均	0.864	0.685	0.911	0.821	0.689	0.677	0.837	0.690	0.689	0.652	0.752

阶段		r_1	r_2	r_3	r_4	r_5	r_6	r_7	r_8	r_9	r_{10}	平均
科技研发阶段创新效率	2008 年	0.832	0.684	0.856	0.798	0.702	0.696	0.784	0.696	0.726	0.658	0.743
	2009 年	0.834	0.668	0.826	0.767	0.717	0.672	0.748	0.699	0.706	0.660	0.730
	2010 年	0.820	0.654	0.807	0.759	0.703	0.696	0.745	0.689	0.761	0.649	0.728
	2011 年	0.823	0.684	0.853	0.791	0.694	0.667	0.756	0.677	0.679	0.666	0.729
	2012 年	0.837	0.681	0.870	0.794	0.675	0.678	0.778	0.683	0.702	0.676	0.738
	2013 年	0.821	0.656	0.863	0.802	0.649	0.667	0.760	0.683	0.678	0.648	0.723
	2014 年	0.813	0.667	0.869	0.782	0.687	0.654	0.789	0.667	0.695	0.636	0.726
	2015 年	0.804	0.656	0.865	0.777	0.649	0.647	0.781	0.672	0.670	0.591	0.711
	2016 年	0.843	0.706	0.897	0.806	0.712	0.692	0.822	0.720	0.712	0.638	0.755
	2017 年	0.839	0.685	0.883	0.791	0.670	0.670	0.810	0.716	0.685	0.645	0.739
	2018 年	0.850	0.681	0.881	0.805	0.677	0.688	0.806	0.719	0.708	0.687	0.750
	平均	0.829	0.675	0.861	0.789	0.685	0.675	0.780	0.693	0.702	0.650	0.734
经济产出阶段创新效率	2008 年	0.844	0.705	0.888	0.816	0.682	0.689	0.837	0.674	0.681	0.653	0.747
	2009 年	0.863	0.693	0.889	0.826	0.714	0.675	0.866	0.656	0.675	0.611	0.747
	2010 年	0.858	0.702	0.904	0.837	0.716	0.698	0.897	0.678	0.692	0.654	0.764
	2011 年	0.846	0.682	0.894	0.844	0.729	0.689	0.858	0.663	0.671	0.652	0.753
	2012 年	0.853	0.654	0.911	0.846	0.655	0.663	0.861	0.682	0.692	0.680	0.750
	2013 年	0.877	0.657	0.921	0.844	0.649	0.659	0.849	0.697	0.661	0.642	0.746
	2014 年	0.876	0.656	0.920	0.820	0.657	0.640	0.856	0.657	0.661	0.637	0.738
	2015 年	0.881	0.668	0.901	0.820	0.655	0.660	0.819	0.685	0.667	0.636	0.739
	2016 年	0.908	0.717	0.912	0.815	0.761	0.705	0.836	0.709	0.734	0.685	0.778
	2017 年	0.899	0.685	0.887	0.805	0.686	0.671	0.791	0.691	0.653	0.653	0.742
	2018 年	0.915	0.711	0.903	0.836	0.729	0.707	0.820	0.714	0.707	0.773	0.781
	平均	0.875	0.685	0.903	0.828	0.694	0.678	0.845	0.682	0.681	0.662	0.753

第四节 产业创新效率影响因素的实证分析

已有对产业创新绩效影响因素的分析，主要采用面板模型和空间计量模型两种方法。如陈建丽等（2014）、张鸿等（2016）、哈比等（S. Harbi et al.，2009）、卢等（H. Lu et al.，2010）运用面板回归模型或者面板Tobit模型探索企业或高技术产业的创新绩效的影响因素。李永海等2023）、叶阿忠等（2023）、构建空间杜宾模型检验城市绿色全要素生产率的影响效应，陈天宇等（2023）构建空间计量模型检验区域创新能力的具体机制。本节采用面板 Tobit 模型分析创新效率的影响因素，第八章进一步利用空间计量模型讨论创新效率的空间关联。

考虑到创新效率数据是 0～1 之间的截断数据，若采用普通最小二乘法直接对模型进行回归，回归结果会出现偏差。参考余泳泽等（2009）的做法，采用遵循最大似然法概念的 Tobit 模型分析创新效率的影响因素，其数学模型如下：

$$Y_{it} = \alpha_i + \beta X_{it} + \varepsilon_{it}, \quad \underline{c_i} < Y_{it} < \overline{c_i} \tag{5-4}$$

其中，β 为估计参数；$\underline{c_i}$、$\overline{c_i}$ 分别为低截断点和高截断点；Y_{it} 为被解释变量即创新效率；X_{it} 为解释变量；i 为专利密集型行业，t 为年份，ε_{it} 为残差。考虑到三阶段 DEA 计算创新效率时，已经将政府支持和市场竞争程度作为环境变量纳入考虑，空间分析的控制变量中，政府支持和市场竞争程度不再计入解释变量，模型中包含的解释变量为企业规模、人力资本水平、学习和吸收能力、行业盈利能力、产学研合作水平、对外开放水平、研发强度、固定资产投资。多重共线性结果显示，企业规模、人力资本水平、学习和吸收能力、行业盈利能力、产学研合作水平、对外开放水平、研发强度、固定资产投资的方差膨胀因子（Variance Inflation Factor，VIF）值分别为 2.34、9.76、5.54、2.29、8.31、1.63、2.82、2.07，均小于 10，表明不存在多重共线性。

一、创新全过程创新效率的影响因素实证

根据 Hauseman 检验结果，卡方值通过了 1% 的显著性水平检验，采用固定效应模型进行分析。

表 5 – 4 Tobit 回归分析结果显示，创新全过程中行业盈利能力和人力资本水平对创新效率的影响显著为正。在专利密集型行业创新全过程中，行业盈利能力每提高一个百分点，创新效率提高 1.537 个百分点。一般而言，盈利能力较强的行业通常拥有更多的财务资源投入到研发活动中，能够雇用更多的研发人员、购买先进的研发设备和材料，提高创新效率。而且研发活动具有较高的不确定性，需要企业承担一定的风险，高盈利能力的行业往往具有较强的风险承担能力，盈利能力强的企业更有信心和能力承担这些风险，从而在研发阶段进行更多的创新尝试，提高创新效率。人力资本水平每提高一个百分点，创新效率上升 0.622 个百分点，印证了技术创新的本质是人才之间的较量，人力资本的投入强度关系到企业技术创新活动的质量和效率。人力资本通过提高研发创新和获取知识能力提高科技进步与技术效率，从而实现创新绩效的提升（S. Vonortas & A. Tolnay，2001）。研发强度对创新效率的影响显著为负，研发强度每提高一个百分点，创新全过程阶段的创新效率下降 1.121 个百分点，表明过高的研发强度可能导致企业资源过度集中在研发领域，从而忽视了其他重要的经营活动，如市场营销、生产管理等，这可能导致企业整体运营效率下降，进而影响创新效率。而且高研发强度意味着企业进行更多的创新尝试，这自然加剧了它们的创新风险。如果创新项目未能成功转化为商业化产品或服务，企业的创新效率可能会受到影响。

表 5 – 4　　专利密集型产业创新效率影响因素面板 Tobit 回归结果

项目	创新全过程 创新效率	科技研发 阶段效率	经济产出 创新效率
企业规模	0.003 （ – 0.015）	– 0.073 *** （ – 0.012）	– 0.004 （ – 0.012）

续表

项目	创新全过程 创新效率	科技研发 阶段效率	经济产出 创新效率
人力资本水平	0.622 *** （ - 0.049）	0.618 *** （ - 0.053）	0.711 *** （ - 0.05）
学习和吸收能力	- 0.015 （ - 0.019）	0.075 *** （ - 0.024）	- 0.022 （ - 0.024）
行业盈利能力	1.537 *** （ - 0.596）	1.656 ** （ - 0.807）	1.945 *** （ - 0.567）
产学研合作水平	- 0.032 （ - 0.051）	- 0.118 *** （ - 0.032）	- 0.057 （ - 0.038）
对外开放水平	0.126 （ - 0.118）	0.955 *** （ - 0.17）	0.199 （ - 0.147）
研发强度	- 1.121 ** （ - 0.527）	1.588 ** （ - 0.702）	- 1.361 ** （ - 0.667）
固定资产投资	- 0.017 （ - 0.151）	0.334 * （ - 0.192）	- 0.065 （ - 0.152）
Observations	198	198	198

注：括号内为参数估计值的标准误；***、**、*分别表示通过1%、5%、10%的显著性水平检验。

企业规模、对外开放强度对全过程创新效率的影响为正，但是不显著。一般而言，大型企业通常拥有更多的资源，包括资金、人才和技术等，这些资源有助于支持创新活动，但是企业规模扩大带来的管控难度加大、信息传递速度慢、内耗增加等问题会同样影响经济产出阶段创新效率（肖仁桥等，2012）。对外开放能够为企业带来外部知识、技术和市场信息，促进企业与外部环境的互动和学习，但同时企业可能面临技术引进与本土技术融合困难、国际市场竞争激烈等问题，从而对创新效率提升的促进作用不显著。

固定资产投资对全过程创新效率的影响为负，但是不显著。固定资产投资通常被视为推动经济增长和技术进步的重要手段。然而，在某些情况下，固定资产投资可能未能有效转化为创新效率的提升，可能是由于投资结构不合理、资源配置效率低下或投资周期过长等原因造成的。尽管如此，固定资产投资在促进技术进步和经济发展方面仍具有重要作用，关键在于如何优化投资结构，提高投资效率，确保投资能够有效地转化为创新能力和生产力的提升。

学习和吸收能力对全过程创新效率的影响为负，但是不显著。学习和吸收能力对全过程创新效率的影响为负的结论可能与选取技术引进经费和消化吸收经费支出作为代理指标有关，可能是因为无法全面或准确地捕捉到学习和吸收能力的真实水平，比如技术引进经费主要用于购买外部技术，但可能无法全面反映企业对外部知识的吸收和应用能力；此外，学习和吸收能力强调的是对外部知识和信息的获取与理解，但将这些知识和信息有效转化为实际的创新成果并非易事，可能存在转化应用的障碍，如技术难题、市场接受度、资金限制等，这些问题都可能导致创新效率不高。

产学研合作对全过程创新效率的影响为负，但是不显著。企业、高校及科研院所之间的合作旨在促进技术创新和成果转化，但是产学研合作对创新效率的影响可能因多种因素而异，包括合作模式、合作深度、合作主体之间的协调能力等。在某些情况下，产学研合作可能未能充分发挥其潜力，导致创新效率提升不明显。这可能是由于合作双方的目标不一致、信息沟通不畅或知识产权保护不足等原因造成的。尽管如此，产学研合作在促进知识共享、技术转移和人才培养方面具有显著优势，对于提升创新效率具有重要意义（庄涛等，2015）。

二、科技研发阶段创新效率的影响因素实证

根据 Hauseman 检验结果，卡方值通过了 1% 的显著性水平检验，采用固定效应模型进行分析。

表 5-4 Tobit 回归结果显示，人力资本水平、学习和吸收能力、对外开放水平、行业盈利能力、研发强度、固定资产投资与科技研发阶段的创

新效率显著正相关；企业规模和产学研合作水平与科技研发阶段的创新效率显著负相关。

人力资本水平每提高 1 个百分点，科技研发阶段的创新效率上升 0.618 个百分点。人力资本水平的提高意味着企业拥有更多具备专业知识和技能的员工，这些员工能够更有效地参与创新活动，从而提高科技研发阶段的创新效率。

对外开放程度每提高 1 个百分点，科技研发阶段的创新效率上升 0.955 个百分点，说明对于专利密集型产业来说，对外开放有利于在技术交流中催生新技术的萌芽与发展（周江华等，2022）。

行业盈利能力每提高 1 个百分点，科技研发阶段的创新效率上升 1.656 个百分点，这与现有研究结论一致，如卡内利等（G. Cainelli et al.，2015）利用西班牙制造业企业的数据进行研究，发现盈利能力较高的企业有能力作出研发决策并能长期维持研发活动所必要的投资，从而获得竞争优势。周艳菊（2014）等在研究中国沪市 A 股上市高新技术企业的资本结构和技术创新能力之间的关系时，考察了盈利能力对"关系"的调节作用，结果表明盈利能力的"风险基准"降低作用和"激励动机"的提升作用有效地促进了企业的研发投资。

学习和吸收能力每提高 1 个百分点，科技研发阶段的创新效率上升 0.075 个百分点。李贞等（2012）以长三角地区 236 家科技型中小企业为研究对象，探讨了吸收能力、关系学习及知识整合对创新绩效的影响，结果显示，企业创新过程中，需要不断补充新知识，企业的吸收能力越强，就越有可能获取竞争对手的外溢知识，当企业对这些外溢知识进行系统化时，它就能转化为企业的宝贵资源、关键资产和重要生产要素，如此反复，企业所拥有的知识体系越大，即企业的吸收能力越强，就越能将外部知识转化为企业的知识资本，而正是知识资本使得企业的创新成为可能，不断促进企业创新绩效的提高。凯斯勒和查克拉巴蒂（H. Kessler & K. Chakrabarti，1996）的研究同样表明，获取和使用外部有价值的创意和丰富的技术资源是创造价值的有效途径，充分利用别人的新技术可以节省内部研发所需要的时间和资金，减少产品开发的时间，加快创新速度。

研发强度每提高 1 个百分点，科技研发阶段的创新效率就上升 1.588 个百分点。叶等（L. Yeh et al.，2010）研究表明，研发投资强度与企业绩效之间存在倒"U"型关系，当研发投入强度未超过一定范围时，研发投入强度增大会带来同比例企业绩效的提升。王（H. Wang，2011）指出，为了达到企业绩效最大化，存在最优的研发投入；而为了使研发投资对企业绩效有效，存在最低的研发投入阈值。戴小勇等（2013）使用门槛面板数据模型，研究了研发投入强度对企业绩效的影响，研发投入的增加有助于形成足够的技术积累和创新能力，从而对企业绩效产生实质性影响。

固定资产投资每提高 1 个百分点，科技研发阶段的创新效率上升 0.344 个百分点。固定资产投资显著促进科技研发阶段的创新效率，这与越来越多的投资流向了高技术产业和服务业有关。根据《中国统计年鉴》数据，2018 年相比 2017 年，固定资产投资增长 5.9%，其中，科学研究和技术服务业，互联网和相关服务业，计算机、通信和其他电子设备制造业等行业的固定资产投资分别增长 13.6%、37.6%、16.6%，相对较快的高技术产业和服务业的固定资产投资增长为科技研发创造了较好的环境和条件，直接促进了科技研发能力和创新效率的提升。

企业规模与科技研发阶段的创新效率显著负相关。企业规模每提高一个百分点，科技研发阶段的创新效率降低 0.073 个百分点，可能由于企业规模的过大导致了其管理控制能力的降低，或者导致了过度的官僚控制等现象的出现，从而导致企业内耗增加，进而导致了其科技研发阶段创新效率的下降（M. Scherer & D. Ross，1971）。

产学研合作与科技研发阶段的创新效率显著负相关。产学研合作每提高一个百分点，科技研发阶段的创新效率降低 0.118 个百分点，产学研合作未能有效促进创新效率提升的原因可能在于：一是知识成果转化效率低下产学研合作中，知识成果从高校和科研机构向企业转化的效率不高，导致创新资源未能充分发挥作用；二是企业 R&D 能力的影响：企业的 R&D 能力对产学研协同创新的影响存在非线性关系，且企业家精神能够影响这一关系的"拐点"位置；三是政府政策支持：政府的政策支持对产学研协同创新效率有显著的积极影响，但企业战略开放程度和政府资金支持未能有效促进产学研协同创新（黄菁菁，2017）。

三、经济产出阶段创新效率的影响因素实证

根据 Hauseman 检验结果，卡方值通过了 1% 的显著性水平检验，采用固定效应模型进行分析。

表 5 - 4 Tobit 回归结果显示，人力资本水平、行业盈利能力与经济产出阶段的创新效率显著正相关。人力资本水平每提高 1 个百分点，经济产出阶段的创新效率阶段提高 0.711 个百分点，与张等（Q. Zhang et al.，2003）的研究结论一致，他们对中国 33 个产业的研究发现科技人员对新产品销售收入有显著的正向影响。行业盈利能力每提高 1 个百分点，经济产出阶段的创新效率上升 1.945 个百分点，表明行业盈利能力的提高，可以使行业内资产利用效率以及生产经营管理的有效性得到进一步的提升，从而推动创新效率的提升（张西征等，2012）。

研发强度与经济产出阶段的创新效率显著负相关。研发强度每提高 1 个百分点，经济产出阶段的创新效率下降 1.361 个百分点，可能的原因是当研发强度过高时，企业可能会在研发活动中投入过多的资源，导致资源分配不合理，甚至出现浪费现象。这种情况下，虽然研发投入较高，但实际的创新产出效率却较低；而且在某些行业或地区，由于市场竞争激烈，企业可能会过度关注短期内的研发成果，而忽视了长期的技术积累和创新能力的培养，这可能导致企业在研发上的投入无法转化为有效的创新产出；此外，部分研发项目可能需要较长的周期才能实现商业化应用，而过高的研发强度可能导致企业在短期内无法看到明显的创新回报，企业的创新动力可能会减弱，进而影响创新效率。

企业规模、学习和吸收能力、产学研合作水平、固定资产投资与经济产出阶段的创新效率负相关，但是不显著。企业规模的负向影响表明大企业的组织结构可能更加官僚化，不利于创新项目的快速实施和资源的有效分配，对于规模较大且在成熟期的企业，由于已经建立了稳定的市场份额和盈利能力，创新动力可能相对较弱。学习和吸收能力可能因为过度依赖

外部知识而抑制了内部创新能力的培养和发展，这可能导致企业在面对市场变化时缺乏足够的灵活性和创新能力（闪辉、王岚和王钢，2023）；为了克服学习和吸收能力在经济产出阶段的抑制作用，企业需要平衡外部知识的获取与内部创新能力的培养，通过加强内部研发、鼓励员工创新思维以及建立有效的知识共享机制，促进经济产出阶段的创新效率。产学研合作是提高创新能力和创新效率的关键策略与方法，受制于合作方式单一、信息不对称、创新主体多样性不足、创新供给原动力不足等原因，当前中国产、学、研主体间仍面临难以有效协同的困境（Y. Zhang et al.，2016），产学研合作中的知识转移和整合可能不够顺畅，合作双方可能缺乏有效的沟通和协调机制，影响合作效率（裴耀琳和郭金花，2022）。与科技研发阶段相比，固定资产投资在经济产出阶段可能更多地投向了基础设施和房地产等领域，这些领域的投资虽然短期内对经济有拉动作用，但对长期创新效率的提升贡献有限（袁志刚和张冰莹，2020）。

此外，对外开放水平与经济产出阶段的创新效率正相关，但并不显著。因此，需要进一步扩大开放范围，拓展开放领域，不仅包括商品和服务市场开放，还包括资本市场的开放，并涵盖更多的经济领域和行业；同时构建开放型经济新体制，建立公平、透明、有效的市场规则，建设市场化、法治化、国际化一流营商环境，通过优化开放策略来提升创新效率。

四、稳健性检验

第四章的实证结果显示，把创新过程看成"黑箱"，技术效率的提升主要源于规模效率的提升。为了检验创新效率影响因素回归结果的稳健性，用规模效率替换技术效率作为创新效率的代理变量进行 Tobit 回归，表 5 - 5 显示，无论创新全过程还是分阶段的创新效率，回归结果与基准回归保持一致，各个影响因素对创新效率的影响方向与基准回归均相同，除了产学研合作水平、研发强度、固定资产投资在科技研发阶段的影响以及研发强度在经济产出阶段的影响变为不显著外，其他变量的显著性也与基准回归一致，表明回归结果具有稳健性。

表 5 – 5　　　　　专利密集型产业创新效率影响因素稳健性检验结果

项目	创新全过程 创新效率	科技研发 阶段效率	经济产出 创新效率
企业规模	0.001 (− 0.014)	− 0.092 *** (− 0.016)	− 0.006 (− 0.012)
人力资本水平	0.613 *** (− 0.044)	0.556 *** (− 0.063)	0.721 *** (− 0.055)
学习和吸收能力	− 0.008 (− 0.017)	0.090 ** (− 0.041)	− 0.012 (− 0.023)
行业盈利能力	1.254 ** (− 0.535)	1.535 * (− 0.798)	1.894 *** (− 0.517)
产学研合作水平	− 0.02 (− 0.045)	− 0.011 (− 0.034)	− 0.055 (− 0.039)
对外开放水平	0.092 (− 0.118)	0.742 *** (− 0.18)	0.320 ** (− 0.158)
研发强度	− 0.927 * (− 0.475)	0.134 (− 0.766)	− 0.913 (− 0.615)
固定资产投资	0.025 (− 0.122)	0.002 (− 0.22)	− 0.003 (− 0.17)
Observations	198	198	198

注：括号内为参数估计值的标准误；*** 、** 、* 分别表示通过 1% 、5% 、10% 的显著性水平检验。

第五节　本章小结

　　第四章对专利密集型产业的创新效率进行测评，第五章进一步分析专利密集型产业创新效率的影响因素，揭示制约专利密集型产业核心能力提升的瓶颈因素，为寻找提升专利密集型产业创新效率的突破口提供数据支撑。

本章通过梳理已有文献，从宏观、中观和微观三个层面构建产业创新效率的影响因素分析框架。宏观方面反映市场竞争程度、对外开放政策、政府资金支持的影响，中观层面反映研发强度、产学研合作水平、行业盈利水平的影响，微观层面反映企业规模、固定资产投资、学习和吸收能力、人力资本水平的影响。

为了挖掘不同创新阶段的影响因素，用灰色关联分析和 Tobit 回归对产业创新全过程、科技研发阶段和经济产出阶段的创新效率影响因素进行了分析。主要研究结论如下：

第一，创新全过程的创新效率与人力资本水平、市场竞争程度、产学研合作水平、学习和吸收能力以及行业盈利能力的关联度最高。科技研发阶段的创新效率与人力资本水平、市场竞争水平、学习和吸收能力、产学研合作水平、研发强度的关联度最高。经济产出阶段的创新效率与人力资本水平、市场竞争程度、产学研合作水平、学习和吸收能力以及行业盈利能力的关联度最高。可见，无论是把创新过程看成"黑箱"还是将创新过程分为科技研发阶段和经济产出阶段，创新效率与人力资本水平、市场竞争程度和产学研合作水平、学习和吸收能力都高度相关。

第二，剔除掉创新效率计算过程中已经纳入考虑的政府支持和市场竞争程度后进行 Tobit 回归。结果显示，创新全过程中，行业盈利能力、人力资本水平对创新效率的影响显著为正，行业盈利能力、人力资本水平每提高 1 个百分点，创新效率分别上升 1.537 和 0.622 个百分点，研发强度对创新效率的影响显著为负，研发强度每提高 1 个百分点，创新效率下降 1.121 个百分点。科技研发阶段，人力资本水平、学习和吸收能力、对外开放水平、行业盈利能力、研发强度、固定资产投资与科技研发阶段的创新效率显著正相关，回归系数分别为 0.618、0.075、0.955、1.656、1.588、0.334；企业规模和产学研合作水平与科技研发阶段的创新效率显著负相关，回归系数分别为 -0.073 和 -0.118。经济产出阶段，人力资本水平、行业盈利能力与经济产出阶段的创新效率显著正相关。人力资本水平、行业盈利能力每提高 1 个百分点，创新效率分别提高 0.711 和 1.945 个百分点；研发强度与经济产出阶段的创新效率显著负相关，研发强度每提高 1 个百分点，创新效率下降 1.361 个百分点。

第三，科技研发阶段和经济产出阶段两个创新子过程中，人力资本水平、行业盈利能力、对外开放水平都显著促进了创新效率的提升；企业规模、产学研合作水平都在一定程度上抑制了创新效率的提升。因此，企业尤其是研发部门应重视人力资本的培养和引进，通过优化产品结构与定位、降低成本费用、加强市场营销与品牌建设、提高资产运营效率等提高盈利能力；积极参与国际合作以加速技术创新和产品升级。政府应继续加大对人力资本的投资，特别是在高技术行业，同时加大科技企业培育力度、支持企业建设研发机构、鼓励企业开展产学研合作等，以提升企业自主创新能力，通过减轻企业负担、改善营商环境、促进企业转型升级等方式，提升企业的盈利能力和市场竞争力。针对产学研合作中的痛点、利益诉求不同、缺乏有效的协作机制以及资金不足等问题，需要继续探索和完善"赋权＋转让＋约定收益"模式，提高学校科技成果转化时效和效率；深化产学研协同机制，创新人才培养模式，增强内生动力，推动拔尖创新人才培育的质量水平；成立专门的应用研究机构来连接高校院所与企业，作为"科技搬运工"，把基础科研成果转化为企业需要的应用技术，以充分发挥产学研协同创新效应。

第四，研发强度显著促进了科技研发阶段的创新效率，但显著地抑制了经济产出阶段的创新效率。在科技研发阶段，高研发强度意味着企业能够投入更多的资源进行新技术、新产品的研发，从而加速创新过程，提高创新效率。2024 年 4 月 30 日中国证券报数据显示，科创板和北交所上市公司的研发强度远高于 A 股平均水平，这些企业的创新效率也得到了显著提升，如 5G－A 基站、量子计算芯片等硬科技实力的突出表现（中国证券报，2024）①。在经济产出阶段，高研发强度可能导致企业过度关注技术创新而忽视了市场需求和经济效益，这可能导致研发成果难以转化为实际的经济产出，从而抑制了创新效率（陈劲、李根祎和毕溪纯，2023）。因此，企业应根据自身发展阶段和市场环境，灵活调整研发策略，在科技

---

① 《打通堵点难点　当好科技创新排头兵》，载《中国证券报》，2024 年 4 月 30 日。

研发阶段，保持高研发强度以加速技术创新；在经济产出阶段，则应更加注重研发成果的市场转化和经济效益，确保研发活动能够紧密围绕市场需求进行，从而提高创新的经济效益；政府可以通过提供研发补贴、税收优惠等政策，鼓励企业加大研发投入，同时引导企业关注研发成果的市场转化，促进科技创新与经济发展的紧密结合。

第五，学习和吸收能力显著促进了科技研发阶段的创新效率，但抑制了经济产出阶段的创新效率，只是作用不显著。这与创新子过程的特点有关，科技研发阶段主要侧重于技术创新，研发强度主要作用于知识的识别、获取和内化，而经济产出阶段则更多地涉及产品创新和市场创新，这两种创新类型对企业的能力要求不同，吸收能力在技术创新中作用显著，但在产品创新和市场创新中的作用则相对有限（闪辉、王岚和王钢，2023）。经济产出阶段更注重创新成果的转化和市场应用，而不仅仅是知识的吸收和整合，需要将内化的知识转化为实际的产品或服务，并实现市场应用，这一转化过程涉及到更多的市场、管理和运营能力，这一阶段需要企业具备更强的市场洞察力、产品开发和商业化能力（李贞和杨洪涛，2012）。因此，企业在不同创新阶段需要关注不同类型的能力，以实现更高效的创新。

第六，固定资产投资显著促进了科技研发阶段的创新效率，但抑制了经济产出阶段的创新效率，只是作用不显著。固定资产投资为科技创新提供了必要的物质基础，如先进的设备和技术，从而加速了新技术的研发和应用，而且固定资产投资与研发投资之间存在密切的互动关系，共同推动着新质生产力的形成与发展[①]。与科技研发阶段相比，固定资产投资在经济产出阶段可能更多地投向了基础设施和房地产等领域，这些领域的投资虽然短期内对经济有拉动作用，但对长期创新效率的提升贡献有限；而且固定资产投资转化为经济产出需要一定的时间，而这段时间内，投资效率的变化可能会影响最终的创新效率（袁志刚和张冰莹，2020）。由此表明，通过调整固定资产投资的方向和结构，可以更好地平衡其在科技研发和经

---

① 《夯实新质生产力发展基石　构筑经济高质量发展开局》，搜狐网，2024 年 5 月 8 日。

济产出阶段的作用，促进经济的持续健康发展，建议政府和企业加大对研发投入，同时优化投资结构，引导更多投资流向高技术产业和服务业，减少对基础设施和房地产的过度依赖，以提升整体的创新效率和经济产出，促进长期创新效率的提升。

第六章

中国专利密集型产业创新网络
及其空间特征

第四章和第五章定量测度了专利密集型产业的创新绩效水平，从宏观、中观、微观层面探寻了制约我国专利密集型行业创新效率快速提升的主要因素。然而，前述创新绩效的测算侧重从创新投入和创新产出数量进行测度，并没有对创新主体构成、创新模式、创新绩效的空间特征等进行分析。

事实上，不同类型的创新主体的创新行为存在差异。如企业通常有明确的商业目标，其创新投入主要集中在能够带来直接经济效益的技术和产品开发上，其创新的目的是将科技研发阶段的专利产出最终转化为具有市场竞争力的新产品，并成功投放市场，即追求的是科技成果从理论到实践、从实验室到市场的转变；高校的创新投入主要来源于政府资助、科研经费和企业合作，高校通常更注重基础研究和应用研究，以推动学科发展和培养创新型人才，其创新成果主要是科技研发阶段的专利产出，与市场需求存在一定的距离，科技成果转化率并不高；因此，不能忽视创新主体构成与创新产出质量、创新绩效的关联。而且创新模式在一定程度上影响创新绩效。单独创新与合作创新是两种不同的创新模式，根据资源基础理论，资源在企业间是专有性高且不易复制模仿的，企业立足自身优势资源，搜寻与之相匹配的外部资源进行创新合作，能够促进知识的交流、共享和整合，对于难以独立开展技术创新的企业而言，通过合作方式以更低的成本获得外部知识和技术，符合成本最小化原则，而且创新合作可以增强主体间的知识吸收能力，从而提高创新效率。此外，空间分析能够识别创新投入和创新产出在空间上的关联性和空间异质性，揭示隐藏在空间数据背后的信息，有助于理解创新资源的分布和创新活动的模式，为政策制定者制定有效的创新政策提供了依据。

综上所述，探究专利密集型产业的创新绩效及创新路径，有必要深入分析创新主体构成、创新模式及其空间特征。本章考察创新人员和创新资金投入、专利数量和专利质量以及新产品开发项目数和新产品销售收入等创新产出的空间特征，分析创新网络中企业、高等院校、研究所、其他组织和机构对创新绩效的贡献及其空间分布，探讨单独创新和合作创新两类创新模式现状及特征，揭示合作创新网络在省份之间和城市之间的差异，为揭示创新绩效的空间效应及网络效应的提供数据支撑。

需要说明的是，本章的分析以发明专利数据为基础，由于发明专利数量庞大，考虑到数据处理的可能性和可行性，本章以典型的技术密集型行业——通信设备、计算机及其他电子设备制造业为例，分析专利密集型产业创新的空间特征，本章的数据均为通信设备、计算机及其他电子设备制造业数据。

第一节　中国专利密集型产业创新投入和创新产出的空间分布

一、创新投入及其空间特征

（一）创新投入及其变化趋势

创新投入包括人员投入和经费投入两个方面，其中，人员投入用R&D人员全时当量反映，经费投入用R&D项目经费、企业技术获取和技术改造支出构成（技术引进经费、消化吸收经费、购买国内技术经费、技术改造经费等）指标衡量。

从 R&D 人员全时当量来看，2008～2018 年通信设备、计算机及其他电子设备制造业 R&D 人员全时当量呈现上升的趋势。2008 年 R&D 人员全时当量 227616.16 人年，2018 年增加到 552618 人年，平均每年增长 9.28%，2008～2018 年累计 R&D 人员全时当量 4122285.065 人年。

从 R&D 经费内部支出来看，2008～2018 年我国通信设备、计算机及其他电子设备制造业 R&D 经费内部支出呈现上升的趋势。2008 年为 6430495.507 万元，2018 年增加到 17106080.95 万元，平均每年增长 10.28%，2008～2018 年累计支出 113192152.4082 万元。从 R&D 项目经费来看，2008～2018 年通信设备、计算机及其他电子设备制造业 R&D 项目经费呈现快速上升的趋势。2008 年 R&D 项目经费 4142539.80 万元，2018 年增加到 17348462.12 万元，平均每年增长 15.40%，2008～2018 年累计投入 R&D 项目经费 109003331.15 万元。

从企业技术获取和技术改造支出经费来看，2008～2018 年通信设备、计算机及其他电子设备制造业企业技术引进、消化吸收、购买国内技术、技术改造经费支出呈现出先缓慢上升后快速上升的趋势，2008 年四项支出总额为 1878093.18 万元，2018 年上升到 5202246.09 万元，平均每年增长 10.73%。从支出构成来看，企业技术获取和技术改造支出经费支出中，技术引进经费支出和技术改造经费支出占比较大，但是其比重呈现下降的趋势，2008 年用于技术引进和技术改造的经费支出高达 92.99%，2018 年这一比重下降到 71.56%，与此同时，购买国内技术经费的支出比重在波动中呈现明显的上升趋势，2018 年达到 27.67%（见图 6-1）。

（二）创新投入的空间分布及其变化趋势

从 R&D 人员全时当量来看，2008～2018 年通信设备、计算机及其他电子设备制造业 R&D 人员全时当量为 4122285.065 人年。安徽、福建、广东、河南、湖北、江苏、山东、上海和浙江 9 个省份通信设备、计算机及其他电子设备制造业 R&D 人员全时当量水平较高。其中，广东最高，为 705622.365 人年，占比 17.12%；其次是江苏，R&D 人员全时当量为

652037.899 人年，占比 15.82%；浙江省排第三，R&D 人员全时当量为 468073.499 人年，占比 11.35%（见图 6-2）。

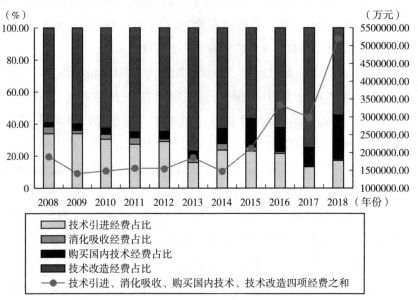

图 6-1　企业技术获取和技术改造支出

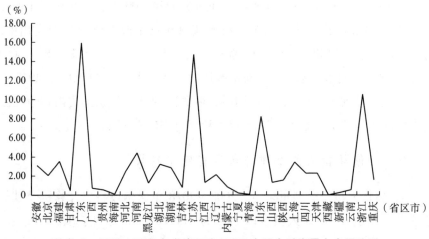

图 6-2　2008～2018 年各省区市 R&D 人员全时当量占全国比重

分阶段来看（见图 6-3），在 2008～2012 年和 2013～2017 年两个阶

段，广东、江苏和浙江 3 个省份通信设备、计算机及其他电子设备制造业 R&D 人员全时当量占比较高，位列前三。相比于 2008 ~ 2012 年，2013 ~ 2017 年广东、江苏和浙江 R&D 人员全时当量比重呈现不断上升的趋势：2008 ~ 2012 年，通信设备、计算机及其他电子设备制造业 R&D 人员全时当量 1759711.0427 人年，其中广东为 246701.357 人年，占比 14.02%，排名第一；其次是江苏 220291.157 人年，占比 12.52%，排名第二；浙江为 150086.057 人年，占比 8.53%。2013 ~ 2017 年通信设备、计算机及其他电子设备制造业 R&D 人员全时当量增加到 2118174.5 人年，其中江苏 R&D 人员全时当量上升为第一，拥有 347307.186 人年，占比 16.40%，相比 2008 ~ 2012 年的增幅最大，增长了 3.88%；其次是广东，R&D 人员全时当量为 343632.922 人年，占比 16.22%，增长了 2.20%；浙江 R&D 人员全时当量为 244926.177 人年，占比 11.56%，增加了 3.03%，排在第三。

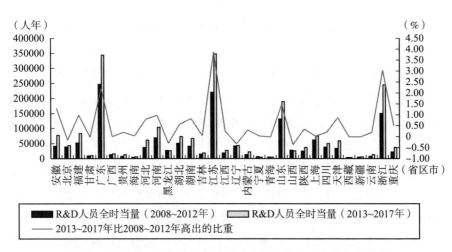

图 6 - 3　2008 ~ 2017 年各省区市 R&D 人员全时当量变化趋势

从 R&D 经费内部支出来看，2008 ~ 2018 年我国通信设备、计算机及其他电子设备制造业 R&D 经费内部支出为 113192152.408 万元，安徽、福建、广东、河南、湖北、湖南、江苏、山东、上海和浙江 10 个省区市的 R&D 经费内部支出相对较高。其中，江苏 R&D 经费内部支出

18010641.465 万元，占比最高，为 15.91%；其次是广东，R&D 经费内部支出 17895195.602 万元，占比 15.81%；山东排第三，占比 12.92%，R&D 经费内部支出为 14628762.155 万元（见图 6-4）。

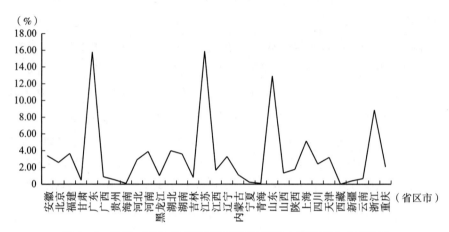

图 6-4 2008~2018 年各省区市 R&D 经费内部支出占全国比重

分阶段来看（见图 6-5），2008~2012 年和 2013~2017 年两个阶段中，广东、江苏、山东通信设备、计算机及其他电子设备制造业 R&D 经费内部支出占比最大，位列前三。相比 2008~2012 年，2013~2017 年 3 个省份 R&D 经费内部支出均呈现上升趋势，但占比都有所下降。2008~2012 年，江苏 R&D 经费内部支出为 5167494.312 万元，占比最高，为 18.04%；其次是广东，其 R&D 经费内部支出为 4853920.934 万元，占比为 16.95%；山东排在第三，R&D 经费内部支出 4093707.5266 万元，占 14.29%。2013~2017 年，广东 R&D 经费内部支出规模上升到全国第一，为 10128785.855 万元，但占比下降了 1.75%，为 15.20%；其次是江苏，R&D 经费内部支出 10044940.185 万元，占比为 15.07%，在全国 31 个省区市中，其比重下降幅度最大，下降了 2.97%；山东 R&D 经费内部支出为 8574466.142 万元，排名第三，占比为 12.87%，相比 2008~2012 年下降了 1.43%。

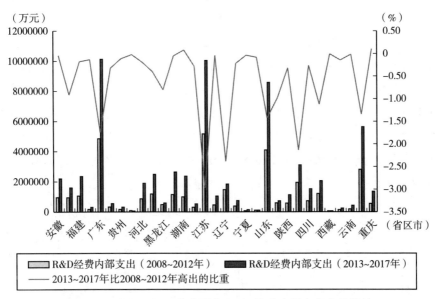

图 6 – 5　2008～2017 各省区市 R&D 经费内部支出变化趋势

从技术改造经费支出来看，2008～2018 年，我国通信设备、计算机及其他电子设备制造业技术改造经费支出为 14649476.500 万元，安徽、福建、广东、河北、河南、江苏、辽宁、山东、上海、四川和浙江等省区市的技术改造经费支出规模较大；其中，江苏技术改造经费支出为 2171547.442 万元，在全国占比最高，为 14.82%；其次是山东，其技术改造经费支出为 1142944.574 万元，占比为 7.80%；广东技术改造经费支出为 1137904.324 万元，占比为 7.77%，排在第三（见图 6 – 6）。

分阶段来看（见图 6 – 7），2008～2012 年，江苏、山东和浙江通信设备、计算机及其他电子设备制造业的技术改造经费支出占比最高，2013～2017 年，江苏、山东和广东占比最高。相较于 2008～2012 年，2013～2017 年除了湖南、宁夏、新疆 3 个省区市的技术改造经费支出有所下降外，其余 28 个省区市均有所上升。2008～2012 年，我国通信设备、计算机及其他电子设备制造业技术改造经费支出为 3977414.324 万元，其中，江苏技术改造经费支出为 559946.030 万元，占比为 14.08%，排名第一；其次是山东，技术改造经费支出为 285789.357 万元，占比为 7.19%；浙江技术改造经费支出为277000.873万元，占比为6.96%，排在第三。2013～2017年，我国通信设备、计算机及其他电子设备制造业技术改造经费支出增加到7842474.568万元，江苏仍位列第一，技术改造经费支出为1259561.838万元，占比为16.06%，相比2008～2012年提高了1.98%；山东仍排第二，技术改造经费支出为650404.009万元，占比为8.29%，相比2008～2012年提高了1.11%；广东技术改造经费支出为564603.5399万元，占比为7.20%，相比2008～2012年增加了2.75%，其增幅仅次于福建（增长2.79%）。

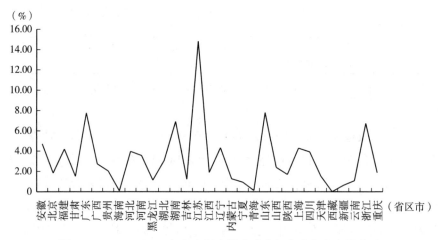

图6-6 2008～2017年各省区市技术改造经费支出占全国比重

二、创新产出及其空间分布

根据创新的阶段性，创新分为科技研发阶段和经济成果转化阶段，用发明申请和发明授权专利数衡量科技研发阶段的创新产出数量，用发明申请和发明授权的权利要求平均数、被引证次数平均数衡量科技研发阶段的创新产出质量，用新产品开发项目数和新产品销售收入作为经济产出阶段的创新产出，衡量科技研发成果的转化和应用效果。

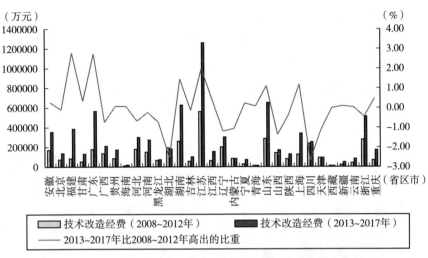

图 6 - 7　2008～2017 各省区市技术改造经费支出变化趋势

（一）创新产出及其变化趋势

从发明申请专利数来看，2008～2017 年通信设备、计算机及其他电子设备制造发明申请数呈现快速上升的趋势。2008 年申请发明专利 10688 件，2017 年增加到 38672 件，平均每年增长 15.36%，2008～2017 年累计申请 265101 件（见图 6 - 8）。

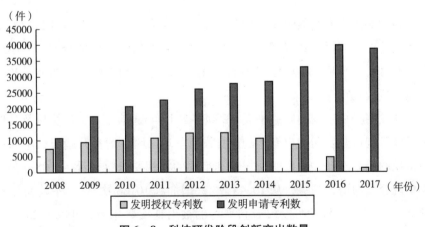

图 6 - 8　科技研发阶段创新产出数量

从发明申请专利的质量来看，2008～2017 年通信设备、计算机及其他电子设备制造业发明申请专利的质量呈现下降的趋势。2008 年发明申请专利平均的权利要求数和被引证次数分别为 12.39 次/件和 4.79 次/件，2017 年分别为 12.08 次/件和 0.027 次/件，平均每年分别下降 0.28% 和 43.79%（见图 6 - 9）。

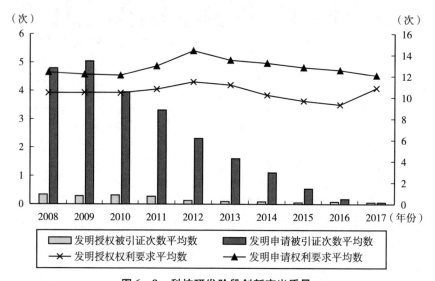

图 6 - 9　科技研发阶段创新产出质量

从发明授权专利数来看，2008～2017 年通信设备、计算机及其他电子设备制造业发明授权数呈现先上升后快速下降的趋势。2008 年授权发明专利 7341 件，2017 年减少到 1280 件，平均每年减少 17.64%，2008～2017 年累计授权 87096 件。

从发明授权专利的质量来看，2008～2017 年通信设备、计算机及其他电子设备制造业发明授权专利的质量没有呈现出明显的上升趋势，不同指标呈现的趋势不同，从发明授权专利平均的权利要求数来看，2008～2017 年呈现轻微的增长趋势，从 10.45 次/件增加到 10.88 次/件，平均每年分别上升 0.44%；从发明授权专利平均的被引证次数来看，2008～2017 年呈现显著的下降趋势，从 0.34 次/件下降到 0.027 次/件，平均每年分别下降 24.40%。

从新产品开发项目数来看，2008～2018 年通信设备、计算机及其他电子设备制造业新产品开发项目呈现快速上升的趋势。2008 年新产品开发项目为 26982 件，2018 年增加到 64306 件，平均每年增长 9.07%。

从新产品销售收入来看，2008～2018 年通信设备、计算机及其他电子设备制造业新产品的销售收入呈现上升的趋势。2008 年通信设备、计算机及其他电子设备制造业新产品的销售收入为 72059659.698 万元，2018 年新产品销售收入增加到 336089565.714 万元，平均每年增长 16.65%。

（二）　创新产出的空间分布及其变化趋势

从新产品开发项目数来看，2008～2018 年我国通信设备、计算机及其他电子设备制造业新产品开发项目数为 424172 件，北京、广东、江苏、山东、上海、天津和浙江新产品开发项目数相对较多。其中，广东新产品开发项目数最多，为 67092 件，占比为 15.82%；其次是江苏，新产品开发项目数为 65073 件，占比为 15.34%；浙江排第三，新产品开发项目数为 61707 件，占比 14.55%（见图 6－10）。

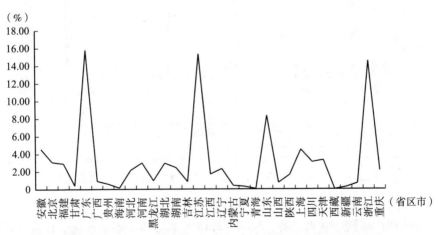

图 6－10　2008～2018 年各省区市新产品开发项目数占全国比重

分阶段来看（见图6-11），相较于2008~2012年，2013~2017年我国通信设备、计算机及其他电子设备制造业新产品开发项目数增加到220360件，广东、江苏和浙江的规模及其在全国的比重上升幅度最大。2008~2012年，广东新产品开发项目数为17845件，占比为12.79%，排名第一，2013~2017年广东新产品开发项目数为35250件，占比为16.00%，排名第二，其在全国的比重上升幅度最大，上升了3.20%；江苏2008~2012年新产品开发项目数为20219件，占比为14.49%，排名第二，2013~2017年新产品开发项目数为35532件，占比为16.12%，位列全国第一，其在全国的比重上升了1.63%；浙江2008~2012年新产品开发项目数为18785件，占比为13.47%，2013~2017年新产品开发项目数为32845件，占比为14.91%，相比2008~2012年，其在全国的比重上升了1.44%。

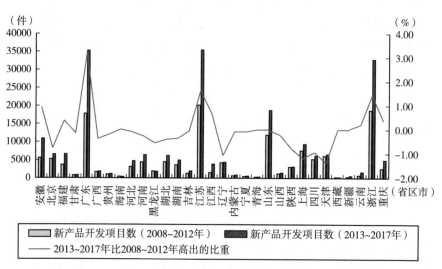

图6-11　2008~2017年各省区市新产品开发项目数变化趋势

从新产品销售收入来看，2008~2018年，各省份通信设备、计算机及其他电子设备制造业新产品销售收入总计2206619793.195万元，北京、广东、河南、湖北、湖南、江苏、山东、上海、天津、浙江等新产品销售收入水平相对较高，其中，广东新产品销售收入为 349438157.480 万元，占比最高，为 15.84%；其次是江苏，其新产品销售收入为 334734046.156 万元，占比为 15.17%；浙江排第三，其新产品销售收入为 249081322.067 万元，占比为 11.29%（见图 6 – 12）。

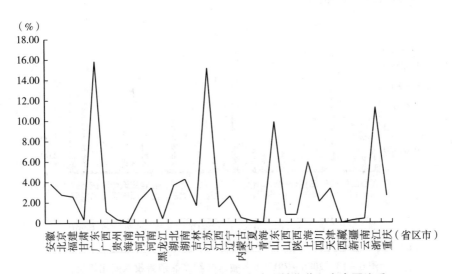

图 6 – 12　2008 ~ 2017 年各省区市新产品销售收入占全国比重

分阶段来看（见图 6 – 13），2008 ~ 2012 年，31 个省区市通信设备、计算机及其他电子设备制造业新产品销售收入为 580050367.906 万元，其中江苏、广东、山东规模最大，占比位列前三。2013 ~ 2017 年，31 个省区市通信设备、计算机及其他电子设备制造业新产品销售收入为 1290479859.576 万元，广东、江苏、浙江位列前三。与 2008 ~ 2012 年相比，2013 ~ 2017 年广东、江苏、浙江的新产品销售收入占比呈上升趋势，广东 2008 ~ 2012 年新产品销售收入为 77675937.971 万元，占比为 13.39%，2013 ~ 2017 年阶段上升到 204617217.637 万元，比重上升到 15.86%；江苏 2008 ~ 2012 年新产品销售收入为 82699159.867 万元，占比为 14.26%，2013 ~ 2017 年上升到 203563824.676 万元，比重上升到 15.77%；浙江 2008 ~ 2012 年新产品销售收入为 57319533.255 万元，占比为9.88%、2013~2017年新产品销售收入上升到152016153.185万元，比重上升至11.78%。同期，山东新产品销售收入规模上升但是在全国的比重却有所下降，2008~2012年其新产品销售收入为64817025.329万元，占比为11.17%、2013~2017年新产品销售收入上升到127230366.430万元，比重下降为9.86%。

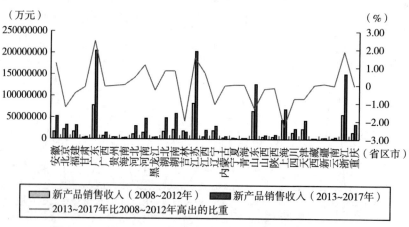

图6-13 2008~2017年各省区市新产品销售收入变化趋势

第二节 中国专利密集型产业创新主体、创新模式及其空间分布

创新是个复杂的系统工程，不同的经济主体具有不同的知识、技术等方面的优势，创新不能靠单打独斗，只有通过合作整合不同主体的创新资源和要素，才能形成强大的创新合力，因此，本节在分析创新主体类型的基础上，分别分析了创新主体的独立创新和合作创新模式。

一、创新主体类型

从发明申请和发明授权两个方面看创新主体及其变化趋势。

2008～2017 年，通信设备、计算机及其他电子设备制造业发明申请专利数迅速增加，从 2008 年的 10688 件上升到 38672 件，平均每年增长 15.36%，2008～2017 年累计申请发明专利 265101 件。从申请人数量来看，2008～2017 年通信设备、计算机及其他电子设备制造业以独立申请为主，独立申请专利数 227647 件，占 85.87%，合作申请专利数 37454 件，占 14.13%。从变化趋势来看，2008～2017 年，合作申请发明专利数呈现先上升后下降的趋势，从 2174 件上升到 5884 件再下降至 2810 件，但是合作申请的比重呈现出不断下降的趋势，2008 年为 20.34%，2017 年下降到 7.27%。由此表明，2008～2017 年通信设备、计算机及其他电子设备制造业的发明专利的申请以独立申请为主，而且独立申请的比重不断上升（见图 6-14）。

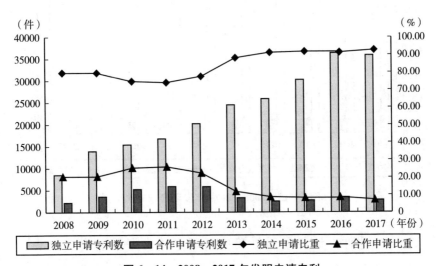

图 6-14 2008～2017 年发明申请专利

2008～2017 年，通信设备、计算机及其他电子设备制造业发明授权专利数呈现先上升后下降的趋势，从 2008 年的 7341 件上升到 2013 年的 12308 件，然后又下降到 2017 年的 1280 件，平均每年下降 17.64%，2008～2017 年累计授权发明专利 87096 件。从申请人数量来看，2008～

2017年通信设备、计算机及其他电子设备制造业以独立授权为主,独立申请的发明授权专利数78727件,占90.39%,合作申请的发明授权专利数8369件,占9.61%。从变化趋势来看,2008~2017年合作申请的授权专利呈现先上升后下降的趋势,从866件上升到1203件再下降至118件,但是合作申请的授权专利的比重呈现出下降的趋势,2008年为11.80%,2017年下降到9.22%。由此表明,2008~2017年通信设备、计算机及其他电子设备制造业的发明专利的授权以独立申请的发明授权专利为主,而且独立申请的发明授权专利的比重略微上升(见图6-15)。

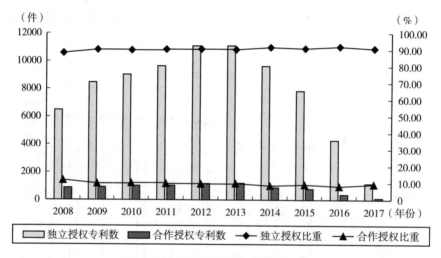

图6-15 2008~2017年发明授权专利

(一) 发明申请和发明授权的创新主体类型及其变化趋势

将专利申请人的类型分为企业(C)、研究所(R)、高等院校(U)、个人(P)、其他机构和组织(O),部分专利申请人信息空缺或填写不够规范无法识别具体的类型(D)。

2008~2017年,通信设备、计算机及其他电子设备制造业共有265101件发明申请专利,剔除掉专利信息中未填写申请主体类型的721件专利后,剩余264380件申请专利中,216238件是企业申请,占比为

81.79%，其次是高等院校，申请专利 19941 件，占比为 7.54%，个人申请排第三，占比为 6.90%（见图 6 – 16）。

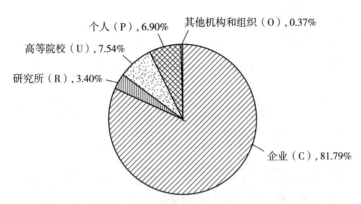

图 6 – 16　2008～2017 年发明申请专利的主体类型构成

分阶段来看（见图 6 – 17），通信设备、计算机及其他电子设备制造业发明申请专利的主体类型中，企业、高等院校和个人在 2008～2012 年和 2013～2017 年两个阶段的比重都相对较大，但是各主体类型的排序有一定的变化，企业申请数量两个阶段均排第一，高等院校和个人申请专利占比呈现相反的变化趋势。相比 2008～2012 年，2013～2017 年高等院校的比重呈现不断上升的趋势，企业和个人的比重呈现不断下降的趋势：2008～2012 年，通信设备、计算机及其他电子设备制造业发明申请专利为 95766 件，剔除掉专利信息中未填写申请主体类型的 245 件专利后，剩余 97321 件申请专利中，80544 件是企业申请，占 82.76%，其次是个人，申请专利 6945 件，占比 7.14%，高等院校申请专利 6102 件，占比为 6.27%。2013～2017 年，通信设备、计算机及其他电子设备制造业发明申请专利总数增加到 167535 件，剔除掉专利信息中未填写申请主体类型的 473 件专利后，剩余 167062 件申请专利中，其中企业申请增加到 135694 件，但是占比下降了 1.54%，高等院校申请专利增加到 13839 件，占比增加了 2.01%，个人申请占比下降了 0.37%。

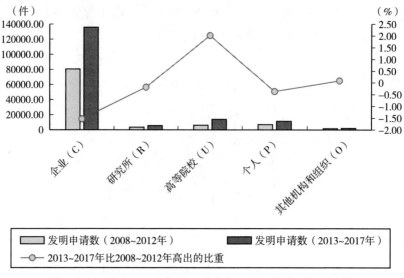

图 6 – 17　2008～2017 年发明申请专利的主体类型变化趋势

2008～2017 年，通信设备、计算机及其他电子设备制造业 87096 件发明授权专利，剔除掉专利信息中未填写专利权人类型的 1024 件专利后，剩余 86072 件专利，其中，68905 件来自企业，占 80.06%，其次是高等院校，授权专利 9205 件，占比为 10.69%，研究所排第三，占比为 5.59%（见图 6 – 18）。

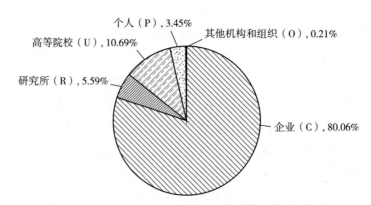

图 6 – 18　2008～2017 年发明授权专利的主体类型构成

　　分阶段来看（见图 6 – 19），通信设备、计算机及其他电子设备制造业发明授权专利的主体类型中，2008～2012 年和 2013～2017 年两个阶段，企业、高等院校和研究所比重最大，各主体类型的排序在两个阶段均没有变化，企业授权数量两个阶段均排第一，高等院校和研究所授权专利占比呈现相反的变化趋势。相比 2008～2012 年，2013～2017 年高等院校的比重呈现不断上升的趋势，企业和研究所的比重呈现不断下降的趋势：2008～2012 年，通信设备、计算机及其他电子设备制造业发明授权 49687 件专利，剔除掉专利信息中未填写专利权人类型的 143 件专利后，剩余 49544 件专利，其中，40855 件来自企业，占 82.46%，其次是高等院校，申请专利 4021 件，占比 8.12%，研究所申请专利 3042 件，占比为 6.14%。2013～2017 年，通信设备、计算机及其他电子设备制造业发明授权专利总数减少到 37409 件，剔除掉专利信息中未填写专利权人类型的 881 件专利后，剩余 36528 件专利，其中，企业授权专利减少到 28050 件，占比下降了 5.67%，高等院校授权专利增加到 5184 件，占比增加了 6.08%，研究所授权专利占比下降了 1.30%。

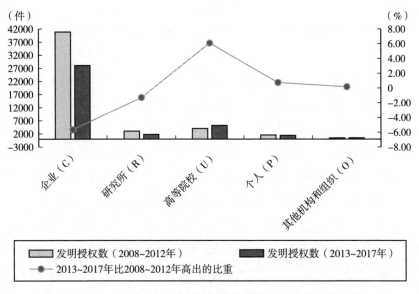

图 6 – 19　2008～2017 年发明授权专利的主体类型变化趋势

（二）独立申请专利的创新主体类型及其变化趋势

2008~2017年，通信设备、计算机及其他电子设备制造业独立申请227647件专利，剔除掉专利信息中未填写申请主体类型的691件专利后，剩余226956件申请专利中，183915件是企业申请，占81.04%，其次是高等院校，申请专利18763件，占比为8.27%，个人申请排第三，占比为6.80%（见图6-20）。

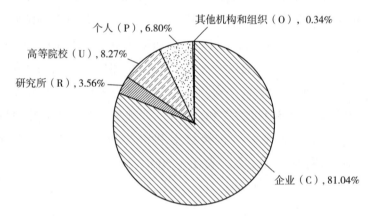

图6-20　2008~2017年独立申请专利的主体类型构成

分阶段来看（见图6-21），通信设备、计算机及其他电子设备制造业独立申请专利的主体类型中，2008~2012年和2013~2017年两个阶段，各主体类型的排序均没有变化，企业申请数量均排第一，其次是高等院校，个人申请数量排第三。相比2008~2012年，2013~2017年独立申请的专利中，企业、高等院校和个人比重最大，而且高等院校的比重呈现不断上升的趋势，企业和个人的比重呈现不断下降的趋势：2008~2012年，通信设备、计算机及其他电子设备制造业独立申请74874件专利，剔除掉专利信息中未填写申请主体类型的226件专利后，剩余74648件申请专利中，60922件是企业申请，占81.61%，其次是高等院校，申请专利5468件，占比为7.33%，个人申请排第三，占比为6.94%。2013~2017年，通信设备、计算机及其他电子设备制造业发明申请人独立申请的专利总数增加到 152773 件，剔除掉专利信息中未填写申请主体类型的 465 件专利后，剩余 152308 件申请专利中，企业申请增加到 122993 件，但是占比下降了 0.86%，高等院校申请专利增加到 13295 件，占比增加了 1.4%，个人申请占比下降了 0.21%。

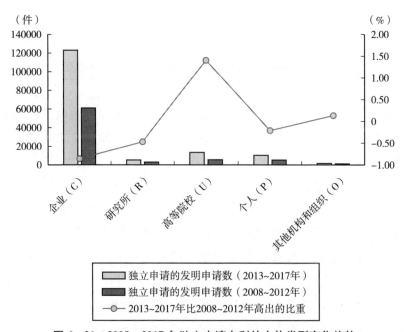

图 6 - 21　2008 ~ 2017 年独立申请专利的主体类型变化趋势

2008 ~ 2017 年，通信设备、计算机及其他电子设备制造业独立申请的发明授权专利 78727 件，剔除掉专利信息中未填写专利权人类型的 1005 件专利后，剩余 77722 件专利，其中，61965 件来自企业，占 79.73%，其次是高等院校，授权专利 8472 件，占比为 10.90%，研究所排第三，占比为 5.86%（见图 6 - 22）。

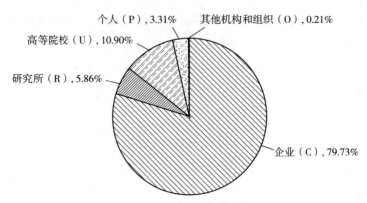

个人（P），3.31%　　其他机构和组织（O），0.21%

高等院校（U），10.90%

研究所（R），5.86%

企业（C），79.73%

图6－22　2008～2017年独立申请的授权专利主体类型

分阶段来看（见图6－23），通信设备、计算机及其他电子设备制造业独立申请的授权专利主体类型在2008～2012年和2013～2017年两个阶段的排序均没有变化，企业授权数量和占比均排第一，其次是高等院校，研究所申请数量排第三。相比2008～2012年，2013～2017年独立申请的授权专利中，企业、高等院校和研究所比重最大，而且高等院校的比重呈现不断上升的趋势，企业和研究所的比重呈现不断下降的趋势：2008～2012年，通信设备、计算机及其他电子设备制造业发明授权人单独申请44685件专利，其中，剔除掉专利信息中未填写专利权人类型的140件专利后，剩余44545件专利，其中，36700件是企业申请，占82.39%，其次是高等院校，申请专利3554件，占比为7.98%，研究所申请排第三，占比为6.53%。2013～2017年，通信设备、计算机及其他电子设备制造业发明授权人独立申请的专利总数减少到34042件，剔除掉专利信息中未填写专利权人类型的865件专利后，剩余33177件专利，其中，企业减少到25265件，占比下降了6.24%，高等院校增加到4918件，占比增加了6.85%，研究所申请占比下降了1.57%。

（三）合作申请专利的创新主体类型及其变化趋势

2008～2017年，通信设备、计算机及其他电子设备制造业合作申请37454件专利，其中，剔除掉专利信息中未填写申请主体类型的30件专利

后，剩余 37424 件申请专利中，企业作为第一申请人的合作专利有 32323
件，占合作申请专利的 86.37%；个人作为第一申请人的合作专利有 2818
件，占 7.53%，排在第三的是高等院校作为第一申请人的合作专利，占
3.15%。在合作对象的选择上，不同类型的主体的选择呈现明显的差异，
44.25% 的企业选择与企业合作申请专利，而研究所、高等院校、其他机
构和组织选择与自身同类型的主体合作申请专利的比重非常低，分别为
8.77%、4.33% 和 0，表明研究所、高等院校和其他机构和组织主要通过
与异质性的主体进行合作创新，与此相反的是，个人更倾向于与同类型的
主体合作申请专利（见图 6 - 24）。

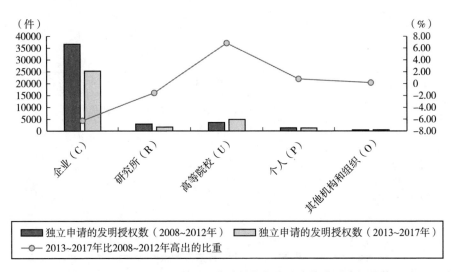

图 6 - 23　2008 ~ 2017 年独立申请的授权专利主体类型变化趋势

　　通信设备、计算机及其他电子设备制造业合作申请专利的主体类型构
成在 2008 ~ 2012 年和 2013 ~ 2017 年两个阶段均没有明显的变化，各主体
类型的排序基本保持稳定，企业合作申请专利数量和占比均排第一，其次
是个人合作申请，高等院校排第三。从变化趋势来看，企业合作申请专利
的专利占合作申请专利的比重略微下降，从 86.54% 下降到 86.09%，下
降了 0.46 个百分点；个人合作申请专利占比也呈现下降趋势，从 7.78% 下

降到 7.14%，下降了 0.64 个百分点，相反，高等院校合作申请专利的占比有所提升，从 2.80% 上升到 3.69%，上升了 0.89 个百分点（见图 6-25）。

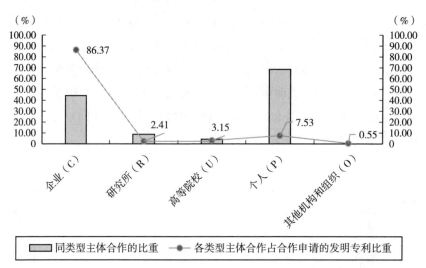

图 6-24　2008～2017 年合作申请专利的主体类型构成

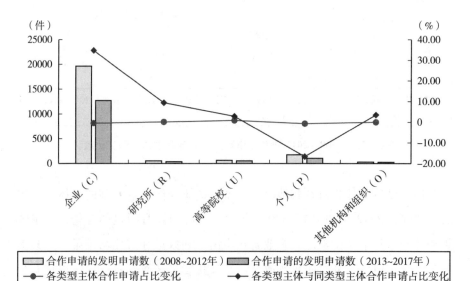

图 6-25　2008～2017 年合作申请专利的主体类型变化趋势

　　通信设备、计算机及其他电子设备制造业合作申请专利的合作对象选择在 2008～2012 年和 2013～2017 年两个阶段均出现了明显的变化。从不同类型主体的对比来看，不同类型创新主体选择合作对象存在明显的差异。2008～2012 年，74.72% 的个人选择与同类主体即个人合作申请专利，而选择与同类主体即企业合作申请专利的企业仅占 30.59%，研究所、高等院校和其他机构和组织选择与自身同类型的主体合作申请专利的比重更低，分别为 4.90%、3.00% 和 0，表明企业、研究所、高等院校和其他机构及组织主要通过与异质性的主体进行合作创新，个人更倾向于与同类型的主体合作申请专利。2013～2017 年，65.35% 的企业选择与企业合作申请专利，58.06% 的个人选择与个人合作申请专利，而研究所、高等院校选择与自身同类型的主体合作申请专利的比重分别上升了 9.43% 和 2.89%。从各类型创新主体选择与同类型主体进行合作创新的比重变化来看，相比 2008～2012 年，越来越多的企业、研究所、高等院校和其他机构和组织选择与同类型的主体进行合作创新。

　　2008～2017 年，在通信设备、计算机及其他电子设备制造业发明授权专利中，8369 件专利是合作申请的，剔除掉专利信息中未填写专利权人类型的 19 件专利后，剩余 8350 件专利，其中，企业作为第一申请人的授权专利有 6940 件，占授权专利的 83.11%；高等院校作为第一申请人的授权专利有 733 件，占 8.78%，排在第三的是个人作为第一申请人的授权专利，占 4.74%。在合作对象的选择上，不同类型主体的选择呈现明显的差异，以企业为第一申请人的授权的合作专利，90.63% 是企业与企业合作申请，以个人为第一申请人的授权的合作专利，89.90% 是个人与个人合作申请，而以研究所、高等院校、其他机构和组织为第一申请人的授权的合作专利，其与自身同类型的主体合作申请的比重非常低，分别为 12.84%、5.32% 和 0，表明授权的合作专利一方面主要来自研究所、高等院校、其他机构和组织与异质性的主体合作创新，另一方面来自个人、企业与同类型的主体合作创新（见图 6-26）。

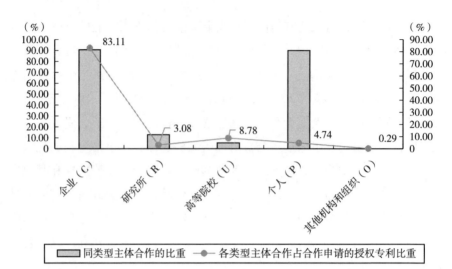

图 6 – 26 2008 ~ 2017 年合作申请的授权专利主体类型构成

通信设备、计算机及其他电子设备制造业授权的合作申请专利中，合作主体类型构成在 2008 ~ 2012 年和 2013 ~ 2017 年两个阶段均没有明显的变化，各主体类型的排序基本保持稳定，企业合作申请的授权专利无论是数量还是占比均排第一，其次是高等院校合作申请的授权专利，个人合作申请的授权专利排第三，从变化趋势来看，企业合作申请的授权专利占授权的合作专利的比重略微下降，从 83.12% 下降到 83.11%，下降了 0.01个百分点；高等院校合作申请的授权专利占比也呈现下降趋势，从 9.34%下降到 7.94%，下降了 1.40 个百分点，相反，个人合作申请的授权专利的占比有所提升，从 4.64% 上升到 4.89%，上升了 0.25 个百分点。

通信设备、计算机及其他电子设备制造业授权的合作申请专利中，合作对象选择在 2008 ~ 2012 年和 2013 ~ 2017 年两个阶段均出现了明显的变化。从不同类型主体的对比来看，不同类型创新主体选择合作对象存在明显的差异。2008 ~ 2012 年，以企业为第一申请人的授权专利中，91.72%是企业与同类主体即企业合作申请，以个人为第一申请人的授权专利中，87.07% 是个人与同类主体即个人合作申请，而以研究所、高等院校、其他机构和组织为第一申请人的授权专利中，属于同类型主体合作申请专利占比分别为 10.45%、3.64% 和 0，表明这一阶段的授权的合作专利，一方面来自研究所、高等院校、其他机构和组织与异质性的主体合作创新，另一方面来自个人、企业与同类型的主体合作创新。2013～2017年，以企业为第一申请人的授权专利中，89.01% 是企业与同类主体即企业合作申请，以个人为第一申请人的授权专利中，93.90% 是个人与同类主体即个人合作申请，而以研究所、高等院校、其他机构和组织为第一申请人的授权专利中，属于同类型主体合作申请专利占比分别为 15.45%、8.27% 和 0。相比 2008～2012 年及 2013～2017 年以企业、研究所、高等院校、个人、其他机构和组织为第一申请人的授权专利中，其与同类型主体进行合作创新的比重分别上升了 – 2.71%、5.00%、4.63%、6.83%、0，表明越来越多的研究所、高等院校、个人选择与同类型主体进行合作（见图 6 – 27）。

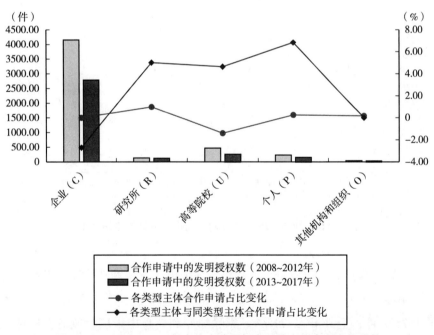

图 6 – 27　2008～2017 年合作申请授权专利的主体类型变化趋势

二、创新主体的空间分布

区域创新存在一定的差异，为了了解创新的区域分布，对发明申请和发明授权专利的空间分布进行分析。

（一）发明申请的创新主体空间分布

1. 发明申请的创新主体空间分布

2008～2017 年，通信设备、计算机及其他电子设备制造业 265101 件发明申请专利，剔除掉专利信息中未填写申请人地址的 73186 件专利后，剩余 191915 件专利，其中，70854 件来自广东，占 36.92%，其次是北京，申请专利 30504 件，占比为 15.89%，江苏排第三，占比为 10.31%（见图 6-28）。

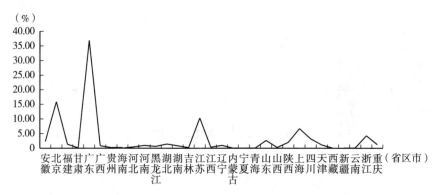

图 6-28 2008～2017 年发明专利申请主体的空间分布

分阶段来看，通信设备、计算机及其他电子设备制造业发明专利申请呈现明显的上升趋势，从 2008～2012 年的 97566 件上升到 2013～2017 年的 167535 件，上升了 71.715%。剔除掉专利信息中未填写申请人地址的专利后，31 个省区市的均值从 2008～2012 年的 2058 件上升到 2013～2017 年的 3859 件，表明 31 个省区市发明专利申请的平均水平明显上升。变异系数从 2008 ~ 2012 年的 2.783 下降到了 2013 ~ 2017 年的 2.077，表明各省区市的差异在缩小，但是变异系数大于 1，表明存在极端值或异常值。为了剔除异常值的影响，用四分位距反映各省区市发明申请专利数的离散程度，结果显示，2008 ~ 2012 年，第一四分位数为 80，第三四分位数为 845，四分位距为 765，表明有 50% 的省区市的发明专利申请在 80 ~ 845 之间；2013 ~ 2017 年，第一四分位数为 248，第三四分位数为 3208，四分位距为 2960，表明有 50% 的省区市的发明专利申请在 248 ~ 3208 之间（见图 6 - 29）。

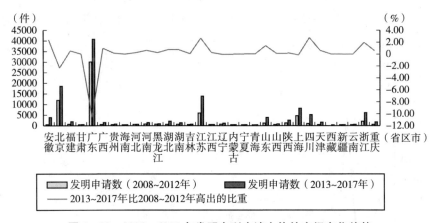

图 6 - 29　2008 ~ 2017 年发明专利申请主体的空间变化趋势

通信设备、计算机及其他电子设备制造业发明专利的申请主体，来自广东、北京和江苏的比重最大。其中，广东申请的专利在 2008 ~ 2012 年和 2013 ~ 2017 年两个阶段均位列全国第一，北京排名第二，江苏排名第三。北京和江苏申请专利占比呈现相反的变化趋势，相比 2008 ~ 2012 年，2013 ~ 2017 年北京和广东申请专利的比重呈现不断下降的趋势，江苏的比重呈现不断上升的趋势。2008 ~ 2012 年，通信设备、计算机及其他电子设备制造业发明申请 95766 件专利，剔除掉专利信息中未填写申请人地址的 28737 件专利后，剩余 68829 件专利，其中，30083 件来自广东，占比为 43.71%，其次是北京，申请专利 11956 件，占比 17.37%，江苏申请专利

5918 件，占比为 8.60%。2013～2017 年，通信设备、计算机及其他电子设备制造业发明申请专利总数增加到 167535 件，剔除掉专利信息中未填写申请人地址的 44449 件专利后，剩余 123086 件专利，其中，来自广东的专利增加到 40771 件，但是占比下降了 10.58%，北京申请的专利增加到 18548 件，占比下降了 2.30%，江苏占比上升了 2.67%。

2. 独立申请专利的创新主体空间分布

2008～2017 年，通信设备、计算机及其他电子设备制造业独立申请 227647 件专利，剔除掉专利信息中未填写申请人地址的 52456 件专利后，剩余 227647 件专利，其中，63941 件来自广东，占比为 36.50%，其次是北京，申请专利 26352 件，占比为 15.04%，江苏排第三，占比为 10.50%（见图 6-30）。

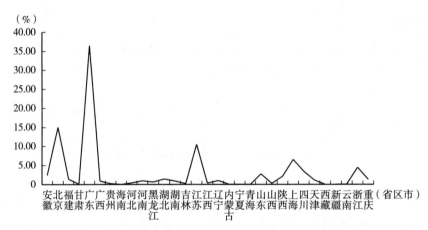

图 6-30　2008～2017 年独立申请专利的主体空间分布

分阶段来看，通信设备、计算机及其他电子设备制造业独立申请专利呈现明显的上升趋势，从 2008～2012 年的 74874 件上升到 2013～2017 年的 152773 件，上升了 104.04%。剔除掉专利信息中未填写申请人地址的专利后，31 个省区市的均值从 2008～2012 年的 1841 件上升到 2013～2017 年的 3550 件，表明 31 个省区市独立申请专利的平均水平明显上升。变异系数从 2008～2012 年的 2.722 下降到了 2013～2017 年的 2.066，表明各省区市的差异在缩小，但是变异系数大于1，表明存在极端值或异常值。为了剔除异常值的影响，用四分位距反映各省区市独立申请专利数的离散程度，结果显示，2008～2012年，四分位距为737，有50%的省区市独立申请专利数在74～811之间；2013～2017年，四分位距为2866，有50%的省区市独立申请专利数在226～3092之间（见图6-31）。

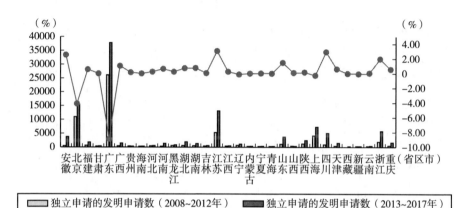

图6-31　2008～2017年独立申请专利的主体空间变化趋势

2008～2012年和2013～2017年两个阶段，通信设备、计算机及其他电子设备制造业独立申请专利主要来自广东、北京、江苏等省区市。其中，广东独立申请专利数量在2008～2012年和2013～2017年两个阶段均位列第一，其次是北京，江苏排第三。相比2008～2012年，2013～2017年独立申请的专利中，江苏的比重呈现不断上升的趋势，广东和北京的比重呈现不断下降的趋势：2008～2012年，通信设备、计算机及其他电子设备制造业单独申请74874件专利，剔除掉专利信息中未填写申请人地址的12963件专利后，剩余61911件专利，其中，26150件来自广东，占42.24%，其次是北京，申请专利10960件，占比为17.70%，江苏排第三，占比为8.52%。2013～2017年，通信设备、计算机及其他电子设备制造业单独申请专利数增加到152773件，剔除掉专利信息中未填写申请人地址的39493件专利后，剩余113280件专利，其中，广东单独申请专

利数增加到 37791 件，但是在全国的比重下降了 8.88%，北京单独申请专
利增加到 15392 件，但是在全国的比重下降了 4.12%，同期江苏在全国的
比重上升了 3.06%。

3. 合作申请专利的创新主体空间分布

2008～2017 年，通信设备、计算机及其他电子设备制造业发明申请合
作申请 37454 件专利，剔除掉专利信息中未填写申请人地址的 20730 件专
利后，剩余 16724 件专利，其中，6913 件来自广东，占 41.34%，其次是
北京，申请专利 4152 件，占比为 24.83%，上海排第三，占比为 8.43%
（见图 6－32）。

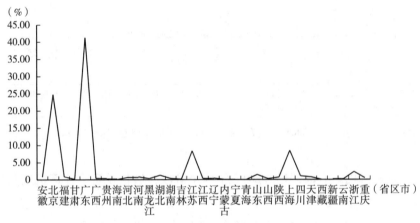

图 6－32　2008～2017 年合作申请专利的主体空间分布

通信设备、计算机及其他电子设备制造业合作申请专利呈现明显的下
降趋势，从 2008～2012 年的 22692 件下降到 2013～2017 年的 14762 件，
下降了 34.946%。剔除掉专利信息中未填写申请人地址的专利后，31 个
省区市的均值从 2008～2012 年的 217 件上升到 2013～2017 年的 309 件，
表明 31 个省区市合作申请的授权专利数水平明显上升。变异系数从
2008～2012 年的 3.335 下降到了 2013～2017 年的 2.467，表明各省区市的
差异在缩小，但是变异系数大于 1，表明存在极端值或异常值。为了剔除

异常值的影响，用四分位距反映各省区市合作申请专利数的离散程度，结果显示，2008～2012 年，四分位距为 43，有 50% 的省区市申请专利数在 6～49 之间；2013～2017 年，四分位距为 93，有 50% 的省区市申请专利数在 25～118 之间（见图 6–33）。

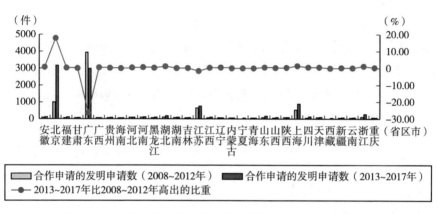

图 6–33　2008～2017 年合作申请专利的主体空间分变化趋势

合作申请专利的主体空间分布在 2008～2012 年和 2013～2017 年两个阶段发生了明显的变化，2008～2012 年，广东合作申请专利数量和占比均排第一，其次是北京，江苏排第三；2013～2017 年，北京合作申请专利数量和占比均排第一，广东降至第二，上海升至第三。从变化趋势来看，广东和北京合作申请专利占比都呈现上升趋势：2008～2012 年，通信设备、计算机及其他电子设备制造业合作申请 22692 件专利，剔除掉专利信息中未填写申请人地址的 15774 件专利后，剩余 6918 件专利，其中，3933 件来自广东，占比为 56.85%，其次是北京，申请专利 996 件，占比为 14.40%，江苏排第三，占比为 9.29%。2013～2017 年，通信设备、计算机及其他电子设备制造业合作申请的专利数减少到 14762 件，剔除掉专利信息中未填写申请人地址的 4956 件专利后，剩余 9806 件专利，其中，广东合作申请专利下降到 2980 件，相比 2008～2012 年，其在全国的比重下降了 26.46%，北京合作申请专利增加到 3156 件，相比 2008～2012 年，其在全国的比重上升了 17.79%，上海申请专利增加到 881 件，占比上升了 1.34%。

（二） 发明授权的创新主体空间分布

1. 发明授权的创新主体的空间分布

2008 ~ 2017 年，通信设备、计算机及其他电子设备制造业 87096 件发明授权专利，剔除掉专利信息中未填写申请人地址的 20374 件专利后，剩余 66722 件专利，其中，26333 件授权专利来自广东，占授权专利的 39.47%，其次是北京，授权专利 13260 件，占比为 19.87%，江苏排第三，占比为 8.10%（见图 6 - 34）。

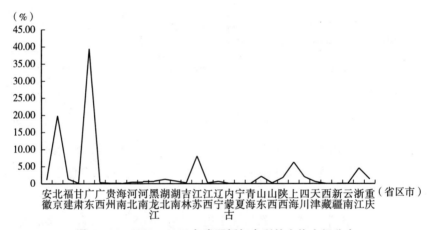

图 6 - 34　2008 ~ 2017 年发明授权专利的主体空间分布

分阶段来看，通信设备、计算机及其他电子设备制造业发明授权专利数呈现明显的下降趋势，从 2008 ~ 2012 年的 49687 件下降到 2013 ~ 2017 年的 37409 件，下降了 24.710%。剔除掉专利信息中未填写申请人地址的专利后，31 个省区市（港澳台除外）的均值从 2008 ~ 2012 年的 1206 件下降到 2013 ~ 2017 年的 825 件，表明 31 个省区市（港澳台除外）发明授权专利的平均水平明显下降。变异系数从 2008 ~ 2012 年的 2.973 下降到了 2013～2017 年的 1.996，表明各省区市的差异在缩小，但是变异系数大于 1，表明存在极端值或异常值。为了剔除异常值的影响，用四分位距反映各省区市发明授权专利数的离散程度，结果显示，2008～2012 年，四分位距为 418，有 50% 的省区市发明授权专利数在 34～452 之间；2013～2017 年，四分位距为 546，有 50% 的省区市发明授权专利数在 49～595 之间（见图 6－35）。

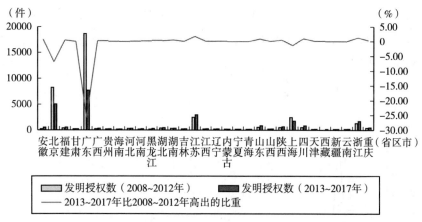

图 6－35　2008～2017 年发明授权专利的主体空间变化趋势

　　通信设备、计算机及其他电子设备制造业发明授权专利的主体主要集中在广东、北京和江苏。2008～2012 年和 2013～2017 年两个阶段，广东、北京授权专利数分别位列第一和第二。从变化趋势来看，相比 2008～2012 年，2013～2017 年北京和广东的授权专利比重呈现不断下降的趋势：2008～2012 年，通信设备、计算机及其他电子设备制造业发明授权专利 49687 件，剔除掉专利信息中未填写申请人地址的 9506 件专利后，剩余 40181 件专利，其中，18647 件来自广东，占授权专利数的 46.41%，其次是北京，授权专利 8216 件，占比为 20.45%。2013～2017 年，通信设备、计算机及其他电子设备制造业发明授权专利总数减少到 37409 件，剔除掉专利信息中未填写申请人地址的 10868 件专利后，剩余 26541 件专利，其中，来自广东的发明授权数下降到 7686 件，在全国的比重下降了

25.86%，北京的授权专利下降到5044件，占比下降了6.96%，同期，江苏的发明授权专利从2008～2012年的2459件增加到2013～2017年的2944件，占全国发明授权专利的比重从2008～2012年的6.12%增加到2013～2017年的7.87%，上升了1.75%。

2. 独立申请的发明授权专利创新主体空间分布

2008～2017年，通信设备、计算机及其他电子设备制造业独立申请发明授权专利78727件，剔除掉专利信息中未填写申请人地址的17728件专利后，剩余60999件专利，其中，23894件专利来自广东，占39.17%，其次是北京，授权专利11976件，占比为19.63%，江苏排第三，占比为7.89%（见图6－36）。

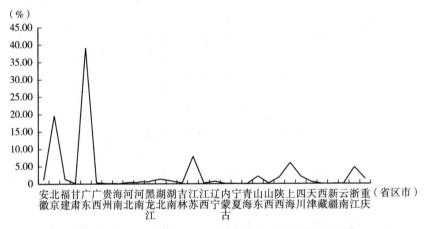

图6－36　2008～2017年独立申请的发授权主体空间分布

分阶段来看，通信设备、计算机及其他电子设备制造业独立申请的发明授权专利呈现明显的下降趋势，从2008～2012年的44685件下降到2013～2017年的34042件，下降了23.818%。剔除掉专利信息中未填写申请人地址的专利后，31个省区市的均值从2008～2012年的1099件下降到2013～2017年的753件，表明31个省区市独立申请的发明授权专利平均数量明显下降。变异系数从2008～2012年的2.967下降到了2013～

2017 年的 1.963，表明各省区市的差异在缩小，但是变异系数大于 1，表明存在极端值或异常值。为了剔除异常值的影响，用四分位距反映各省区市独立申请的发明授权专利数的离散程度，结果显示，2008～2012 年，四分位距为 399，有 50% 的省区市独立申请的发明授权专利数在 32～431 之间；2013～2017 年，四分位距为 521，有 50% 的省区市独立申请的发明授权专利数在 48～568 之间（见图 6-37）。

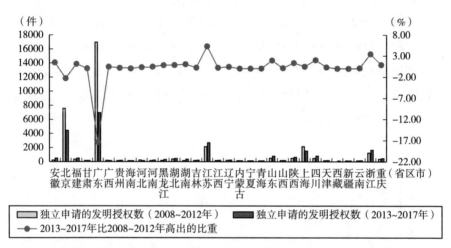

图 6-37　2008～2017 年独立申请的发明授权主体空间变化趋势

通信设备、计算机及其他电子设备制造业独立申请的发明授权专利主体主要集中在广东、北京和江苏。2008～2012 年和 2013～2017 年两个阶段，广东独立申请的发明授权专利数量均排第一，其次是北京。相比 2008～2012 年，2013～2017 年独立申请的发明授权专利中，广东和北京的比重呈现不断下降的趋势：2008～2012 年，通信设备、计算机及其他电子设备制造业独立申请的发明授权专利 44685 件，剔除掉专利信息中未填写申请人地址的 7896 件专利后，剩余 36789 件专利，其中，16948 件来自广东，占独立申请的发明授权专利数的 46.07%，其次是北京，授权专利 7557 件，占比为 20.54%。2013～2017 年，通信设备、计算机及其他电子设备制造业发明授权独立申请的发明授权专利总数减少到 34042 件，剔除掉专利信息中未填写申请人地址的 9832 件专利后，剩余 24210 件专利，其中，6946 件来自广东，占比为 28.69%，在全国的比重下降了 17.38%，北京减少到 4419 件，占比减少了 2.29%，同期，江苏独立申请的发明授权专利从 2008 ~ 2012 年的 2127 件上升到 2013 ~ 2017 年的 2685 件，占全国独立申请的发明授权专利的比重从 2008 ~ 2012 年的 5.78% 上升到 2013 ~ 2017 年的 11.09%，上升了 5.31%。

3. 合作申请的发明授权专利创新主体空间分布

2008 ~ 2017 年，通信设备、计算机及其他电子设备制造业合作申请的发明授权专利数为 8369 件，剔除掉专利信息中未填写申请人地址的 2646 件专利后，剩余 5723 件专利，其中，2439 件来自广东，占比为 42.62%，其次是北京，授权专利 1284 件，占比为 22.44%，江苏排第三，占比为 10.33%（见图 6 - 38）。

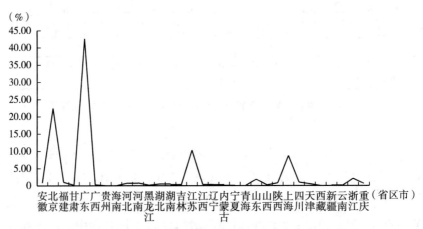

图 6 - 38　2008 ~ 2017 年合作申请的发明授权主体空间分布

通信设备、计算机及其他电子设备制造业合作申请的发明授权专利数呈现明显的下降趋势，从 2008 ~ 2012 年的 5002 件下降到 2013 ~ 2017 年的 3367 件，下降了 32.687%。剔除掉专利信息中未填写申请人地址的专利后，31 个省区市（港澳台除外）的均值从 2008 ~ 2012 年的 107 件下降到

2013～2017 年的 73 件，表明 31 个省区市（港澳台除外）合作申请的发明授权专利平均数量明显下降。变异系数从 2008～2012 年的 3.043 下降到了 2013～2017 年的 2.389，表明各省区市的差异在缩小，但是变异系数大于 1，表明存在极端值或异常值。为了剔除异常值的影响，用四分位距反映各省区市合作申请的发明授权专利数的离散程度，结果显示，2008～2012 年，四分位距为 23，有 50% 的省区市合作申请的发明授权专利数在 2～25 之间；2013～2017 年，四分位距为 27，有 50% 的省区市合作申请的发明授权专利数在 4～31 之间（见图 6–39）。

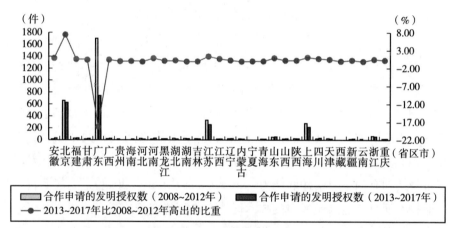

图 6–39　2008～2017 年合作申请的发明授权专利主体空间变化趋势

合作申请的发明授权专利主体的空间分布变化不明显。两个阶段中，广东合作申请的发明授权专利数量和占比均排第一，其次是北京，江苏排第三。从变化趋势来看，江苏和北京合作申请的发明授权专利占全国的比重都呈现上升趋势，广东的合作申请的发明授权专利占全国的比重呈现下降趋势：2008～2012 年，通信设备、计算机及其他电子设备制造业合作申请的发明授权专利 5002 件，剔除掉专利信息中未填写申请人地址的 1610 件专利后，剩余 3392 件专利，其中，1699 件来自广东，占 50.09%，其次是北京，授权专利 659 件，占比为 19.43%，江苏排第三，占比为 9.79%。2013～2017 年，通信设备、计算机及其他电子设备制造业合作申请的发明授权专利减少到 3367 件，剔除掉专利信息中未填写申请人地址的 1036 件专利后，剩余 2331 件专利，其中，来自广东专利下降到 740 件，占比下降了 18.34%，北京专利减少到 625 件，其在全国的比重上升了 7.38%，同期江苏的专利从 2008～2012 年的 332 件下降到 2013～2017 年的 259 件，其在全国的比重从 2008～2012 年的 9.79% 上升到 2013～2017 年的 11.11%，上升了 1.32%。

第三节　中国专利密集型产业合作创新网络的空间特征

当前，在高度复杂、动态且不确定的环境下，企业、科研机构、高校等创新主体需要以自身独特的创新实践方式在全球范围内进行创新活动（李平和竺家哲，2021）。因此，各个创新主体协同创新形成的创新合作网络成为当前研究的重要议题。只有各个创新主体之间资源共享、合作共创，才能实现高效的协同创新。资源基础观认为，企业的核心竞争优势源于自身所拥有的核心资源和能力（A. Sabidussi et al.，2014）。对于目前的产业技术而言，越来越复杂的技术促使企业跨越自身边界，通过与外部创新主体的通力合作，从不同专业或跨领域的合作伙伴处获取自身不具备的技术知识（K. Sebastian et al.，2019），降低创新活动的成本和创新的难度，甚至减少创新失败的损失。因此，越来越多的企业选择合作模式来开展创新活动。

合作创新是经济主体的一种重要创新模式，是获得研发资源、保持竞争优势的重要手段。广义的合作创新网络是指企业为获得创新资源、提升创新能力，通过契约关系或在反复交易的基础上应用互联网信息技术手段与外部组织机构建立的彼此信任、长期合作、互利互动的各种制度安排。现有文献中合作创新网络绝大多数是狭义的合作网络，如科研合作网络、企业内（间）的研发合作网络、产学研合作网络等，它们是合作创新网络重要的组成部分。在合作创新过程中，企业、大学和科研单位等之间自发地形成一种非正式的合作网络，并充分利用合作网络的沟通功能与碰撞效应激发出大量的创新，进而加速科技成果的转化和技术创新能力的提升。不同形式的创新主体间合作关系已成为企业战略核心的重要组成部分，创新主体间的合作网络成为各个组织共享和交换资源、共同开发新创意和新技能的一种核心方式。

通信设备、计算机及其他电子设备制造业是国民经济中的关键性、基础性产业，为经济健康发展和结构调整提供设备以及技术支撑，对经济转型升级有着重要支撑作用，属于技术密集型行业，涉及大量的高精尖技术，是典型的专利密集型行业。由于该产业技术升级更迭较快，各项技术的成熟度存在较大差异，行业内创新活动大多采用合作创新的方式进行，其创新主体包括企业、高校和科研机构等。本节通过 Ucinet 和合作矩阵数据绘制通信设备、计算机及其他电子设备制造业 2008~2017 年的专利合作网络图，网络节点表示不同的省、市或创新主体。然后从整体网络、个体网络两个层面对我国通信设备、计算机及其他电子设备制造业合作创新网络特征展开定量分析，由于发明授权的合作创新专利相对较少，同时创新主体的地址信息缺失较多，本节主要分析发明申请专利创新主体的合作创新网络特征，考虑到本章旨在聚焦于企业、研究所、高校等更组织化的实体，探讨机构间的专利合作和创新网络等，个人的参与并不是主要关注点，合作创新网络中分析的创新主体为企业（C）、研究所（R）、高等院校（U）、其他机构和组织（O），并未分析个人（P）的合作创新网络。

一、合作创新整体网络特征

选取网络规模、网络密度、集聚系数、度数中心势、平均最短路径长度等网络分析指标，对通信设备、计算机及其他电子设备制造业发明申请合作创新网络的整体特征展开定量测度与分析。

（一）衡量整体网络特征的指标

网络规模指网络中包含的节点数量。一般而言，规模越大，网络结构越复杂。同时，网络规模的扩张能够扩大网络中节点获取异质资源的范围，从而增加创新合作的机会、提升创新能力。本节通信设备、计算机及其他电子设备制造业合作创新网络的节点数量即网络中创新主体的数量。

网络密度是网络最重要的整体结构属性，是网络中节点之间连接对的数目与网络中所有可能连接对的比例，衡量网络中各节点之间联系的紧密程度。网络密度的测量可分为无向网络密度和有向网络密度。在无向网络中，密度用网络中实际的连接数与最大可能存在的连接数的比值表示。计算公式为：

$$ND = \frac{2m}{n(n-1)} \qquad (6-1)$$

其中，m 为实际连接数，n 为网络节点数，ND 的取值范围为 $[0, 1]$。网络的密度值越接近 1，网络越稠密，该网络对其中行动者的态度、行为产生的影响就越大；相反地，其密度值越接近 0，网络越稀疏，该网络对其中行动者的态度、行为产生的影响就越小。有向网络密度的计算公式为：

$$D = \frac{m}{n(n-1)} \qquad (6-2)$$

集聚系数是网络中所有节点以自己为中心的密度的均值，衡量整个网络的密度，反映网络的连通性和传递性。一个顶点的局部集聚系数等于所有与它相连的顶点之间所连的边的数量，除以这些顶点之间可以连出的最大边数：

$$C_i = \frac{包含顶点 \ n_i \ 的三角形的个数}{以顶点 \ n_i \ 为中心的三点组的个数} \qquad (6-3)$$

整个网络的聚集系数就是 C_i 的平均值：

$$C = \frac{1}{n} \sum_{i=1}^{n} C_i \qquad (6-4)$$

网络中心度和中心势反映了整个网络的集中程度，是描述整个网络的结构变量之一。中心度测量的是个体在整个网络中的权力，中心势测量的是一个图在多大程度上围绕某个或某些特殊点建构起来。度数中心势的计算公式为：

$$NC = \frac{\sum\limits_{i=1}^{n}(C_{max} - C_i)}{\max\left[\sum\limits_{i=1}^{n}(C_{max} - C_i)\right]} \qquad (6-5)$$

其中，C_{max} 表示最大中心度，C_i 表示节点 i 的中心度。该值越大表明该网络越集中。

集群网络的平均路径长度反映了网络中各节点间连接的平均距离，影响着整个网络创新资源传递的效率。有效率的网络是网络中的节点可以通过相对较少的节点对迅速到达其他大量的节点，较容易地获取知识、信息等资源。平均路径长度越短，网络中各节点能够实现连接的效率就越高。在一个包含 n 个节点的无向网络中，节点对之间的平均最短路径长度为：

$$l = \frac{1}{\frac{1}{2}n(n+1)}\sum_{i \geqslant j} d_{ij} \qquad (6-6)$$

其中，d_{ij} 是从节点 i 到节点 j 的距离，n 为网络节点数。

（二）通信设备、计算机及其他电子设备制造业合作创新整体网络特征

从网络规模来看，通信设备、计算机及其他电子设备制造业合作创新网络规模持续扩大，2008 年通信设备、计算机及其他电子设备制造业创新网络中包含的创新主体数为 222 个，2016 年增加到 708 个，表明越来越多的创新主体加入合作创新网络。

从表 6-1 和图 6-40 网络密度来看，通信设备、计算机及其他电子设备制造业的创新网络密度呈现下降趋势，2008 年网络密度为 0.047，2016 年下降至 0.011，网络整体密度都不高，创新主体联系不够紧密。从集聚系数来看，通信设备、计算机及其他电子设备制造业 2008 年、2010 年、2012 年的聚集系数都大于 1，创新主体之间的连通性较好，2014 年和 2016 年的聚集系数分别为 0.179 和 0.151，数值较小，说明网络的连通性较差。这表明通信设备、计算机及其他电子设备制造业创新网络中的创新主体之间缺乏紧密的合作关系，合作活动可能较为分散，没有形成明显的

合作集群或群落；较低的集聚系数可能导致网络中的信息流通不畅，节点之间的知识共享和技术转移受到限制，这可能会影响整个网络的创新效率；而且在网络结构较为稀疏的情况下，资源（如资金、人才等）可能集中在少数几个节点上，其他节点难以获得足够的资源支持创新。因此，政府和相关机构可以通过制定和实施合作促进政策，鼓励网络中的节点加强合作和交流；通过搭建统一的信息共享平台，促进网络中节点之间的信息交流和技术转移；通过合理的资源配置策略，确保资源在网络中的均衡分配，避免资源过度集中在少数节点上。

表 6 - 1　　通信设备、计算机及其他电子设备制造业创新网络结构特征

结构特征	2008 年	2010 年	2012 年	2014 年	2016 年
网络规模	222	374	526	675	708
网络密度	0.047	0.024	0.014	0.009	0.011
集聚系数	1.260	1.827	1.185	0.179	0.151
度数中心势（%）	0.482	0.353	0.226	0.300	0.234
平均最短路径长度	3.401	2.911	3.652	4.219	3.723

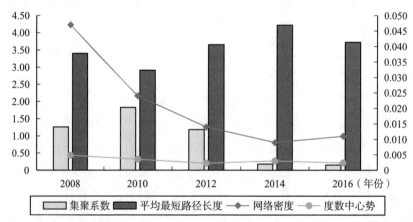

图 6 - 40　通信设备、计算机及其他电子设备制造业创新网络结构特征

从度数中心势来看，通信设备、计算机及其他电子设备制造业创新网络的度数中心势较低，2008～2016年均低于0.5%，而且呈现下降趋势，2008年度数中心势为0.482%，2016年下降至0.234%。这说明通信设备、计算机及其他电子设备制造业创新网络的集中趋势并不是很明显，网络中的节点分布相对均匀，没有出现少数节点占据主导地位的情况，缺少创新的领导力量，联系比较松散。然而，过低的度数中心势也可能导致一些问题，如合作效率低下、资源分散等。因此，在构建创新合作网络时，需要权衡度数中心势的大小，以实现网络的高效、稳定运行。为了调整创新合作网络的度数中心势，可以培育关键节点，通过识别并支持具有潜力的节点，使其成为网络中的关键节点，以增强网络的中心性；鼓励不同领域、不同背景的节点进行合作，以增加网络的多样性和平衡性。此外，还可以通过调整网络中的连接关系，优化网络结构，以实现更高的度数中心势和更好的网络性能（见图6-41～图6-45）。

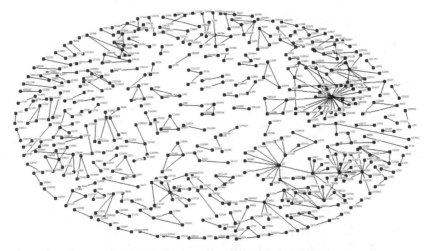

图6-41　2008年通信设备、计算机及其他电子设备制造业创新网络

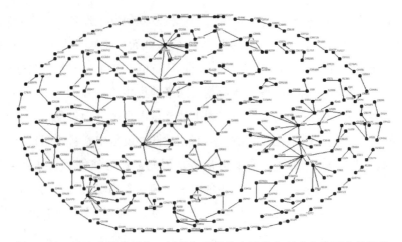

图 6 – 42　2010 年通信设备、计算机及其他电子设备制造业发明申请网络

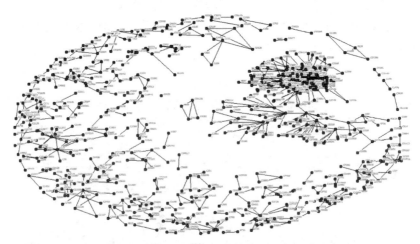

图 6 – 43　2012 年通信设备、计算机及其他电子设备制造业发明申请网络

　　从平均最短路径长度来看，2008～2016 年通信设备、计算机及其他电子设备制造业发明申请合作创新网络的平均最短路径长度在 2.9～4.2 之间浮动，2010 年平均最短路径长度最小，为 2.911，即任意两个节点之间平均需要通过 3 个中间节点才能实现连接；2014 年平均最短路径长度最大，为 4.219，即任意两个节点之间平均需要通过 4 个中间节点才能实现连接。这说明随着网络规模的扩张，通信设备、计算机及其他电子设备制造业合作创新网络节点间的技术知识转移难度增大。

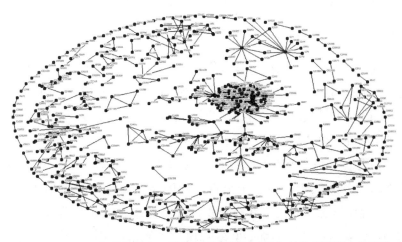

图 6 - 44　2014 年通信设备、计算机及其他电子设备制造业发明申请网络

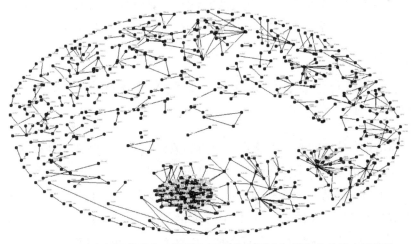

图 6 - 45　2016 年通信设备、计算机及其他电子设备制造业发明申请网络

二、合作创新个体网络特征

选取度数中心度、标准度数中心度和结构洞这三个指标对通信设备、计算机及其他电子设备制造业合作创新网络的个体特征展开定量测度与分析。

（一）衡量个体网络特征的指标

度数中心度表示和某一节点直接相连的其他节点的个数。如果一个节点与其他许多节点相连，则该节点具有较高的度数中心度。然而，由于不同网络的大小和密度不同，直接比较节点的度数中心度可能不够准确。为了反映节点在网络中的地位和影响力，采用归一化中心度。

结构洞表示一个节点联结网络中的两个无联系成员的非冗余关系，是指网络中节点处于其他两个节点之间的唯一联结途径上形成的类似"洞"的合作形态，对企业获得新观念和新思想具有重要意义。伯特的结构洞指标要考虑四个方面：有效规模、效率、限制度、等级度，其中第三个指标限制度最重要。本书选取限制度进行分析，限制度表示该节点在网络中运用结构洞的能力，该值越小，说明其可获取信息、知识等创新资源的概率越大，越有助于企业技术创新扩散和知识流动，创新成果越显著。

（二）通信设备、计算机及其他电子设备制造业合作创新个体网络特征

通信设备、计算机及其他电子设备制造业发明申请合作创新网络节点的度数中心度整体呈现下降趋势，且分布较为集中，其最大值呈现先下降后大幅上升的趋势。表6-2显示，2008年，度数中心度的均值为0.664，最大值为8.597；2010年，度数中心度的均值为0.404，最大值下降到3.485；2016年，度数中心度的均值为0.264，最大值为17.115。这说明，随着通信设备、计算机及其他电子设备制造业合作创新网络规模的扩大，平均度数中心度越来越小，个体网络主体获取创新资源、开展交流合作的能力跟不上整体网络创新的速度，需要提升各节点的创新能力以便寻求与更多的其他机构进行合作。

表 6 - 2　　　　　通信设备、计算机及其他电子设备制造业创新
网络节点度数中心度统计量

	2008 年	2010 年	2012 年	2014 年	2016 年
均值	0.664	0.404	0.305	0.266	0.264
标准差	0.758	0.350	0.337	0.648	0.684
离散系数	0.575	0.123	0.114	0.419	0.468
最大值	8.597	3.485	5.905	16.172	17.115
最小值	0.452	0.268	0.000	0.000	0.000

　　为了消除主体特征之间的影响并选出在合作网络中处于中心位置的创新主体，对度数中心度采用归一化处理。表 6 - 3 归一化处理后的度数中心度数据显示，相对于研究所（R）、个人（P）、其他机构和组织（O），企业（C）创新合作对象最为广泛，高等院校次之。归一化处理后的度数中心度大于 2 的节点共 11 个，包括 9 个企业和 2 个高等院校。2008 年，度数中心度大于 2 的有 3 个，其中，中国移动通信集团公司（8.597）排在第一，华为技术有限公司（5.43）第二，清华大学（4.977）第三。2010 年，度数中心度大于 2 的有 6 个，其中鸿海精密工业股份有限公司（3.485）排在第一，北大方正集团有限公司（2.413）和中兴通讯股份有限公司（2.413）并列第二；2012 年，度数中心度大于 2 的有 3 个，其中国家电网公司（5.905）排在第一，清华大学（2.476）排第二，北京邮电大学（2.095）排在第三；2014 年和 2016 年，度数中心度大于 2 的全部是企业，国家电网公司两年都排在第一位，度数中心度分别为 16.172 和 17.115，网络合作创新中心地位显著。

表 6 - 3　　　　2008～2016 年创新网络归一化后的标准度数中心度
大于 2 的节点及其度数中心度

2008 年	2010 年	2012 年	2014 年	2016 年
中国移动通信集团公司（8.597）	鸿海精密工业股份有限公司（3.485）	国家电网公司（5.905）	国家电网公司（16.172）	国家电网公司（17.115）

续表

2008 年	2010 年	2012 年	2014 年	2016 年
华为技术有限 公司（5.43）	北大方正集团 有限公司（2.413）	清华大学 （2.476）	京东方科技 集团有限公司 （2.077）	中国移动通信 集团公司（4.526）
清华大学 （4.977）	中兴通讯股份 有限公司 （2.413）	北京邮电大学 （2.095）		美的集团股份 有限公司 （2.263）
	青岛海尔 股份有限公司 （2.145）			
	华为技术 有限公司 （2.145）			
	北京邮电大学 （2.145）			

　　用结构洞中的限制度衡量节点在网络中所受限制，限制度较高的节点通常在网络中拥有较少的自由度，它们的联系可能主要集中在少数几个节点上，形成了较为封闭的子网络。相反，限制度较低的节点在网络中拥有更多的自由度，它们的联系更为广泛和多样化。表 6 - 4 归一化处理后的度数中心度大于 2 的 11 节点的限制度数值都比较小，表明这些节点在网络中具有重要地位，因为它们拥有大量的连接（度数大），但它们并不局限于与特定的节点互动（限制度小），这表明它们在网络中有很高的灵活性和影响力，而且这些节点可能是网络中的枢纽，连接着不同的子群体或社区，高度数表明它们是信息流动的关键通道。

表 6 - 4　　　　　　　**2008 ~ 2016 年创新网络归一化后的度数**
中心度大于 2 的节点及其结构洞指标

2008 年	2010 年	2012 年	2014 年	2016 年
中国移动通信集团 公司（0.072）	鸿海精密工业股份 有限公司（0.092）	国家电网公司 （0.108）	国家电网公司 （0.041）	国家电网公司 （0.029）

续表

2008 年	2010 年	2012 年	2014 年	2016 年
华为技术有限公司（0.083）	北大方正集团有限公司（0.142）	清华大学（0.534）	京东方科技集团有限公司（0.095）	中国移动通信集团公司（0.365）
清华大学（0.17）	中兴通讯股份有限公司（0.142）	北京邮电大学（0.174）		美的集团股份有限公司（0.184）
	青岛海尔股份有限公司（0.164）			
	华为技术有限公司（0.125）			
	北京邮电大学（0.125）			

（三）合作申请发明专利数量超过 1000 件的创新主体网络特征

从合作申请发明专利数量来看，有 12 个主体的合作申请发明专利数量超过 1000 件，分别为鸿海精密工业股份有限公司、鸿富锦精密工业（深圳）有限公司、中国移动通信集团公司、国家电网公司、海洋王照明科技股份有限公司、三星电子株式会社、北京三星通信技术研究有限公司、深圳市海洋王照明工程有限公司、美的集团股份有限公司、中国移动通信有限公司研究院、清华大学、北京奇虎科技有限公司。由于鸿富锦精密工业（深圳）有限公司、北京三星通信技术研究有限公司、深圳市海洋王照明工程有限公司、中国移动通信有限公司研究院等是子公司，其创新网络特征在反映对应的母公司创新特征时具有一定的局限性，因此，主要对 8 个母公司节点对应的网络进行分析。①

---

① 以下 8 个企业的数据均为专利数据处理结果，专利数据在 IncoPat 科技创新情报平台和国家知识产权局官网下载得到，专利数据来源在第三章第一节数据来源中有说明。

1. 鸿海精密工业股份有限公司

图 6-46 显示，鸿海精密工业股份有限公司合作对象整体呈现上升趋势，从 2008 年的 7 个上升到 2016 年的 14 个，与此同时，与合作对象的年平均合作次数从 55.43 次下降到 5.86 次。

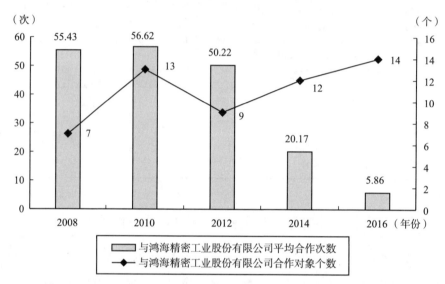

图 6-46　2008~2016 年鸿海精密工业股份有限公司合作对象变化趋势

表 6-5 显示，2008~2016 年，与鸿海精密工业股份有限公司合作次数在 10 次及以上的主体一共有 11 个，其中，8 个属于企业内部母子公司关系，合作次数占比为 90.45%；有 2 个是企业上下游之间的合作关系，合作次数占比为 3.08%；只有 1 个是与大学科研院所合作。创新主体平均合作次数为 310 次，其中，合作次数最多的是鸿富锦精密工业（深圳）有限公司，是 2433 次，占比高达 71.25%；合作次数排名第二的是富泰华工业（深圳）有限公司，次数为 334 次；清华大学合作次数为 221 次，排名第三。

表 6 – 5　　　　　　　　2008～2016 年鸿海精密工业股份有限公司
合作 10 次及以上的主体

主体名称	合作次数（次）	与鸿海精密工业股份有限公司关系	合作次数占比（%）
鸿富锦精密工业（深圳）有限公司	2433	企业内部母子公司关系	90.45
富泰华工业（深圳）有限公司	334		
鸿富锦精密工业（武汉）有限公司	214		
鸿富锦精密电子（天津）有限公司	35		
富士康（昆山）电脑接插件有限公司	26		
康准电子科技（昆山）有限公司	25		
富泰华精密电子（郑州）有限公司	11		
佛山普立华科技有限公司	11		
清华大学	221	大学科研院所等与企业的合作	6.47
国基电子（上海）有限公司	82	企业上下游之间的合作	3.08
南宁富桂精密工业有限公司	23		

　　鸿海精密工业股份有限公司合作创新的对象主要是企业内部母子公司、大学科研院所以及上下游合作公司。鸿海精密工业股份有限公司2008～2016 年合作对象个数维持在十几个，比较稳定，2016 年合作对象有 14 个，平均合作次数呈现下降的趋势，2008 年平均合作次数高达55.43 次，2016 年下降至 5.86 次。2008～2016 年，鸿海精密工业股份有限公司与鸿富锦精密工业（深圳）有限公司合作次数呈现先上升后下降的趋势，2010 年合作次数高达 555 次，2016 年下降至 13 次，与富泰华工业（深圳）有限公司合作次数也呈现先上升后下降的趋势，2010 年合作 68次，2016 年降至 19 次，与清华大学合作次数在 2010 年高达 82 次，其余年份都不超过 5 次。

　　从限制度来看，鸿海精密工业股份有限公司的限制度整体呈现下降趋势，2008 年限制度为 0.194，2016 年降至 0.138，说明鸿海精密工业股份有限公司可获取信息、知识等创新资源的概率越来越大，有助于企业技术创新扩散和知识流动，创新能力增强，并且逐渐占据创新主体地位。

2. 国家电网公司

图6-47显示，国家电网公司合作对象整体呈现上升趋势，从2008年的0个上升到2016年的119个，与合作对象的年平均合作次数从0次上升到2.14次。

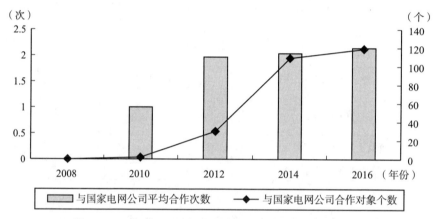

图6-47　2008～2016年国家电网公司合作对象变化趋势

表6-6显示，2008～2016年，与国家电网公司的合作次数在10次及以上的主体一共有24个，其中18个属于企业内部母子公司关系，合作次数占比71.25%；2个属于与大学科研院所的合作有2个，合作次数占比11.42%；4个属于与企业上下游之间的合作，合作次数占比17.33%。创新主体平均合作次数为20次，其中，合作次数最多的是中国电力科学研究院，是44次；合作次数排名第二的是江苏省电力公司，次数为36次；国网福建省电力有限公司合作次数为31次，排名第三。

表 6 - 6 　　　2008 ~ 2016 年国家电网公司合作 10 次及以上的主体

主体名称	合作次数（次）	与国家电网公司关系	合作次数占比（%）
江苏省电力公司	36	企业内部母子公司关系	71.25
国网福建省电力有限公司	31		
国网天津市电力公司	31		
国网北京市电力公司	28		
国网智能电网研究院	27		
国网黑龙江省电力有限公司信息通信公司	22		
国网浙江省电力公司	21		
上海市电力公司	15		
深圳市国电科技通信有限公司	15		
北京国电通网络技术有限公司	13		
国网江苏省电力公司电力科学研究院	13		
国网山东省电力公司经济技术研究院	13		
国网电力科学研究院	13		
国网江苏省电力公司	13		
国网河北省电力公司	12		
国网福建省电力有限公司南平供电公司	12		
国网湖南省电力公司	11		
国网重庆市电力公司信息通信分公司	11		
重庆大学	10	大学科研院所等与企业的合作	11.42
中国电力科学研究院	44		
许继集团有限公司	29	企业上下游之间的合作	17.33
许继电气股份有限公司	28		
全球能源互联网研究院有限公司	14		
南京南瑞集团公司	11		

　　国家电网公司合作创新的对象主要是企业内部母子公司、大学科研院所和上下游合作的企业。国家电网公司 2008 ~ 2016 年合作对象个数呈现

上升趋势，2016 年合作对象有 121 个，平均合作次数在 0～2 之间。国家电网公司与中国电力科学研究院合作次数呈现先上升后小幅下降的趋势，2014 年合作次数最高，为 11 次，2016 年下降至 9 次；与江苏省电力公司的合作次数也呈现先上升后急剧下降的趋势，2014 年合作高达 16 次，2016 年降至 0 次；与国网福建省电力有限公司合作次数在 2014 年为 12 次，其余都是 0 次。

从限制度来看，国家电网公司的限制度整体呈现下降趋势，2010 年的限制度为 0.500，2016 年下降至 0.029，说明国家电网公司可获取信息、知识等创新资源的概率越来越大，有助于企业技术创新扩散和知识流动，创新能力增强，并且逐渐占据创新主体地位。

3. 清华大学

图 6－48 显示，清华大学的创新合作无论是合作广度还是深度都在波动中呈现下降趋势，合作对象从 2008 年的 11 个下降到 2016 年的 7 个，与此同时，与合作对象的年平均合作次数从 6.36 次下降到 1.57 次。

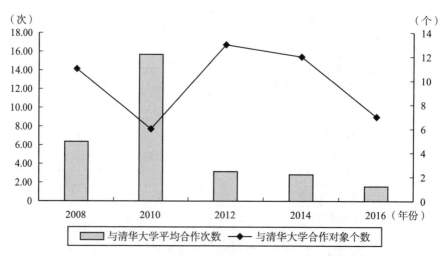

图 6－48　2008～2016 年清华大学合作对象变化趋势

表 6－7 显示，2008～2016 年，与清华大学的合作次数在 10 次及以上的主体一共有 9 个，全部是与企业的合作，创新主体平均合作次数为 54

次，其中，合作次数最多的是鸿海精密工业股份有限公司，高达221次；合作次数排名第二的是鸿富锦精密工业（深圳）有限公司，次数为119次；与同方威视合作的次数为46次，排名第三。清华大学2008～2016年合作对象个数呈现先下降后上升然后又下降的趋势，2012年合作对象最多有13个，平均合作次数呈现先上升后下降的趋势，2010年最多为16次，2016年下降至2次。清华大学与鸿海精密工业股份有限公司合作次数在2010年最高，为82次，其余不超过5次，与鸿富锦精密工业（深圳）有限公司合作次数呈现先下降后上升然后又下降的趋势，2008年合作高达31次，2016年合作降至0次，与同方威视合作次数在2014年最高为13次，其余年份都低于5次。

表6-7　　　　2008～2016年清华大学合作10次及以上的主体

主体名称	合作次数（次）	与清华大学关系
鸿海精密工业股份有限公司	221	
鸿富锦精密工业（深圳）有限公司	119	
同方威视	46	
同方威视技术股份有限公司	34	
华为技术有限公司	22	大学科研院所等 与企业的合作
北京维信诺科技有限公司	14	
索尼公司	10	
北京视通科技有限公司	10	
昆山维信诺显示技术有限公司	10	

从限制度来看，清华大学的限制度呈现先上升后下降的趋势，2008年限制度为0.17，2012年最大为0.534，2016年下降为0.190，说明清华大学2012年后创新合作越来越多，受到的寻求合作的限制变少。

4. 中国移动通信集团公司

图6-49显示，中国移动通信集团公司合作对象2014年后呈现快速上升趋势，从2014年的3个上升到2016年的32个，与此同时，与合作对

象的年平均合作次数从 2014 年的 3 次上升到 2016 年的 15.74 次。

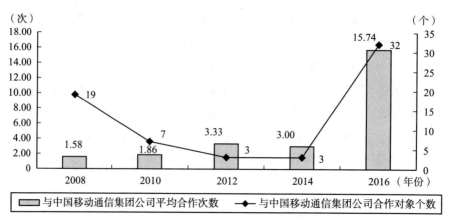

图 6-49　2008~2016 年中国移动通信集团公司合作对象变化趋势

表 6-8 显示，2008~2016 年，与中国移动通信集团公司的合作次数在 10 次及以上的主体一共有 15 个，全部是中国移动通信集团公司全资子公司。创新主体平均合作次数为 58.6 次，其中，合作次数最多的是中国移动通信有限公司研究院，合作 539 次；合作次数排名第二的是中国移动通信集团浙江有限公司，次数为 51 次；中国移动通信集团设计院有限公司合作次数为 46 次，排名第三。

表 6-8　　2008~2016 年中国移动通信集团公司合作 10 次及以上的主体

主体名称	合作次数（次）	与移动通信集团公司关系
中国移动通信有限公司研究院	539	
中国移动通信集团浙江有限公司	51	
中国移动通信集团设计院有限公司	46	
中国移动通信集团广东有限公司	43	全资子公司
中国移动通信集团江苏有限公司	36	
中移（杭州）信息技术有限公司	23	

主体名称	合作次数（次）	与移动通信集团公司关系
中国移动通信集团福建有限公司	19	
中国移动通信集团四川有限公司	19	
中国移动通信集团湖北有限公司	19	
中国移动通信集团山东有限公司	18	
中国移动通信集团北京有限公司	17	全资子公司
中国移动通信集团上海有限公司	15	
中国移动通信集团河南有限公司	14	
中国移动通信集团吉林有限公司	10	
中国移动通信集团辽宁有限公司	10	

中国移动通信集团公司合作创新的对象主要是其全资子公司以及旗下的研究院。中国移动通信集团公司 2008～2016 年合作对象个数呈现先下降后上升的趋势，2016 年合作对象高达 32 个，平均合作次数呈现上升趋势，2016 年平均合作次数为 15.74 次。中国移动通信集团公司与中国移动通信有限公司研究院前期没有合作，在 2016 年合作次数高达 291 次，与中国移动通信集团浙江有限公司在 2012 年合作 3 次，在 2016 年合作 26 次，与中国移动通信集团设计院有限公司合作次数整体呈现上升趋势，2016 年达到 14 次。

从限制度来看，中国移动通信集团公司的限制度呈现先上升后下降的趋势，2008 年限制度为 0.072，在 2008 年 8 个合作申请发明专利数量超过 1000 件的母公司节点中是最低的，表明其创新主体地位明显，但是 2012 年限制度达到最大 0.697，2016 年下降至 0.365。

5. 海洋王照明科技股份有限公司

图 6-50 显示，海洋王照明科技股份有限公司合作对象整体变化不大，合作范围较窄，但是合作深度波动较为明显，从 2008 年的 0 个上升到 2016 年的 2 个，与合作对象的年平均合作次数 2010 年达到 46 次，2014 年下降到 14.67 次，2016 年进一步下降到 6.5 次。

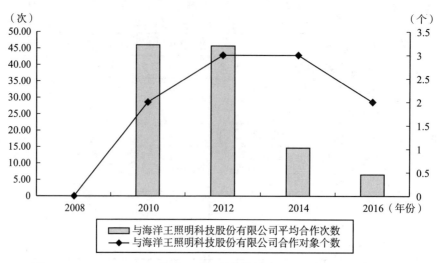

图 6 – 50　2008～2016 年海洋王照明科技股份有限公司合作对象变化趋势

　　表 6 – 9 显示，2008～2016 年，与海洋王照明科技股份有限公司的合作次数在 10 次及以上的主体一共有 3 个，全部是海洋王照明科技股份有限公司的子公司。合作次数最多的是深圳市海洋王照明工程有限公司，共合作 545 次；合作次数排名第二的是深圳市海洋王照明技术有限公司，次数为 233 次；海洋王（东莞）照明科技有限公司合作次数为 139 次，排名第三。可以看出，海洋王照明科技股份有限公司合作创新的对象主要是企业内部母子公司，且其子公司主要来自广东珠三角地区。

表 6 – 9　　　　　2008～2016 年海洋王照明科技股份有限
公司合作 10 次及以上的主体

主体名称	合作次数（次）	与海洋王照明科技股份有限公司关系
深圳市海洋王照明工程有限公司	545	
深圳市海洋王照明技术有限公司	233	全资子公司
海洋王（东莞）照明科技有限公司	139	

从限制度来看，海洋王照明科技股份有限公司的限制度呈现明显的上升趋势，2008年限制度为0.5，2016年上升至1.125。限制度指标上升表明创新主体在创新网络中的自主性和灵活性可能会降低。

6. 三星电子株式会社

图6-51显示，三星电子株式会社合作对象整体呈现上升趋势，从2008年的1个上升到2016年的9个，与合作对象的年平均合作次数呈现先上升后下降的趋势，从2008年的5次增加到2012年的20.17次，随后开始下降，2016年下降到7.44次。

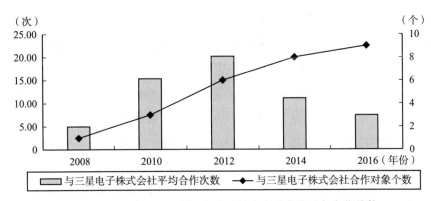

图6-51 2008～2016年三星电子株式会社合作对象变化趋势

表6-10显示，2008～2016年，与三星电子株式会社的合作次数在10次及以上的主体一共有5个，全部是三星电子株式会社的子公司，合作次数超过10次的创新主体平均合作次数为127.8次，三星电子株式会社合作创新的对象主要是位于北京和广州的子公司，合作次数最多的是北京三星通信技术研究有限公司，是514次，三星电子株式会社与北京三星通信技术研究有限公司合作次数保持稳定的高水平，2012年合作次数最高，为98次，2008年最低为5次；合作次数排名第二的是广州三星通信技术研究有限公司，次数为47次，与广州三星通信技术研究有限公司合作次数呈现先上升后急剧下降的趋势，2014年合作高达16次，2016年合作降至1次。

表6-10   2008~2016年三星电子株式会社合作10次及以上的主体

主体名称	合作次数（次）	与三星电子株式会社关系
北京三星通信技术研究有限公司	514	全资子公司
广州三星通信技术研究有限公司	47	
三星电子（中国）研发中心	43	
三星半导体（中国）研究开发有限公司	19	
天津三星通信技术研究有限公司	16	

从限制度来看，三星电子株式会社的限制度呈现明显的下降趋势，2008年限制度为1，2012年下降到0.665，2016年进一步下降到0.548。

7. 美的集团股份有限公司

图6-52显示，美的集团股份有限公司的创新合作广度和深度都呈现上升趋势，合作对象数量从2008年的1个上升到2016年的16个，与此同时，与合作对象的年平均合作次数从1次上升到12.06次。

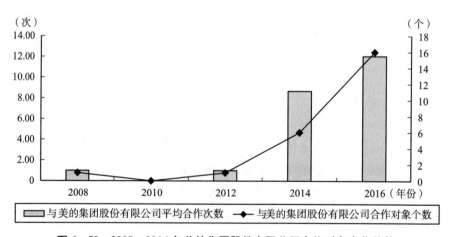

图6-52   2008~2016年美的集团股份有限公司合作对象变化趋势

表6-11显示2008~2016年，与美的集团股份有限公司的合作次数在10次及以上的主体一共有7个，其中企业内部母子公司关系有6个，

合作次数占比 97.87%，创新主体平均合作次数为 73.71 次，其中，合作次数最多的是广东美的厨房电器制造有限公司，是 198 次；合作次数排名第二的是佛山市顺德区美的电热电器制造有限公司，次数为 168 次；美的智慧家居科技有限公司合作次数为 56 次，排名第三。

表 6 – 11　　　2008 ~ 2016 年美的集团股份有限公司合作 10 次及以上的主体

主体名称	合作次数（次）	与美的集团股份有限公司关系	合作次数占比（%）
广东美的厨房电器制造有限公司	198	企业内部母子公司关系	97.87
佛山市顺德区美的电热电器制造有限公司	168		
美的智慧家居科技有限公司	56		
广东美的制冷设备有限公司	43		
广东美的暖通设备有限公司	27		
广东美的环境电器制造有限公司	13		
芜湖美智空调设备有限公司	11	企业上下游之间的合作	2.13

美的集团股份有限公司 2008 ~ 2016 年合作对象个数呈现上升趋势，2016 年合作对象有 193 个，平均合作次数为 12 次。美的集团股份有限公司与各子公司合作次数呈现上升趋势，2016 年合作次数最高，其子公司主要来自广东珠三角地区，合作创新次数自 2014 年开始快速上升，2016 年呈现以母子公司合作为主，外部合作为辅的特点。

从限制度来看，美的集团股份有限公司的限制度呈现下降的趋势，2008 年限制度为 1，2016 年限制度下降到 0.184。

8. 北京奇虎科技有限公司

图 6 – 53 显示，北京奇虎科技有限公司的创新合作广度和深度都呈现上升趋势，合作对象数量从 2008 年的 0 个上升到 2016 年的 2 个，与此同时，与合作对象的年平均合作次数从 0 次上升到 45.50 次。

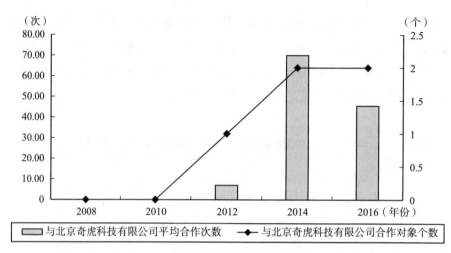

图6–53 2008~2016年北京奇虎科技有限公司合作对象变化趋势

表6–12显示，2008~2016年，北京奇虎科技有限公司的合作次数在10次及以上的主体一共有2个，均为企业上下游合作关系。创新主体平均合作次数为303.5次，其中，合作次数最多的是奇智软件（北京）有限公司，高达566次；奇酷互联网络科技（深圳）有限公司合作次数为41次，排名第二。

表6–12 2008~2016年北京奇虎科技有限公司合作10次及以上的主体

主体名称	合作次数	与北京奇虎科技 有限公司关系
奇智软件（北京）有限公司	566	企业上下游之间的合作
奇酷互联网络科技（深圳）有限公司	41	

北京奇虎科技有限公司合作对象个数呈现上升的趋势，2016年合作对象最多有3个，平均合作次数呈现先上升后下降的趋势，2014年最多为70次，2016年下降至30次。北京奇虎科技有限公司与奇智软件（北京）有限公司合作次数在2014年最高，为117次，北京奇虎科技有限公司与奇酷互联网络科技（深圳）有限公司合作次数呈现上升趋势，2016年合

作高达 41 次。

从限制度来看，北京奇虎科技有限公司的限制度呈现下降的趋势，2012 年限制度为 1，2014 年下降到 0.725，2016 年进一步下降到 0.424。

三、创新主体合作创新网络的空间分布及其变化趋势

（一）2008～2017 年合作创新主体的空间分布

1. 2008～2017 年合作创新主体的空间分布整体情况

从表 6－13 中 31 个省区市的网络密度来看，通信设备、计算机及其他电子设备制造业网络节点有 31 个，网络密度为 17.817，表明创新主体联系紧密。合作创新主体的聚集系数为 44.167，创新主体之间的连通性很好；度数中心势整体较高，为 16.13%；网络平均最短路径长度值 1.594，表明任意两个节点之间平均需要通过 2 个中间节点才能实现连接，各省区市创新网络之间整体连接效率高。

表 6－13　　通信设备、计算机及其他电子设备制造业合作创新网络结构特征

结构特征	2008～2017 年（省份）	2008～2017 年（城市）
网络规模	31	205
网络密度	17.817	0.5161
集聚系数	44.167	7.360
度数中心势（%）	16.13	1.64
平均最短路径长度	1.594	2.367

从 205 个有合作创新的城市网络密度来看，各城市的通信设备、计算机及其他电子设备制造业合作创新网络密度为 0.5161，表明各城市合作创新联系不够紧密。合作创新网络聚集系数为 7.360，创新主体之间的连通性一般；度数中心势为 1.64%，表明网络中的权力或影响力相对较为分散，没有特别突出的中心节点，与高度中心化的网络（如星形网络，其度

数中心势接近100%）相比，这种网络结构可能更加平等和去中心化。网络平均最短路径长度值2.367，表明任意两个节点之间平均需要通过约3个中间节点才能实现连接，各城市创新网络之间整体连接效率不够高。

2. 2008～2017年合作创新主体的空间分布的省际差异

广东合作创新次数排名第一，2008～2017年合作专利数为10786件，占合作专利总数的34.46%。广东的合作以区域内合作为主，区域内合作占比为69.35%，区域外合作中，广东与北京合作最多，合作专利数为758件，占广东合作创新总量的7.03%，广东与江苏、四川的合作专利数分别为733件和422件，分别占6.80%和3.91%（见图6-54）。

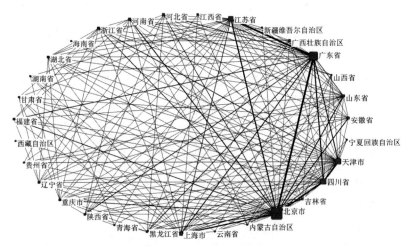

图6-54　2008～2017年各省区市通信设备、计算机
及其他电子设备制造业合作创新网络

北京的合作创新次数排名第二，2008～2017年合作专利数为7695件，占合作专利总数的24.58%。北京的合作以区域外合作为主，区域外合作占比为51.53%，区域外合作中，北京与广东合作最多，合作专利数为758件，占北京合作创新总量的9.85%，北京与四川、上海的合作专利数分别为688件和439件，分别占8.94%和5.71%。

江苏的合作创新次数排名第三，2008～2017年合作专利数为2823件，

占合作专利总数的 9.02%。江苏的合作以区域外合作为主，区域外合作占
比为 54.16%，区域外合作中，江苏与广东合作最多，合作专利数为 733
件，占江苏合作创新总量的 25.97%，江苏与北京、上海的合作专利数分
别为 372 件、131 件，分别占 13.18% 和 4.64%。

上海的合作创新次数排名第四，2008~2017 年合作专利数为 2080 件，
占合作专利总数的 6.65%。上海的合作以区域内合作为主，区域内合作占
比为 50.96%，区域外合作中，上海与北京合作最多，合作专利数为 439
件，占上海合作创新总量的 21.11%，上海与广东、江苏的合作专利数分
别为 222 件、131 件，分别占 10.67% 和 6.30%。

根据各省份的省内合作占比和合作创新对象数量，对 31 个省份进行
聚类分析，将 31 个省划分为 3 种类型：高合作创新区、中等创新合作区、
低创新合作区。

高创新合作区包括北京、广东、天津、江苏、四川、上海、山东 7 个省
区市，2008~2017 年合作申请发明专利 27184 件、平均每个省区市合作申请
3883.43 件，其合作创新对象数量、省内合作占比最终聚类中心分别为 24 个
和 35%，表明该类地区创新合作对象最为广泛、区域内合作比例在三类地
区中最高，但是该类地区创新合作仍然以区域外合作为主（见表 6－14）。

表 6－14　　　　2008~2017 年通信设备、计算机及其他电子
设备制造业创新合作空间分布

省份	创新合作数量（个）	区域内创新合作次数（次）	区域内创新合作占比（%）	合作对象数量（个）
广东省	10786	7480	69.35	23
北京市	7695	3730	48.47	30
江苏省	2823	1294	45.84	26
上海市	2080	1060	50.96	22
四川省	1822	22	1.21	21
天津市	1339	36	2.69	27

续表

省份	创新合作数量（个）	区域内创新合作次数（次）	区域内创新合作占比（%）	合作对象数量（个）
浙江省	747	410	54.89	15
山东省	639	170	26.60	20
河南省	378	56	14.81	16
安徽省	368	40	10.87	12
河北省	365	30	8.22	13
重庆市	354	60	16.95	17
福建省	314	84	26.75	10
陕西省	222	30	13.51	14
黑龙江省	199	2	1.01	13
湖北省	171	34	19.88	16
广西壮族自治区	162	20	12.35	13
辽宁省	149	40	26.85	15
江西省	149	32	21.48	6
吉林省	141	10	7.09	13
湖南省	109	38	34.86	8
山西省	58	8	13.79	9
贵州省	44	2	4.55	7
新疆维吾尔自治区	41	6	14.63	7
青海省	40	18	45.00	6
内蒙古自治区	36	2	5.56	9
甘肃省	35	8	22.86	11
云南省	22	8	36.36	7
海南省	6	0	0.00	3
宁夏回族自治区	5	0	0.00	4
西藏自治区	1	0	0.00	1

中等创新合作区包括重庆、安徽、黑龙江、湖北、浙江、广西、河

南、辽宁、陕西、河北、吉林、甘肃 12 个省区市，2008～2017 年合作申请发明专利 3291 件、平均每个省区市合作申请 274.25 件，其合作创新对象数量、省内合作占比最终聚类中心分别为 14（个）和 17.5%，表明该类地区创新合作对象较为广泛、合作创新以区域外合作为主。

低创新合作区包括福建、青海、湖南、贵州、山西、江西、内蒙古、海南、新疆、西藏、云南、宁夏 12 个省区市，2008～2017 年合作申请发明专利 825 件、平均每个省区市合作申请 68.75 件，其合作创新对象数量、省内合作占比最终聚类中心分别为 6 和 17%，表明该类地区创新合作对象较少、合作创新以区域外合作为主，尤其是海南、宁夏、西藏都没有区域内合作，全部依赖于区域外合作。

3. 2008～2017 年合作创新主体的空间分布的城市差异

从 2008～2017 年各城市通信设备、计算机及其他电子设备制造业合作创新网络图 6－55 来看，北京、深圳、广州、上海、东莞、天津的合作创新规模最大。

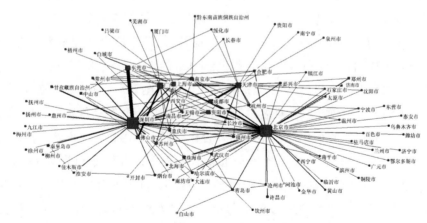

图 6－55　2008～2017 年各城市通信设备、计算机

及其他电子设备制造业合作创新网络

注：由于合作创新网络节点数为 205 个，为了清晰呈现城市之间的合作创新情况，图中只显示了合作次数大于 5 的节点。

北京合作创新次数排名第一，2008～2017年合作专利数为7695件，占合作专利总数的24.58%。48.47%的合作是北京市内合作，市外合作中，北京与资阳市合作最多，合作专利数为595件，占北京合作创新总量的7.73%；北京与上海、深圳、珠海的合作专利数均在200个以上，分别为439件、397件和287件，分别占北京合作创新总量的5.71%、5.16%、3.73%。从创新合作对象来看，北京位居全国榜首，与144个城市有合作创新。

深圳的合作创新次数排名第二，2008～2017年合作专利数为5274件，占合作专利总数的16.85%。深圳的合作以市外合作为主，市外合作占比为71.71%，市外合作中，深圳与东莞合作最多，合作专利数为1164件，占深圳合作创新总量的22.07%；深圳与北京、广州的合作专利数分别为397件和299件，分别占深圳合作创新总量的7.53%、5.67%。从创新合作对象来看，深圳仅次于北京，与63个城市有合作创新。

广州的合作创新次数排名第三，2008～2017年合作专利数为2380件，占合作专利总数的7.6%。广州的合作以市外合作为主，市外合作占比为62.69%，市外合作中，广州与佛山合作最多，合作专利数为527件，占广州合作创新总量的22.14%；广州与深圳、天津的合作专利数分别为299件和211件，分别占广州合作创新总量的12.56%、8.87%。从创新合作对象来看，广州与39个城市有合作创新，在205个城市中排名第四。

上海的合作创新次数排名第四，2008～2017年合作专利数为2080件，占合作专利总数的6.65%。上海市外合作略低于市内合作，市外合作占比为49.04%，市外合作中，上海与北京合作最多，合作专利数为439件，占上海合作创新总量的21.11%；上海与深圳、苏州的合作专利数分别为163件和77件，分别占上海合作创新总量的7.84%和3.70%。从创新合作对象来看，上海在205个城市中排名第三，与43个城市有合作创新。

东莞的合作创新次数排名第五，2008～2017年合作专利数为1642件，占合作专利总数的5.25%。东莞的合作以市外合作为主，市外合作占比为78.08%，市外合作中，东莞与深圳合作最多，合作专利数为1164件，占东莞合作创新总量的70.89%；东莞市内合作专利数为360件，占东莞合作创新总量的 21.92%。可见，东莞合作创新主要是与深圳和东莞市内的主体合作。从创新合作对象来看，东莞与 21 个城市有合作创新，在 205 个城市中排名第十三。

天津的合作创新次数排名第六，2008~2017 年合作专利数为 1339 件，占合作专利总数的 4.28%。天津的合作以市外合作为主，市外合作占比为 97.31%，市外合作中，天津与成都合作最多，合作专利数为 566 件，占天津合作创新总量的 42.27%；天津与广州、北京的合作专利数分别为 211 件和 129 件，分别占天津合作创新总量的 15.76%、9.63%。从创新合作对象来看，天津与 37 个城市有合作创新，在 205 个城市中排名第五。

根据各城市的市内合作占比和合作创新对象，对 205 个城市进行聚类分析，去掉 130 个没有市内合作的城市，将剩下的 75 个城市划分为 3 种类型：高合作创新区、中等创新合作区、低创新合作区。

高创新合作地区仅仅包括北京，其合作对象数量为 144 个，市内合作占比为 48.47%（见表 6-15）。

表 6-15　　　　　　2008~2017 年各城市通信设备、计算机及其他
电子设备制造业合作创新情况

省区市	创新合作数量（个）	区域内创新合作次数（次）	区域内创新合作占比（%）	创新合作对象数量（个）
北京市	7695	3730	48.47	144
深圳市	5274	1492	28.29	63
广州市	2380	888	37.31	39
上海市	2080	1060	50.96	43
东莞市	1642	360	21.92	21
天津市	1339	36	2.69	37
苏州市	963	608	63.14	26
南京市	885	354	40.00	36
成都市	768	8	1.04	27
资阳市	734	0	0	6

续表

省区市	创新合作数量（个）	区域内创新合作次数（次）	区域内创新合作占比（%）	创新合作对象数量（个）
佛山市	656	20	3.05	10
珠海市	497	134	26.96	12
无锡市	478	32	6.69	19
杭州市	440	152	34.55	25
重庆市	354	60	16.95	24
常州市	284	64	22.54	12
甘孜藏族自治州	268	0	0	3
青岛市	264	114	43.18	15
西安市	222	30	13.51	24
秦皇岛市	213	0	0	3
合肥市	206	30	14.56	17
郑州市	190	18	9.47	19
福州市	185	34	18.38	9
嘉兴市	177	56	31.64	11
武汉市	148	26	17.57	26
惠州市	137	34	24.82	7
许昌市	135	30	22.22	8
中山市	129	24	18.60	8
哈尔滨市	127	2	1.57	14
烟台市	127	2	1.57	5
南昌市	126	32	25.40	8
济南市	119	18	15.13	13
黄山市	102	0	0	1
淮安市	102	0	0	5
长沙市	97	30	30.93	13
白城市	91	0	0	4
沈阳市	85	18	21.18	15

续表

省区市	创新合作数量（个）	区域内创新合作次数（次）	区域内创新合作占比（%）	创新合作对象数量（个）
厦门市	77	12	15.58	9
宁波市	60	22	36.67	8
石家庄市	55	8	14.55	12
徐州市	46	4	8.70	4
绥化市	42	0	0	3
廊坊市	38	0	0	6
乌鲁木齐市	33	6	18.18	5
西宁市	33	14	42.42	5
太原市	32	8	25.00	7
黔东南苗族侗族自治州	31	0	0	1
潍坊市	30	6	20.00	6
长春市	29	6	20.69	7
钦州市	28	2	7.14	11
柳州市	28	0	0	2
兰州市	28	6	21.43	9
大连市	27	2	7.41	12
汕头市	25	24	96.00	2
河池市	24	0	0	4
佳木斯市	24	0	0	2
南平市	24	0	0	2
鄂尔多斯市	22	0	0	1
芜湖市	21	2	9.52	5
金华市	21	6	28.57	2
桂林市	21	14	66.67	7
滨州市	20	4	20.00	6
泉州市	19	2	10.53	5
温州市	19	2	10.53	5

省区市	创新合作数量 （个）	区域内创新合作 次数（次）	区域内创新合作 占比（%）	创新合作对象 数量（个）
沧州市	18	0	0	4
泰安市	18	8	44.44	2
北海市	18	0	0	3
白山市	18	4	22.22	3
南宁市	17	2	11.76	6
扬州市	16	0	0	5
昆明市	15	4	26.67	9
威海市	15	0	0	5
镇江市	14	0	0	3
南通市	14	0	0	6
广元市	14	0	0	2
梅州市	13	0	0	3
贵阳市	13	2	15.38	6
保定市	12	2	16.67	7
百色市	12	0	0	5
梧州市	12	0	0	2
河源市	11	4	36.36	3
呼和浩特市	11	0	0	7
绍兴市	11	0	0	3
邯郸市	11	0	0	6
临沂市	11	2	18.18	4
九江市	11	0	0	1
开封市	11	0	0	2
鞍山市	10	2	20.00	4
东营市	10	0	0	4
抚州市	10	0	0	2
铜陵市	10	0	0	3

续表

省区市	创新合作数量（个）	区域内创新合作次数（次）	区域内创新合作占比（%）	创新合作对象数量（个）
湖州市	9	2	22.22	3
池州市	9	0	0	4
六安市	9	4	44.44	2
驻马店市	9	0	0	2
台州市	8	2	25.00	6
江门市	8	0	0	4
焦作市	8	0	0	4
盐城市	7	0	0	4
衡水市	7	0	0	2
阜新市	7	0	0	2
宁德市	7	6	85.71	2
连云港市	7	0	0	2
株洲市	7	2	28.57	4
遂宁市	7	2	28.57	3
大同市	6	0	0	2
洛阳市	6	0	0	3
济宁市	6	0	0	1
吕梁市	6	0	0	1
咸宁市	6	0	0	3
孝感市	6	0	0	3
抚顺市	5	0	0	3
攀枝花市	5	2	40.00	2
泰州市	5	0	0	2
昌吉回族自治州	5	0	0	1
锦州市	5	0	0	1
马鞍山市	5	0	0	2
淄博市	5	2	40.00	2

续表

省区市	创新合作数量（个）	区域内创新合作次数（次）	区域内创新合作占比（%）	创新合作对象数量（个）
张家口市	5	0	0	3
永州市	5	0	0	3
内江市	5	0	0	2
德阳市	5	2	40.00	2
昭通市	5	0	0	1
朔州市	5	0	0	1
新乡市	5	2	40.00	2
恩施土家族苗族自治州	4	4	100.00	1
海南藏族自治州	4	0	0	4
肇庆市	4	0	0	3
莱芜市	4	0	0	1
绵阳市	4	0	0	2
菏泽市	4	4	100.00	1
银川市	4	0	0	3
辽阳市	4	0	0	2
长治市	4	0	0	1
阳江市	4	2	50.00	2
东方市	4	0	0	1
南阳市	4	0	0	1
齐齐哈尔市	4	0	0	1
乐山市	3	0	0	1
濮阳市	3	0	0	1
泸州市	3	0	0	1
金昌市	3	0	0	2
阳泉市	3	0	0	1
邢台市	3	0	0	2
海口市	2	0	0	2

续表

省区市	创新合作数量 （个）	区域内创新合作 次数（次）	区域内创新合作 占比（％）	创新合作对象 数量（个）
阿克苏地区	2	0	0	2
湛江市	2	2	100.00	1
漳州市	2	2	100.00	1
唐山市	2	0	0	1
聊城市	2	0	0	1
宿迁市	2	0	0	2
襄阳市	2	0	0	1
黄冈市	2	0	0	1
吉林市	2	0	0	1
葫芦岛市	2	0	0	2
巴中市	2	0	0	2
酒泉市	2	0	0	1
枣庄市	2	0	0	2
天水市	2	2	100.00	1
海西蒙古族藏族自治州	2	0	0	2
宿州市	2	0	0	1
平顶山市	2	0	0	2
宜昌市	2	0	0	1
安阳市	2	0	0	1
盘锦市	2	0	0	2
蚌埠市	2	0	0	1
通辽市	2	0	0	2
阿坝藏族羌族自治州	1	0	0	1
揭阳市	1	0	0	1
承德市	1	0	0	1
宣城市	1	0	0	1
营口市	1	0	0	1

续表

省区市	创新合作数量（个）	区域内创新合作次数（次）	区域内创新合作占比（％）	创新合作对象数量（个）
拉萨市	1	0	0	1
韶关市	1	0	0	1
晋城市	1	0	0	1
西双版纳傣族自治州	1	0	0	1
临沧市	1	0	0	1
达州市	1	0	0	1
丹东市	1	0	0	1
南充市	1	0	0	1
鄂州市	1	0	0	1
鹰潭市	1	0	0	1
德州市	1	0	0	1
吐鲁番市	1	0	0	1
自贡市	1	0	0	1
临汾市	1	0	0	1
鹤壁市	1	0	0	1
玉树藏族自治州	1	0	0	1
日照市	1	0	0	1
潮州市	1	0	0	1
三门峡市	1	0	0	1
丽水市	1	0	0	1
舟山市	1	0	0	1
鸡西市	1	0	0	1
玉林市	1	0	0	1
滁州市	1	0	0	1
宜春市	1	0	0	1
清远市	1	0	0	1
包头市	1	0	0	1

省区市	创新合作数量（个）	区域内创新合作次数（次）	区域内创新合作占比（％）	创新合作对象数量（个）
贺州市	1	0	0	1
延边朝鲜族自治州	1	0	0	1
商丘市	1	0	0	1
大庆市	1	0	0	1
石嘴山市	1	0	0	1
汉中市	0	0	—	0

中等创新合作区包括南京、天津、成都、广州、武汉、苏州、杭州、重庆、西安、上海、东莞、深圳 12 个城市，其合作创新对象数量、市内合作占比最终聚类中心分别为 32.58 和 27.33％，表明该类地区创新合作对象较为广泛、合作创新以区域外合作为主。

低创新合作区包括太原、惠州、长春、保定、桂林、台州、潍坊、滨州、贵阳、南宁、宁波、南昌、许昌、中山、西宁、乌鲁木齐、泉州、温州、芜湖、烟台、昆明、兰州、福州、厦门、株洲、鞍山、临沂、徐州、佛山、遂宁、河源、白山、湖州、嘉兴、钦州、金华、攀枝花、淄博、德阳、新乡、泰安、六安、阳江、宁德、汕头、珠海、常州、石家庄、大连、恩施土家族苗族自治州、菏泽、湛江、漳州、天水、长沙、济南、哈尔滨、沈阳、青岛、合肥、郑州、无锡 62 个城市，其合作创新对象数量、省内合作占比最终聚类中心分别为 6.79 和 31.83％，表明该类地区创新合作对象较少、合作创新以区域外合作为主。

（二）2008～2017 年合作创新主体的空间分布的变化趋势

从 2008～2012 年和 2013～2017 年通信设备、计算机及其他电子设备制造业创新网络的空间分布的网络图对比来看，合作创新的空间演变趋势明显，节点之间连接越来越多。

1. 2008～2017 年创新主体合作网络在各省区市的变化趋势

从表 6-16 网络密度来看，通信设备、计算机及其他电子设备制造业网络密度呈现上升的趋势，2008～2012 年网络密度为 6.566，2013～2017 年上升至 12.480，表明创新网络中各创新主体联系越来越紧密。各省份聚集系数较高且呈现上升趋势，从 2008～2012 年的 19.213 上升到 2013～2017 年的 33.266，表明创新主体之间的连通性较好。度数中心势同样在较高水平上呈现上升趋势，2008～2012 年网络中心势为 13.88%，2013～2017 年上升至 15.16%，这说明通信设备、计算机及其他电子设备制造业发明申请合作创新网络的集中趋势比较明显，存在处于中心位置的省份，有创新的领导力量。各省份创新网络平均最短路径长度小于 1.8 且呈现下降的趋势，从 2008～2012 年的 1.743 下降至 2013～2017 年的 1.643，表明创新网络中的知识、信息、技术等资源传递越来越快，节点间技术知识转移难度越来越小，网络创新潜力越来越大（见图 6-56）。

表 6-16　　　　　　通信设备、计算机及其他电子设备制造业
创新网络的空间分布特征

结构特征	2008～2012 年	2013～2017 年
网络规模	28	31
网络密度	6.566	12.480
集聚系数	19.213	33.266
度数中心势（%）	13.88	15.16
平均最短路径长度	1.743	1.643

相比 2008～2012 年，2013～2017 年无论是参与合作创新的主体数量还是合作创新的专利申请量，均呈现明显的上升趋势。合作创新主体数量从 2008～2012 年的 28 个增加到 2013～2017 年 31 个，海南、西藏、新疆实现了合作创新从 0 到 1 的突破。合作创新总量从 2008～2012 年的 8872 件增加到 2013～2017 年的 22428 件，平均每个省区市的合作创新数量从 2008～2012 年的 316.86 件上升到 723.48 件（见图 6-57）。

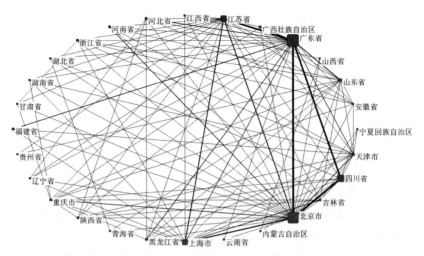

图 6 – 56　2008 ~ 2012 年通信设备、计算机及其他电子设备制造业合作创新网络

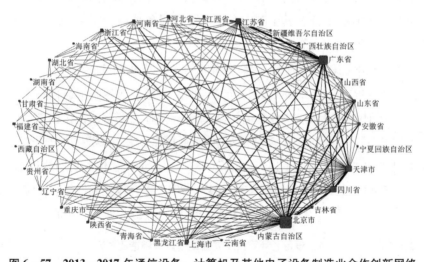

图 6 – 57　2013 ~ 2017 年通信设备、计算机及其他电子设备制造业合作创新网络

　　不同省份合作创新数量增长情况存在明显的差异。2013 ~ 2017 年相比 2008 ~ 2012 年，合作创新数量增加幅度最大的 5 个省区市分别为北京、广东、天津、江苏和上海，分别增加了 4211 件、3734 件、1047 件、857 件和 674 件。宁夏、海南和西藏三个省区市的合作创新较少，2013 ~ 2017 年合作创新数量仍然维持在个位数水平。

不同省份合作创新对象的选择存在明显差异。2013～2017年相比2008～2012年，区域内合作占比增幅最大的5个省区市分别为湖南、福建、江西、青海、广西，分别增加了40.50%、27.29%、22.70%、19.91%、18.87%；区域外合作占比增幅最大的5个省区市分别为内蒙古、云南、湖北、安徽、山东，分别增加了50.00%、21.43%、20.38%、19.29%、16.01%。

不同省份合作创新对象变化存在明显差异。2013～2017年相比2008～2012年，新疆、天津、湖北、海南、上海、河南、辽宁、四川、黑龙江、广西、西藏、江苏、浙江、福建、贵州、甘肃16个省区市的合作创新对象数量增加，分别增加9个、8个、5个、5个、4个、4个、4个、3个、3个、3个、3个、2个、2个、2个、1个、1个；北京、陕西、山西、云南、内蒙古5个省区市的合作创新对象没有变化；其余10个省区市的合作创新对象有所下降，其中湖南和宁夏合作对象均减少了4个，重庆和青海合作对象均减少了3个。

2. 2008～2017年创新主体合作网络在各城市的变化趋势

表6-17显示，2008～2012年和2013～2017年各城市通信设备、计算机及其他电子设备制造业创新网络的网络图对比来看，合作创新的空间演变趋势明显，参与合作创新的城市越来越多，从2008～2012年的118个上升到2013～2017年的188个。2008～2012年，合作创新网络以深圳、北京、东莞、上海、苏州为中心，2013～2017年合作创新网络以北京、深圳、广州、上海、天津、东莞、成都、南京、佛山、苏州为中心。

表6-17　　　　　通信设备、计算机及其他电子设备制造业创新
网络的空间分布城市特征测度值

结构特征	2008～2012年	2013～2017年
网络规模	118	188
网络密度	0.462	0.433
集聚系数	28.169	46.590
度数中心势（％）	2.40	2.51
平均最短路径长度	2.581	2.375

从网络密度来看，各城市通信设备、计算机及其他电子设备制造业合作创新网络密度呈现下降的趋势，2008～2012 年网络密度为 0.462，2013～2017 年下降至 0.433，网络整体密度偏低，创新主体联系不够紧密。城市分布聚集系数极高且呈现明显的上升趋势，2008～2012 年聚集系数为28.169，2013～2017 年上升到 46.590，说明随着合作创新规模的扩大，创新主体之间的连通性明显增强。度数中心势整体较高且呈现上升趋势，2008～2012 年网络中心势为 2.40%，2013～2017 年上升至 2.51%，说明通信设备、计算机及其他电子设备制造业合作创新网络的集中趋势逐渐明显。网络平均最短路径长度值低于 2.6 且呈现下降的趋势，2008～2012 年平均最短路径长度为 2.581，2013～2017 年下降至 2.375，表明任意两个节点之间平均需要通过 3 个中间节点才能实现连接，创新网络连接效率增大，节点间技术知识转移难度减小。

相比 2008～2012 年，2013～2017 年合作创新的专利申请量，呈现明显的上升趋势。从 2008～2012 年 118 个合作创新主体合作创新数量为8872 件，平均每个城市合作创新 75.19 件。2013～2017 年，阿坝藏族羌族自治州、蚌埠、包头、滁州、达州、丹东、恩施土家族苗族自治州、海西蒙古族藏族自治州、黄冈、佳木斯、泸州、攀枝花、清远、梧州、西双版纳傣族自治州、阳江、玉林 17 个城市合作创新数量下降为 0，退出合作创新网络。同时，阿克苏地区、安阳、巴中、百色、滨州、昌吉回族自治州、潮州、承德、池州、大庆、德州、东方、鄂尔多斯、鄂州、阜新、广元、海口、汉中、河池、菏泽、贺州、鹤壁、衡水、葫芦岛、湖州、鸡西、济宁、揭阳、金昌、金华、晋城、九江、酒泉、开封、拉萨、莱芜、乐山、丽水、聊城、临沧、临汾、临沂、六安、洛阳、吕梁、马鞍山、南充、南平、宁德、盘锦、濮阳、齐齐哈尔、日照、三门峡、商丘、韶关、绍兴、石嘴山、朔州、宿迁、宿州、泰安、泰州、唐山、天水、通辽、吐鲁番、乌鲁木齐、孝感、新乡、宣城、延边朝鲜族自治州、盐城、阳泉、宜昌、宜春、鹰潭、营口、永州、玉树藏族自治州、枣庄、湛江、张家口、漳州、舟山、驻马店、自贡 87 个城市合作创新数量实现了从 0 到 1的突破。2013～2017 年 188 个合作创新主体合作创新数量增加到 22428

件，平均每个城市的合作创新数量上升到 119.28 件（见图 6 – 58）。

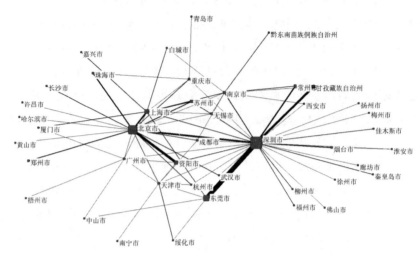

图 6 – 58　2008 ~ 2012 年各城市通信设备、计算机

及其他电子设备制造业合作创新网络

注：由于合作创新网络节点数为 205 个，为了清晰呈现城市之间的合作创新情况，图中只显示了合作次数大于 5 的节点。

不同城市合作创新数量增长情况存在明显的差异。2013 ~ 2017 年相比 2008 ~ 2012 年，合作创新数量增加幅度最大的 10 个城市分别为北京、广州、天津、深圳、上海、成都、佛山、南京、无锡、杭州，分别增加了 4211 件、1848 件、1047 件、674 件、674 件、640 件、610 件、407 件、308 件、216 件合作申请的发明专利（见图 6 – 59）。

不同城市合作创新对象的选择存在明显差异。2008 ~ 2012 年和 2013 ~ 2017 年均有 10 个城市的合作创新以市内合作为主，其余城市均以市外合作为主。2013 ~ 2017 年相比 2008 ~ 2012 年，桂林、德阳、西宁、河源、长沙、鞍山、常州、嘉兴、遂宁、台州、南京、厦门、南昌、长春、潍坊、白山、沈阳、东莞、南宁、烟台、北京、贵阳、上海、珠海、郑州、泉州、汕头、芜湖、福州、钦州、许昌、重庆、哈尔滨、中山 34 个城市的市内合作比重有所上升，上浮幅度最大的是桂林和德阳，分别从

0、0上升到70%和50%。深圳、西安、苏州、成都、兰州、天津、徐州、佛山、太原、武汉、宁波、大连、合肥、石家庄、广州、济南、昆明、无锡、杭州、株洲、青岛、惠州、温州、保定、淄博25个城市的市外合作比重有所上升。

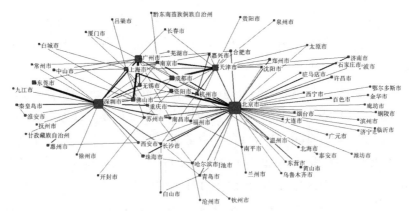

图6-59　2013~2017年各城市通信设备、计算机

及其他电子设备制造业合作创新网络

注：由于合作创新网络节点数为205个，为了清晰呈现城市之间的合作创新情况，图中只显示了合作次数大于5的节点。

不同城市合作创新对象变化存在明显差异。2013~2017年相比2008~2012年，秦皇岛、长治、平顶山、吉林、昭通、银川、南阳、柳州8个城市的合作创新对象数量保持不变；汕头、白城、内江、株洲、甘孜藏族自治州5个城市的合作创新对象数量下降；其余城市的合作创新对象数量都呈现不同程度的上升，其中，北京、苏州、武汉、天津、广州、南京、沈阳、上海、杭州、嘉兴、郑州、西安、钦州、厦门、哈尔滨、成都、石家庄17个城市合作创新对象增加最多，分别增加了81个、19个、19个、17个、17个、16个、15个、14个、14个、13个、13个、12个、11个、10个、10个、10个、10个。

第四节　本章小结

本章以通信设备、计算机及其他电子设备制造业为例，分析创新投入和创新产出的空间特征、创新主体构成及其空间特征、合作创新网络的空间特征，为揭示创新绩效的空间效应及网络效应的提供数据支撑。结果发现：

第一，创新投入及其空间分布。无论是人员投入还是经费投入，都呈现明显的上升趋势，创新投入较高的省区市集中在广东、江苏、浙江、山东等省区市。2008 年 R&D 人员全时当量 227616.16 人年，2018 年增加到552618 人年，平均每年增长 9.28%；2008 年 R&D 经费内部支出为6430495.507 万元，2018 年增加到 17106080.95 万元，平均每年增长10.28%；2008 年 R&D 项目经费 4142539.80 万元，2018 年增加到17348462.12 万元，平均每年增长 15.40%；2008 年企业技术引进、消化吸收、购买国内技术、技术改造经费支出四项支出总额为 1878093.18 万元，2018 年上升到 5202246.09 万元，平均每年增长 10.73%。从创新投入的空间分布来看，2008～2018 年，R&D 人员全时当量广东最高，为705622.365 人年，占比为 17.12%；其次是江苏，R&D 人员全时当量为652037.899 人年，占比为 15.82%；浙江省排第三，R&D 人员全时当量为468073.499 人年，占比为 11.35%。R&D 经费内部支出江苏最高，为18010641.465 万元，占比为 15.91%；其次是广东，R&D 经费内部支出17895195.602 万元，占比为 15.81%；山东排第三，R&D 经费内部支出为14628762.155 万元，占比为 12.92%。技术改造经费支出江苏规模最大，为 2171547.442 万元，在全国占比最高，为 14.82%；其次是山东，其技术改造经费支出为 1142944.574 万元，占比为 7.80%；广东技术改造经费支出为 1137904.324 万元，占比为 7.77%，排在第三。

第二，创新产出及其空间分布。用发明申请和发明授权专利数衡量科技研发阶段的创新产出数量，用发明申请和发明授权的权利要求平均数、被引证次数平均数衡量科技研发阶段的创新产出质量，用新产品开发项目数和新产品销售收入作为经济产出阶段的创新产出，衡量科技研发成果的转化和应用效果。结果表明，2008 年申请发明专利 10688 件，2017 年增加到 38672 件，平均每年增长 15.36%，2008 年发明申请专利平均的权利要求数和被引证次数分别为 12.39 次/件和 4.79 次/件，2017 年分别为12.08 次/件和 0.027 次/件，平均每年分别下降 0.28% 和 43.79%；2008年授权发明专利 7341 件，2017 年减少到 1280 件，平均每年减少 17.64%，发明授权专利平均的权利要求数 2008～2017 年呈现轻微的增长趋势，从10.45 次/件增加到 10.88 次/件，平均每年分别上升 0.44%；发明授权专利平均的被引证次数 2008～2017 年呈现显著的下降趋势，从 0.34 次/件下降到 0.027 次/件，平均每年分别下降 24.40%；2008～2018 年新产品开发项目呈现快速上升的趋势。2008 年新产品开发项目为 26982 件，2018年增加到 64306 件，平均每年增长 9.07%；新产品销售收入呈现上升趋势，2008 年通信设备、计算机及其他电子设备制造业新产品的销售收入为72059659.698 万元，2018 年增加到 336089565.714 万元，平均每年增长16.65%。从创新产出的空间分布来看，2008～2018 年，广东新产品开发项目数最多，为 67092 件，占比为 15.82%；其次是江苏，新产品开发项目数为 65073 件，占比为 15.34%；浙江排第三，新产品开发项目数为61707 件，占比 14.55%；2008～2018 年，广东新产品销售收入为349438157.480 万元，占比最高，为 15.84%；其次是江苏，其新产品销售收入为 334734046.156 万元，占比为 15.17%；浙江排第三，其新产品销售收入为 249081322.067 万元，占比为 11.29%。

　　第三，创新主体类型的构成。2008～2017 年，发明申请专利 265101件，剔除掉专利信息中未填写申请主体类型的 721 件专利后，剩余 264380件申请专利，其中，216238 件是企业申请，占比为 81.79%，其次是高等院校，申请专利 19941 件，占比为 7.54%，个人申请排第三，占比为6.90%。从变化趋势来看，企业申请数量及其占比在 2008～2012 年和2013～2017 年两个阶段均排第一，规模从 80544 件增加到 135694 件，比重从 82.76% 下降到 81.22%，企业发明专利申请规模增长 68.472% 的同时比重下降了 1.54%；高等院校和个人申请专利占比呈现相反的变化趋势，相比 2008～2012 年，2013～2017 年高等院校专利数增长了 126.794%，达到 13839 件，比重上升了 2.01%，达到 8.28%；同期个人申请的专利数增长 62.779%，比重下降了 0.37%，降为 6.77%。2008～2017 年，发明授权专利 87096 件，剔除掉专利信息中未填写专利权人类型的 1024 件专利后，剩余 86072 件专利，其中，68905 件来自企业，占 80.06%，其次是高等院校，授权专利 9205 件，占比为 10.69%，研究所排第三，占比为 5.59%。从变化趋势来看，2008～2012 年和 2013～2017 年两个阶段，企业、高等院校和研究所比重最大，各主体类型的排序在两个阶段没有变化，企业授权专利数量两个阶段均排第一，两个阶段授权专利数分别为 40855 和 28050 件，占发明授权专利数的比重分别为 82.46% 和 76.79%，授权专利数下降了 31.343%，比重下降了 5.67%；与此同时，研究所授权专利下降了 41.847%，占比下降了 1.30%，高等院校授权专利增长了 29.923%，增加到 5184 件，占比增加了 6.08%。

第四，创新主体的创新模式。2008～2017 年，发明申请专利以独立申请为主，独立申请专利数 227647 件，占 85.87%；合作申请专利数 37454 件，占 14.13%。从变化趋势来看，2008～2017 年，合作申请发明专利 37454 件，呈现先上升后下降的趋势，从 2174 件上升到 5884 件再下降至 2810 件，但是合作申请的比重呈现出不断下降的趋势，2008 年为 20.34%，2017 年下降到 7.27%。从不同创新模式的创新主体来看，独立申请的 227647 件专利中，剔除掉专利信息中未填写申请主体类型的 691 件专利后，剩余 226956 件专利，其中，183915 件是企业申请，占 81.04%；高等院校申请专利 18763 件，占比为 8.27%；个人申请排第三，占比为 6.80%。合作申请的 37454 件专利，其中，剔除掉专利信息中未填写申请主体类型的 30 件专利后，剩余 37424 件申请专利中，企业作为第一申请人的合作专利有 32323 件，占合作申请专利的 86.37%；个人作为第一申请人的合作专利有 2818 件，占 7.53%，排在第三的是高等院校作为第一申请人的合作专利，占 3.15%。在合作对象的选择上，不同类型的主体的选择呈现明显的差异，44.25% 的企业选择与企业合作申请专利，而研究所、高等院校和其他机构和组织选择与自身同类型的主体合作申请专利的比重非常低，分别为 8.77%、4.33% 和 0，表明研究所、高等院校、其他机构和组织主要通过与异质性的主体进行合作创新，与此相反的是，个人更倾向于与同类型的主体合作申请专利。2008~2017 年，授权专利以独立申请为主，独立申请的发明授权专利数 78727 件，占 90.39%；合作申请的发明授权专利 8369 件，占 9.61%。从变化趋势来看，2008~2017 年合作申请的授权专利呈现先上升后下降的趋势，从 866 件上升到 1203 件再下降至 118 件，但是合作申请的授权专利的比重呈现出不断下降的趋势，2008 年为 11.80%，2017 年下降到 9.22%。从不同创新模式的创新主体来看，独立申请的 78727 件发明授权专利中，剔除掉专利信息中未填写专利权人类型的 1005 件专利后，剩余 77722 件专利，其中，61965 件来自企业，占 79.73%；高等院校授权专利 8472 件，占比为 10.90%；研究所排第三，占比为 5.86%。在 8369 件合作申请的发明授权专利中，剔除掉专利信息中未填写专利权人类型的 19 件专利后，剩余 8350 件专利，企业作为第一申请人的授权专利有 6940 件，占授权专利的 83.11%；高等院校作为第一申请人的授权专利有 733 件，占 8.78%，排在第三的是个人作为第一申请人的授权专利，占 4.74%。在合作对象的选择上，不同类型主体的选择呈现明显的差异，以企业为第一申请人的授权的合作专利，90.63% 是企业与企业合作申请；以个人为第一申请人的授权的合作专利，89.90% 是个人与个人合作申请；而以研究所、高等院校、其他机构和组织为第一申请人的授权的合作专利，其与自身同类型的主体合作申请的比重非常低，分别为 12.84%、5.32% 和 0，表明授权的合作专利一方面主要来自研究所、高等院校、其他机构和组织与异质性的主体合作创新，另一方面来自个人、企业与同类型的主体合作创新。

第五，创新主体的空间分布特征。2008~2017 年，265101 件发明申请专利中，剔除掉专利信息中未填写申请人地址的 73186 件专利后，剩余 191915 件，其中，70854 件来自广东，占 36.92%；北京申请专利 30504 件，占比为 15.89%；江苏排第三，占比为 10.31%。31 个省区市变异系数从 2008~2012 年的 2.783 下降到了 2013~2017 年的 2.077，表明各省区市的差异在缩小，但是变异系数大于1，表明存在极端值或异常值。2008～2012年的四分位距为765，有50%的省区市的发明专利申请在80～845件之间；2013～2017年的四分位距为2960，有50%的省区市的发明专利申请在248～3208件之间。其中，独立申请专利中，广东、北京、江苏位列前三，分别占36.50%、15.04%、10.50%；合作申请专利中，广东、北京、上海位列前三，分别占41.34%、24.83%、8.43%。2008～2017年，87096件发明授权专利中，剔除掉专利信息中未填写申请人地址的20374件专利后，剩余66722件，其中，26333件授权专利来自广东，占授权专利的39.47%；北京授权专利13260件，占比为19.87%；江苏排第三，占比为8.10%。31个省区市的变异系数从2008～2012年的2.973下降到了2013～2017年的1.996，表明各省区市的差异在缩小，但是变异系数大于1，表明存在极端值或异常值。2008～2012年，四分位距为418，有50%的省区市发明授权专利数在34～451之间；2013～2017年，四分位距为546，有50%的省区市发明授权专利数在49～595之间。

第六，合作创新网络的整体特征。2008年创新网络中包含的创新主体数为222个，2016年增加到708个，越来越多的创新主体加入合作创新网络。创新网络密度呈现下降趋势，2008年网络密度为0.047，2016年下降至0.011，网络整体密度都不高，创新主体联系不够紧密。从集聚系数来看，通信设备、计算机及其他电子设备制造业2008年、2010年、2012年的聚集系数都大于1，创新主体之间的连通性较好，2014年和2016年的聚集系数分别为0.179和0.151，数值较小，说明网络的连通性较差。度数中心势较低，2008～2016年均低于0.5%，而且呈现下降趋势，2008年度数中心势为0.482%，2016年下降至0.234%。这说明通信设备、计算机及其他电子设备制造业创新网络的集中趋势并不是很明显，网络中的节点分布相对均匀，没有出现少数节点占据主导地位的情况，缺少创新的领导力量，联系比较松散。2008～2016年合作创新网络的网络平均最短路径长度在2.9～4.2之间浮动；2010年平均最短路径长度最小，为2.911，即任意两个节点之间平均需要通过3个中间节点才能实现连接；

2014 年平均最短路径长度最大，为 4.219，即任意两个节点之间平均需要通过 4 个中间节点才能实现连接。这说明随着网络规模的扩张，通信设备、计算机及其他电子设备制造业合作创新网络节点间的技术知识转移难度增大。

第七，合作创新网络的个体特征。归一化处理后的度数中心度大于 2 的节点共 11 个，包括 9 个企业和 2 个高等院校：中国移动通信集团公司、华为技术有限公司、鸿海精密工业股份有限公司、北大方正集团有限公司、中兴通讯股份有限公司、青岛海尔股份有限公司、国家电网公司、京东方科技集团有限公司、美的集团股份有限公司、清华大学和北京邮电大学。有 12 个主体的合作申请发明专利数量超过 1000 件，分别为鸿海精密工业股份有限公司、鸿富锦精密工业（深圳）有限公司、中国移动通信集团公司、国家电网公司、海洋王照明科技股份有限公司、三星电子株式会社、北京三星通信技术研究有限公司、深圳市海洋王照明工程有限公司、美的集团股份有限公司、中国移动通信有限公司研究院、清华大学、北京奇虎科技有限公司。其中，鸿海精密工业股份有限公司合作对象整体呈现上升趋势，从 2008 年的 7 个上升到 2016 年的 14 个，与此同时，与合作对象的年平均合作次数从 55.43 次下降到 5.86 次，其合作创新的对象主要是企业内部母子公司、大学科研院所以及上下游合作公司；限制度整体呈现下降趋势，2008 年限制度为 0.194，2016 年降至 0.138，说明鸿海精密工业股份有限公司可获取信息、知识等创新资源的概率越来越大，有助于企业技术创新扩散和知识流动，创新能力增强，并且逐渐占据创新主体地位。国家电网公司合作对象整体呈现上升趋势，从 2008 年的 0 个上升到 2016 年的 119 个，与合作对象的年平均合作次数从 0 次上升到 2.14 次；其合作创新的对象主要是企业内部母子公司、大学科研院所和上下游合作的企业。清华大学的创新合作无论是合作广度还是深度都在波动中呈现下降趋势，合作对象从 2008 年的 11 个下降到 2016 年的 7 个，与此同时，与合作对象的年平均合作次数从 6.36 次下降到 1.57 次；2008～2016 年，与清华大学的合作次数在 10 次及以上的主体一共有 9 个，全部是大学科研院所等与企业的合作，创新主体平均合作次数为 54 次。中国移动通信集团公司合作对象 2014 年后呈现快速上升趋势，从 2014 年的 3 个上升到 2016 年的 32 个，与此同时，与合作对象的年平均合作次数从 3 次上升到 15.74 次；其合作创新的对象主要是其全资子公司以及旗下的研究院。海洋王照明科技股份有限公司合作对象整体变化不大，合作范围较窄，但是合作深度波动较为明显，从 2008 年的 0 个上升到 2016 年的 2 个，与合作对象的年平均合作次数 2010 年达到 46 次，2014 年下降到 14.67 次，2016 年进一步下降到 6.5 次；其合作创新的对象主要是企业内部母子公司，且其子公司主要来自广东珠三角地区。三星电子株式会社合作对象整体呈现上升趋势，从 2008 年的 1 个上升到 2016 年的 9 个，与合作对象的年平均合作次数呈现先上升后下降的趋势，从 2008 年的 5 次增加到 2012 年的 20.17 次，随后开始下降，2016 年下降到 7.44 次。美的集团股份有限公司的创新合作广度和深度都呈现上升趋势，合作对象数量从 2008 年的 1 个上升到 2016 年的 16 个，与此同时，与合作对象的年平均合作次数从 1 次上升到 12.06 次；其合作创新的对象主要是企业内部母子公司。北京奇虎科技有限公司的创新合作广度和深度都呈现上升趋势，合作对象数量从 2008 年的 0 个上升到 2016 年的 2 个，与合作对象的年平均合作次数从 0 次上升到 45.50 次。

第八，合作创新网络的省际差异。从 31 个省区市的网络密度来看，通信设备、计算机及其他电子设备制造业网络节点有 31 个，网络密度为 17.817，表明创新主体联系紧密。合作创新主体的聚集系数为 44.167，创新主体之间的连通性很好；度数中心势整体较高，为 16.13%；网络平均最短路径长度值 1.594，表明任意两个节点之间平均需要通过 2 个中间节点才能实现连接，各省区市创新网络之间整体连接效率高。根据各省份的省内合作占比和合作创新对象数量，对 31 个省份进行聚类分析，将 31 个省划分为 3 种类型：高创新合作区包括北京、广东、天津、江苏、四川、上海、山东 7 个省区市，2008~2017 年合作申请发明专利 27184 件、平均每个省区市合作申请 3883.43 件，其合作创新对象数量、省内合作占比最终聚类中心分别为 24 和 35%；中等创新合作区包括重庆、安徽、黑龙江、湖北、浙江、广西、河南、辽宁、陕西、河北、吉林、甘肃 12 个省区市，

2008～2017 年合作申请发明专利 3291 件、平均每个省区市合作申请 274.25 件，其合作创新对象数量、省内合作占比最终聚类中心分别为 14 和 17.5%；低创新合作区包括福建、青海、湖南、贵州、山西、江西、内蒙古、海南、新疆、西藏、云南、宁夏 12 个省区市，2008～2017 年合作申请发明专利 825 件、平均每个省区市合作申请 68.75 件，其合作创新对象数量、省内合作占比最终聚类中心分别为 6% 和 17%。

第九，合作创新网络的城际差异。从 205 个有合作创新的城市网络密度来看，各城市的通信设备、计算机及其他电子设备制造业合作创新网络密度为 0.5161，表明各城市合作创新联系不够紧密。合作创新网络聚集系数为 7.360，创新主体之间的连通性一般；度数中心势为 1.64%，表明网络中的权力或影响力相对较为分散，没有特别突出的中心节点，与高度中心化的网络（如星形网络，其度数中心势接近 100%）相比，这种网络结构可能更加平等和去中心化。网络平均最短路径长度值 2.367，表明任意两个节点之间平均需要通过 3 个中间节点才能实现连接，各城市创新网络之间整体连接效率不够高。根据各城市的市内合作占比和合作创新对象，对 75 个有市内合作的城市进行聚类分析，结果显示：高创新合作地区仅仅包括北京，其合作对象数量为 144 个，市内合作占比为 48.47%；中等创新合作区包括天津、成都、广州、武汉、苏州、杭州、重庆、西安、上海、东莞、深圳 11 个城市，其合作创新对象数量、市内合作占比最终聚类中心分别为 32.58% 和 27.33%；低创新合作区有 62 个城市，其合作创新对象数量、省内合作占比最终聚类中心分别为 6.79% 和 31.83%，表明该类地区创新合作对象较少、合作创新以区域外合作为主。

第七章

中国专利密集型产业合作创新网络对创新绩效的影响研究

　　第五章从宏观、中观、微观层面构建了产业创新效率的影响因素分析框架，分析了影响我国专利密集型产业创新效率快速提升的主要因素，结果表明，科技研发阶段和经济产出阶段两个创新子过程中，人力资本水平、行业盈利能力、对外开放水平都显著促进了创新效率的提升；企业规模、产学研合作水平都在一定程度上抑制了创新效率的提升；研发强度、学习和吸收能力、固定资产投资在科技研发阶段和经济产出阶段中的作用完全相反。研究结论反映出创新活动的复杂性和多维度性，为政府和企业针对性地制定相应的政策和策略，为促进创新效率的提升和经济的可持续发展提供了参考和数据支撑。

　　孙佳怡等（2023）研究发现，企业建立不同的创新结构、采取不同的连接方式都会影响创新绩效，企业连接产学研、供应链这两类主体与创新绩效中度正相关，而企业连接政府与创新绩效是低度正相关；企业采取点对点、网络结构方式、合作的连接方式与创新绩效中度正相关，而采用交易的连接方式与创新绩效是低度正相关。因此，有必要进一步分析创新网络特征对创新绩效的影响。本章在第六章的基础上，仍然以通信设备、计算机及其他电子设备制造业为例，实证检验专利密集型产业合作创新网络特征对创新绩效的影响，旨在揭示合作创新网络结构、网络关系和网络规模特征对创新绩效的具体作用机制，为科研团队、企业等创新主体优化合作网络结构、提高创新绩效提供理论依据。

第一节 合作创新网络影响创新绩效的理论分析

一、合作创新网络的内涵及特征

弗里曼（C. Freeman，1991）首次将"创新网络"定义为以企业间的创新合作作为连结机制的一种应付系统性创新的基本制度安排。此后，学者们陆续对创新网络进行了研究并给出了各自的定义。1995 年，诺纳卡和广田（I. Nonaka & T. Hirotaka，1995）提出，创新网络是一种合并了组织内外部的各种正式与非正式联系的、有助于获取知识的工具。艾肯和魏格曼（J. Aken & M. Weggeman，1998）从创新网络的结构形式角度，将创新网络定义为存在于产品创新过程中的网络组织，这一网络组织是由一些自治的、平等的企业通过建立持久的商业联系而构成的系统。哈里斯、科尔斯和迪克森（L. Harris，A. Coles & K. Dickson，2000）则认为，创新网络是由企业、R&D 机构和创新导向服务供应者等通过正式或非正式的形式，形成的协同创新体，在创新网络内，各类创新参与者努力建立彼此之间互惠、灵活的关系，共同研发新产品，共同实现创新成果的商业化，从而使创新网络的整体创新能力超越参与者们个体创新能力之和。可以看出，国外学者的观点都突出了创新网络是一种正式或者非正式的联系这一特点。盖文启等（1999）认为，创新网络是地方行为主体（企业、大学、科研院所、地方政府等组织及个人）之间在长期正式或非正式的合作与交流关系的基础上所形成的相对稳定的系统。总体来看，创新网络由不同创新主体以及节点之间的联结关系构成，是各部门创新主体为进行系统性创新而形成的网络范式创新合作关系。

合作创新网络具有主体异质性特征。在创新网络中，企业、政府、高等院校和科研机构与金融机构等主体各自扮演着重要的角色，并拥有独特的优劣势和特点。企业通常具有较强的市场敏感度和灵活性，能够快速响应市场变化，进行产品创新和商业模式创新；企业也面临资金限制、技术瓶颈和市场风险。政府可以通过政策支持和资金投入，促进创新网络的发展；政府还可以提供公共服务如基础设施建设，为创新活动创造良好的外部环境。高等院校和科研机构拥有丰富的研发资源和人才，能够进行基础研究和应用研究，为企业提供技术支持和人才培养，但是其研发成果可能与市场实际需求脱节，导致科技成果转化率低。金融机构能够提供资金和金融服务支持，促进创新网络中的资金流动和资源配置，降低创新活动的风险。

合作创新网络具有结构松散性特征。一方面，创新网络中的合作关系是非正式的，这意味着它们不受严格的组织结构或规则的限制，可以更加灵活地形成和解散；另一方面，创新网络具有灵活性，网络中的主体根据市场变化或创新需求快速做出响应，调整合作模式，更好地适应外部环境。结构松散性使得创新网络中的主体能够更容易地共享知识和资源，获得更广泛的信息资源、增强市场竞争力。

合作创新网络具有行为协同性特征。网络中的主体通过知识共享、技术转移等方式共同支持和配合企业的创新活动。协同创新是推动创新网络可持续发展的关键动力。作为一种复杂生态系统，创新网络的构建与持续演化需要协同创新机制来规范和引导。创新网络内部基于知识、政策等创新要素协同进行的价值共创合作是创新网络持续稳定的关键，能够培养主体共赢意识、破除资源障碍，加深连接强度与资源依赖程度，从而扩展网络连接广度，确保创新网络有序、高效和可持续发展（方莹莹，2024）[①]。

二、合作创新网络影响创新绩效的机理

合作创新网络通过促进知识共享、协同创新以及提高资源利用效率等方式，显著影响创新绩效。

[①] 方莹莹：《探索多模式创新网络治理　加快发展新质生产力》，中国网，2024 年 6 月 13 日。

（一）知识共享与溢出效应

合作创新网络是创新主体从外部获取信息与知识的重要途径，尤其是在有限的时间与资源约束下，合作创新网络是创新主体高效快速获取外部知识的有效渠道（R. Gulati，1998）。鲍威尔等（W. Powell et al.，1996）探讨了生物技术产业中创新主体合作与创新的关系，强调了网络中知识共享的重要性。创新主体可以借助外部合作网络获取其内部短缺的知识与信息，创新主体间的合作活动与合作网络对知识的传输、转移和运用发挥着重要的作用（E. Stuart，2000）。这一观点得到了来自代尔和诺贝奥卡（J. Dyer & K. Nobeoka，2000）的实证支持，2000 年，他们研究 Toyota 集团中知识流动的情况，发现 Toyota 及其供应商组成的创新主体网络存在着丰富的、可以共享的知识与信息，协作规则制度化的这一网络具有促进知识在成员间共享的有效机制，即这一网络本质上是一个"知识共享网络"。阿胡贾（G. Ahuja，2000）认为，创新主体之间的合作网络不仅能够促进网络中的知识共享，还能够促进新知识的创造。库科和普雷斯科特（B. Koka & J. Prescott，2002）以科技型大学生创业者为研究对象，发现创业网络多样性越高，创新性创业绩效越好，同时，银行、咨询机构、律师和会计事务所等网络成员均会对创业绩效起到很强的促进作用，这表明多样化的创新网络中，由于不同类型的知识拥有者（如银行、咨询机构、法律专家等）各自拥有独特的知识和技能，当这些知识在网络中流动和共享时，它们能够相互补充，形成完整的知识拼图，网络成员可以直接获取知识，也可以通过观察和学习其他成员的行为和做法间接获得知识，这种知识共享和学习效应有助于创业者不断提升自身能力，进而推动创业绩效的提升。李言睿等（2021）基于复杂网络建立了知识搜索、知识转移及知识创新规则，通过数值模拟证实，网络关系强度正向影响企业知识存量，合作过程中知识的流动与共享助力企业提高创新绩效。

创新网络存在知识溢出效应，即网络成员在创新过程中，通过非正式渠道泄露出的知识被其他成员获取并利用的现象。格里奇（Z. Griliches，1979）的研究较早地探讨了研发活动对生产率增长的贡献，其中涉及了知识溢出的概念。贾菲等（A. Jaffe et al. , 1993）通过分析专利引用数据，证实了知识溢出在地理空间上的局部化特征，为理解创新网络中的知识溢出提供了实证支持。溢出效应反映了经济活动中产生的外部性（E. Glaeser, H. Kallal & J. Scheinkman, 1992），包括集聚外部性和网络外部性，前者强调了知识在传播过程中的距离成本——更加邻近的区位往往更利于企业间知识的共享、匹配与学习，尤其是在交通条件相对较差的环境下，距离对知识在空间中溢出的影响则更为显著（姚常成和吴康，2022）；后者则认为随着生产网络的不断扩张，产业集群的跨区域合作越发明显，不同区域的创新动力不仅取决于其自身要素，更受到了其在多个尺度下生产网络中的分工协作的影响，随着产学研一体化的推进，在企业之外的高等院校和科研机构也开始参与到创新活动中。因此，创新活动的溢出效应不仅局限在纵向产业链上的各企业间，同时也存在于横向企业与高等院校和科研机构之间的知识链上（A. Ter Wal, 2014）。这种溢出效应可以降低研发成本、促进知识的传播和共享、加速创新成果的扩散和应用，进而提高整个网络的创新绩效。熊志飞和张文忠（2022）以中国新能源汽车产业的创新活动为研究对象，利用新能源汽车产业的合作专利数据构建了中国新能源汽车产业的城市合作矩阵，识别了其创新网络的结构及演化过程，运用空间杜宾模型计算了中国新能源汽车产业创新活动的网络溢出效应，结果发现，中国新能源汽车产业形成了一定规模的创新网络，网络中规模较大的省会城市和首府城市拥有更多的企业及政策优势来吸引其他企业或科研机构开展新能源汽车的研发活动，并推动邻近城市共同参与到相关研发活动中，中国新能源汽车产业的创新发展存在显著为正的网络溢出效应。

（二）资源整合与协同效应

贝克和纳尔逊（T. Baker & R. Nelson, 2005）最早将资源拼凑定义为组合手头资源并即刻行动，解决新问题和发现新机会。关于资源拼凑对新创企业绩效的影响尚未形成定论，有学者认为，资源拼凑是对资源创新利用以实现价值创造的重要路径，是化解技术、人员和物资材料等要素资源约束难题，帮助企业进行产品创新、技术创新和商业模式创新的重要方式（H. Guo et al.，2016）。资源拼凑的水平越高，企业绩效越好（赵兴庐、刘衡和张建琦，2017）。也有学者认为，资源拼凑往往具有临时性和局限性的特点，导致资源拼凑的结果可能重复、低效，尤其是在特定情景下采取的拼凑，其结果对企业存在的普遍现象并不适用，过度拼凑可能给新创企业绩效带来消极影响（吴亮和刘衡，2017）。王海花、谢萍萍和熊丽君（2019）根据网络规模、网络多样性、关系强度将创业网络分为正式网络和非正式网络，推演出两类创业网络影响新创企业绩效的机制以及资源拼凑的中介作用，从创业学习的角度探讨利用式学习和探索式学习在资源拼凑与新创企业绩效关系中的调节作用，并采用问卷调查方法收集204 份来自新创企业的有效问卷进行实证检验，结果显示，创业网络是影响新创企业绩效的重要因素，正式网络多样性和关系强度对新创企业绩效有显著的正向影响，资源拼凑在正式网络的网络多样性和关系强度以及非正式网络的网络规模、网络多样性、关系强度对新创企业绩效的影响中起中介作用，探索式学习在资源拼凑对新创企业绩效的影响中起正向调节作用。

创新网络中高效的协同创新行为是提高整体创新网络创新绩效的关键（莫琦等，2023）。创新网络中的主体将来自不同渠道和领域的资源进行整合和组合，使其形成互补、互助的关系，其中集中的经济活动和联合创新活动降低了创新的成本与风险，使创新主体获利于劳动力红利、规模经济与范围经济，从而导致创新系统中主体间合作创新产生的绩效远大于各要素单独作用的绩效。因此，创新主体要善于进行资源整合和拼凑，实现对资源的创造性利用，并加强探索式学习。

三、合作创新网络对创新绩效的影响

合作创新网络对创新绩效的影响，表现为创新网络结构、创新网络关系及创新网络规模对创新绩效的影响。

1. 合作创新网络结构

反映网络结构的核心指标包括网络密度、中心性、中心度和结构洞等。

网络密度是对整体网络特征的描述指标之一，在创新网络中，网络密度能对知识转移的广度及深度造成影响（伊辉勇和陈豪，2024）。网络密度大说明网络中的可达性高，创新主体间拥有良好的信任关系，信息流动和资源共享也更快、更有效，密集的网络结构可能促进中心性的形成，这有利于创新主体间持续建立协同创新关系，提升协同创新绩效（程跃、钟雨珊和陈婷，2023）。

紧密的创新网络有以下优势：（1）知识能够在更大范围的网络中进行快速传播，网络中节点能够以较小成本获取创新资源（张悦、梁巧转和范培华，2016）。在一个高密度的网络中，每个节点都能更直接地接触到其他节点，信息和资源在网络中流动和共享的速率更快（赵类、王琦和郑向杰，2016）。（2）紧密的网络有助于网络中节点形成深度的合作关系，加强成员之间的信任，促进知识的共享，进而对创新产生积极的影响。格尼亚瓦利和马德哈万（D. Gnyawali & R. Madhavan，2001）认为，网络内的连接数量和成员间的互动频率随着网络密度的提升而增加，促成网络成员间共享准则及共同行为模式的形成，而且高密度网络能有效防范机会主义行为，促进知识的交流和共享（G. Bell & A. Zaheer，2007；张红娟和谭劲松，2014）。

关于网络密度对创新绩效的影响，实证结果不完全一致。伊辉勇和陈豪（2024）探究了产学研知识距离、网络密度与探索型、应用型创新绩效之间的联系，结果表明，网络密度与应用型创新负相关，对探索型创新绩效影响不显著。李海林、陈多和林伟滨（2023）以 WOS（Web of Science）数据库中医学信息学领域 2011～2020 年合著论文识别出的 1418 个科研团队为研究对象，结果发现，流线型、网状型和混合型三种团队合作呈现出网络密度越小，团队越容易产生较高的创新绩效的现象。

网络位置的不同会影响企业所获得资源的数量与质量，进而带来创新绩效的差异（任胜钢，2010）。网络位置对创新绩效的影响体现在两个方面：一是影响创新主体异质知识的获取。在日益激烈的竞争和快速发展的技术下，创新主体需要积极地与外部创新主体联系并获取异质知识，以便将自身技术优势与其他技术结合起来，促进双方的创新产出（G. Ahuja & R. Katila，2001），进而实现自身目标。创新主体会因为处于网络中的核心位置而获得多样性的技术知识与信息，并将多样性的知识和技术进行重新组合，实现创新（J. Dong et al.，2017）。二是影响创新主体的资源控制能力。创新主体会因为其处在网络中的关键位置而获得更大的控制外部创新的能力，利用其资源控制能力，结合自身所拥有的技术知识，与外部创新主体合作开展创新活动，可以提升创新绩效（X. Xie et al.，2018）。

中心性可以衡量企业距离网络中心位置的远近，是对于组织权力的量化分析，反映企业对网络中社会资源的掌控程度（苏灿，2021）。企业通过占据中心位置，可以与不同类型的成员进行多层面的技术合作和知识交流（陈琪，2013），企业在合作网络中的中心性越高，与网络中其他成员的连接关系便越紧密，越能接触到更多与自身内部知识库相异的知识（J. Jansen et al.，2006）。但是中心性超出一定中心阈值，过多的信息会造成冗余并对创新绩效产生负面影响。米捷（2013）研究发现，中心性对创新绩效的影响呈现倒"U"形，即过低的中心性会导致网络结构过于分散，过高的中心性会导致网络其他成员信息交流意愿的降低，会影响创新网络的信息传递。付雅宁等（2018）的研究同样证实了创新网络中心性与创新绩效呈倒"U"形关系。

度数中心度代表网络节点在合作创新网络中与其他节点联系的范围与宽度，是衡量创新主体网络中心化程度的关键指标（曾萍、黄紫薇和夏秀云，2017），高度数中心度的创新主体位于网络中心位置，建立了较多的外部合作关系且能够接触丰富多样的知识资源，在开展创新活动时将互补性技术与知识进行整合吸收，可以提高技术创新效率（杜玉申和刘梓毓，2021）。同时，创新主体获取信息的渠道越多，对外界行业动态与环境变化情况的感知度越高，能够及时掌握社会需求并调整研发方向，因此，创新的不确定性与风险相对较低（解学梅和左蕾蕾，2013）。金（H. Kim，

2019）实证检验了网络位置对创新主体创新方式与效率的影响，发现较高的度数中心度使创新主体拥有一定的信息获取优势。李敏等（2017）以江西为例，证实了处于创新合作网络中不同位置的创新主体拥有不同类型与数量的资源，位于中心位置的创新主体技术产出水平最高，节点中心度正向影响技术创新绩效。

结构洞是创新网络中异质性信息流动的枢纽，占据网络结构洞位置的节点享有信息优势和控制优势，能够将没有直接联系的个体联系起来，能与更多的组织进行互动和交流，能从中获得有价值、异质性信息和资源（T. Rowley & B. Krackhardt，2000）。伯特（R. Burt，1995）认为，增加结构洞或降低网络冗余度是构建效率高、信息丰富的网络的重要策略；结构洞较少则会降低对异质性知识的获取，容易形成知识"孤岛"（付雅宁、刘凤朝和马荣康，2018）。与此相反，章丹等（2013）认为，拥有的结构洞过多会加大合作伙伴实施专利剽窃、违约等机会主义行为的可能性，降低企业的技术创新能力；罗鄂湘等（2018）的研究表明，结构洞与企业技术创新能力之间存在着倒"U"形关系。

2. 合作创新网络关系

合作创新网络离不开企业间关系情境。格拉诺维特（M. Granovetter，1985）认为，网络成员的行为会受到整体网络结构以及网络中其他主体活动的影响。网络关系衡量创新网络中创新主体之间联系的密切程度，关系强度是情感强度、互相信任、互动频率和互惠服务的线性组合，反映了网络成员之间的交互频率，是企业获取并整合创新资源的重要影响因素（罗家德，2005）。强关系代表创新主体之间接触频繁，有长期互利关系以及持续、重复且稳定的深度合作，管理者之间高度信任，资源共享程度较高，通常容易获得最新的知识与技术资源，因此，强关系对于创新主体来说是一种有利的社会资本。而弱关系则是指网络节点在情感上联系较为疏松，也不太频繁的单一社会关系。

已有研究表明，企业间的合作关系与网络连接有助于技术创新绩效的提升（M. Freel & R. Harrison，2006；R. Lee，2010），但对于强关系与弱关系哪种更能促进技术创新绩效的提升，学界尚有争议。科尔曼（J. Coleman，

1994）认为，强关系更能促进企业技术创新绩效的提升，这是因为强关系是网络成员获取社会资本的前提条件，同时，强关系意味着网络成员间交流频繁、联系紧密、彼此信任，更有利于信息与知识的高效传递和分享。因此，强关系更加有利于网络成员形成和维持彼此信任、相互合作的格局，进而促进技术创新绩效的提升。黄艳等（2017）对中小企业进行问卷调查，证实网络成员间信任程度会随着其建立联系的时间推移而递增，强关系有利于网络中隐性知识的传播与扩散，关系强度正向影响创新绩效。总的来看，创新主体之间关系联结越紧密，信任度越高，可以有效避免机会主义行为的发生，降低组织成本和信息搜索成本，获取信息与控制收益，提高创新活动的效率与成功的可能性。杜玉申和刘梓毓（2021）认为，弱关系不需要关系承诺与投资，资源共享与互惠程度较低，因此，创新主体难以获得技术多元化所需的外部创新资源。相反，格拉诺维特（M. Granovetter，1983）和辛格（R. Singh，2000）等认为，强关系限制了网络边界的拓展，容易产生知识与资源冗余。由于强关系网络内部成员所拥有的知识、资源高度相似和同质化，从而产生"嵌入性"问题，不利于新知识的创造和发掘，不利于创新绩效的提升。而弱关系网络中则存在大量异质性知识与资源，更加有利于新知识的产生，同时，由于弱关系网中往往存在大量具有"桥接"作用的结构洞（S. Burt，2004），更加有利于网络边界的拓展和新知识的流入，因此，弱关系可以更加有效促进技术创新绩效的提升。吴晓云和王建平（2017）则从资源基础观的角度出发，认为强关系网络与弱关系网络为企业创新提供了两类不同的资源，各有利弊；强关系主要为创新提供彼此信任和充分交流的情感资源，弱关系则主要为创新提供异质性和多样性的知识资源，二者均是提升技术创新绩效的必要条件，均可提升企业技术创新绩效。至于强、弱关系哪种更加有效，则取决于具体情境和企业的其他创新条件，强关系更有利于利用式创新，弱关系则更有利于探索式创新。

3. 合作创新网络规模

网络规模是网络成员数量的总和，通常用网络中的结点数量来表征（于明洁、郭鹏和张果，2013），其对于创新绩效的作用体现在规模效应、创新机会和资源获取等方面（池仁勇，2005）。

网络规模越大创新主体可获取的异质性知识、外部资源和机会越多，越有利于提升创新绩效（李纲等，2017）。实证研究结果支持了这一结论，如李小龙、张海玲和刘洋（2020）运用动态网络分析法对科研合作网络进行研究，结果发现，高绩效科研合作网络具有整体规模相对较大且网络密度变化稳定的特点。赵彦志和梁秋莎（2022）基于376份大学调查问卷数据，探讨了跨境教育联盟组合网络特征对大学创新绩效的影响，结果发现，跨境教育联盟组合伙伴多样性、联结强度和网络规模三个网络特征均对大学创新绩效具有显著的直接促进作用。

但也有学者认为网络规模并非越大越好。周凌玥等（2022）指出，网络规模越大，协调和管理成本就越高，这会分散投入创新主体创新的资源，一定程度上抑制了创新主体对外部知识的吸收再创造活动，从而降低创新主体的创新产出。

此外，网络规模对创新绩效的影响与创新主体多样化程度有关。创新网络的主体成员包括企业、大学、研究机构、政府、金融机构和中介机构等，各个主体具有不同的功能，拥有不同的资源、技术和能力。而资源、技术和能力异质性是创新主体间知识转移的前提，也是创新主体间学习过程中的关键因素（连远强和刘俊伏，2017）。因此，网络中具备异质性资源的主体越多，就越能促进网络中的知识转移和流动。创新过程能够将网络中的各类知识整合并重组编织在一起（L. Fleming，2001），各类知识彼此之间相互关联与互补，促进区域内新知识的产生、传播和商业化，同时，从知识转移的角度来看，网络成员是这些知识元素的载体，网络中不同成员因各自不同的性质、规模和年龄而拥有不同的信息、知识和经验，这些成员的差异性越大、种类越多，协同创新网络的知识多样性越强（J. Hagedoorn et al.，2018），这一观点得到了毕静煜和谢恩（2021）等的证实。

第二节　合作创新网络影响创新绩效的
指标选择、模型和方法

一、变量和指标选择

考虑到第四章、第五章已经从创新投入和创新产出的角度测算了创新效率并且从宏观、中观和微观层面分析了影响创新绩效的因素。本章以通信设备、计算机及其他电子设备制造业的合作申请专利数据为基础，提取专利数量、专利引证次数、专利被引证次数、专利权利要求数、专利申请人类型等信息，围绕创新的直接产物——专利探讨合作创新网络对创新绩效的影响。

（一）因变量

因变量为创新绩效。已有研究中，学者们采用不同的指标衡量创新绩效。哈格多恩和克洛特（J. Hagedoorn & M. Cloodt，2003）利用 R&D 投入、专利、专利引用和新产品发布来衡量创新绩效。温成玉和刘志新（2011）在测度高技术上市公司的创新绩效时，认为专利具有独创性、独占性和排他性，能够较好地测度一个企业的技术创新水平，因此，将发明专利数作为创新绩效的代理变量。李政和陆寅宏（2014）在对比国有企业与民营企业创新能力过程中，认为专利数指标具有通用性、一致性和可获得性等优点，因此，选择上市公司专利申请数量作为创新绩效的衡量指标。本章围绕专利展开研究，参考法蕾等（O. Faleye et al.，2014）、俞立平等（2020）的做法，从合作创新数量和合作创新质量两个方面反映创新绩效，采用合作专利数作为合作创新数量的代理指标。考虑到专利被引证次数是专利被后续专利引用的次数，被引次数高的专利往往是质量高的专利（国家知识产权战略网，2019）①，采用合作专利被引证次数作为合作创新质量的代理指标。

稳健性检验中，分别采用合作专利引证数量、合作专利权利要求数替代合作专利数、合作专利被引证次数，作为合作创新数量、合作创新质量的代理指标。

（二）自变量

前文已经明确，创新网络结构、创新网络关系、创新网络规模会影响创新绩效，结合数据可得性，选用网络地位、是否主导合作作为创新网络结构的代理指标，网络根植性和合作深度作为创新网络关系的代理指标，合作广度作为合作创新网络规模的代理指标，同时将创新主体类型及主导合作创新数量作为异质性检验指标。指标的计算如下：

网络地位：处于网络中心地位的创新主体在获得创新资源上占据优势，并能有效促进其创新能力的提升（S. Burt et al.，1998）。采用巴拉巴和阿尔伯特（A. Barabási & R. Albert，1999）提出的公式 $P_i = \sum_j x_{ij} \sqrt{\sum_h x_{hj}}$ 计算网络地位，其中，P_i 为创新主体 i 的网络地位；x_{ij} 为创新主体 i 和 j 之间的合作申请专利次数。该公式能够较好地测量某一主体拥有的合作伙伴吸引更多合作伙伴的能力。

是否主导合作：合作创新中有主导者和参与者两种角色，主导合作者通常拥有更多的资源、更强的控制力和更高的贡献度。将合作专利的第一申请人作为主导者，其他申请人作为参与者，反映创新主体在合作网络中的影响力、控制力和贡献度。

网络根植性：根植性被认为是增强信息共享、促进知识内部化，从而增强创新能力的重要因素（李顺才和李伟，2007）。参考宓泽锋、曾刚（2017）的做法，采用三元闭包模型来衡量创新主体的网络根植性，公式为 $T_i = \sum_{j,h} x_{ij} x_{ih} x_{hj}$。三元闭包模型可以较好的测度一个行为主体和两个已

---

① 《浅析"高质量专利"与"高价值专利"》，国家知识产权战略网，2019 年 8 月 28 日。

经是合作伙伴的行为主体建立联系的能力，同时也反映出网络向三元结构演化的趋势。

合作深度：合作深度反映合作创新网络中的创新主体之间的关系强度。胡欣悦等（2018）用两个行为主体间建立合作关系的次数衡量网络关系强度，主体间信息交换与知识共享行为越多，网络强度越高。借鉴已有研究，将网络中各类创新主体作为节点，两个主体之间建立合作关系的次数即合作申请专利数量，作为节点连线数值。将一个节点的合作频次之和与其合作主体数量之比作为测度合作深度的指标。

合作广度：劳森和索尔特（K. Laursen & A. Salter，2006）将开放广度定义为企业与外部合作创新要素合作的数量，参考其做法，将合作广度定义为与创新主体合作的其他主体的数量。

创新主体类型：如前所述，为聚焦于企业、研究所、高校等更组织化的实体，探讨机构间的专利合作和创新网络等，合作创新网络中分析的创新主体为企业（C）、研究所（R）、高等院校（U）、其他机构和组织（O）。

主导合作创新数量：第一申请人与其他创新主体合作申请的专利数量。

二、回归模型和方法

为了检验合作创新网络对创新合作数量和创新合作质量的影响，采用如下回归模型：

$$Y_i = \beta_i + \beta X_i + \varepsilon_i \qquad (7-1)$$

其中，β 为估计参数；Y_i 为被解释变量，i 为合作创新主体，合作创新数量采用合作专利数（NP），合作创新质量采用合作专利被引证次数（BCP），X_i 为解释变量，包括合作广度（WC）、合作深度（DC）、网络地位（RN）、网络根植性（NEI）、省外合作次数（COP）、是否主导合作创新（ISD）；ε_i 为残差。在稳健性检验中，合作创新数量采用合作专利引证次数（YP），合作创新质量采用合作专利权利要求数（CP）。异质性分析中，重点进行两个方面的对比：一是对创新合作主体的不同类型进行分析，重点考察企业、高等院校和研究所这两类主体创新网络与创新绩效关系的差异；二是对主导合作专利数的不同水平进行分析，结合变量的描述性统计分析结果，重点分析主导合作创新专利数不低于 100 件和 0 ~ 100 件两种水平下，创新网络与创新绩效的关系。

基准回归和稳健性回归中的因变量合作专利数、合作专利引证次数、合作专利被引证次数、合作专利权利要求数均为计数数据。对于计数数据而言，通常采用泊松回归或负二项回归。泊松分布与负二项分布有着内在的联系，当泊松分布的参数 λ 不再是一个确定的数值，而是服从伽马分布时，此时的分布形式称为伽马—泊松混合分布，负二项分布是伽马—泊松混合分布的特例。泊松分布的概率函数如下：

$$P(X = x) = \frac{\lambda^x}{x!}e^{-\lambda} \tag{7-2}$$

伽马分布的概率密度函数如下：

$$f(x) = \frac{\beta^\alpha}{\Gamma(\alpha)}x^{\alpha-1}e^{\beta x} \tag{7-3}$$

其中，α 为形状参数，β 为逆尺度参数。

负二项分布的概率函数如下：

$$P(X = x) = C_{k-1}^{r-1}p^r(1-p)^{k-r} \quad k = r, \ r+1, \ \cdots \tag{7-4}$$

当 $\alpha = r$，$\beta = \frac{p}{1-p}$时，负二项分布与伽马—泊松混合分布相等。

泊松回归的内在要求是因变量的数学期望和方差相等，当数据序列出现"过度离散"（方差与期望值相差太大）时并不适应。对于过离散数据，一般采用负二项回归。因此，计数数据最终采用泊松回归还是负二项回归模型取决于变量数据是否过离散。

三、变量的描述性统计和相关性检验

表 7 - 1 显示，2008 ~ 2017 年，通信设备、计算机及其他电子设备制造业合作创新网络的创新主体有 2513 个。从合作专利数来看，2513 个主体合作专利数为 49301 件，平均合作专利数约为 20 件，合作专利数不低

于100个的主体有66个，占合作创新主体数量的2.63%，其合作专利数占合作专利总数的70.34%。从合作专利引证次数来看，2513个主体引证专利次数为163162次，平均每个主体引证专利次数约为65次，引证专利次数不低于100个的主体有147个，占合作创新主体数量的5.85%，其引证专利次数为138596次，占引证专利总次数的78.91%。从合作专利被引证次数来看，2513个主体被引证次数80660次，平均每个主体被引证次数约为32次，专利被引证次数不低于100个的主体有92个，占合作创新主体数量的3.66%，其专利被引证次数为63652次，占被引证总数的78.91%。从合作专利权利要求数来看，2513个主体权利要求数为668121个，平均每个主体权利要求数约为266个，权利要求数不低于200个的主体有254个，占合作创新主体数量的10.11%，其权利要求数为602291个，占权利要求总数的90.15%。

表7-1　　　　　合作创新网络与创新绩效相关变量描述性统计

变量	均值	标准差	最小值	最大值
合作专利数（NP）（件）	19.618	172.407	1	4838
合作专利引证次数（YP）（次）	64.927	722.597	0	25343
合作专利被引证次数（BCP）（次）	32.097	269.785	0	9111
合作专利权利要求数（CP）（个）	265.866	2659.356	0	90806
合作广度（WC）	8.97	7.797	7	370
合作深度（DC）	2.338	12.714	0.25	462.727
网络地位（RN）	2486.239	22452.331	2.828	794073.938
网络根植性（NEI）	193790.056	4330865.540	0	122352260.00
省外合作次数（COP）（次）	9.548	94.702	0	3462
主导合作专利数（DP）（件）	10.614	119.756	0	3980
是否主导合作创新（ISD）	0.553	0.497	0	1

2513 个创新主体平均每个主体与其他约 9 个主体进行创新合作，合作广度最大的主体与 370 个主体进行创新合作，合作广度不低于 20 的主体有 33 个，占合作创新主体数量的 1.31%，其合作对象有 1287 个。2513 个创新主体与合作对象合作的专利数平均约为 2 件，与合作对象合作专利平均数最多的约有 463 件，合作深度不低于 20 件的主体有 49 个，占合作创新主体数量的 1.95%。2513 个创新主体网络地位的平均值为 2486.239、网络根植性平均水平为 193790、参与省外合作的次数平均为 9.548 次；2513 个创新主体平均主导合作专利数约 11 件，41 个主体主导的合作创新专利数不低于 100 件。作为第一申请人主导合作创新的主体有 1390 个，其中，85.32% 的合作创新主导者是企业，6.91% 的合作创新主导者是高等院校，5.97% 的合作创新主导者是研究所。

相关系数回归结果表 7 - 2 显示，除了网络根植性与其他变量的相关系数未通过 5% 的显著性水平检验外，其他相关系数均显著。

表 7 - 2　　　　　　合作创新网络与创新绩效变量相关性检测结果

序号	1	2	3	4	5	6	7	8	9	10	11
1	1										
2	0.955*	1									
3	0.898*	0.922*	1								
4	0.947*	0.877*	0.830*	1							
5	0.245*	0.1889	0.193*	0.194*	1						
6	0.537*	0.4654	0.647*	0.391*	0.069*	1					
7	0.690*	0.7090*	0.827*	0.513*	0.190*	0.843*	1				
8	0.002	0.002	0.005	0	-0.003	0.013	0.004	1			
9	0.672*	0.696*	0.782*	0.501*	0.308*	0.722*	0.951*	-0.002	1		
10	0.824*	0.686*	0.626*	0.864*	0.159*	0.428*	0.343*	0.002	0.314*	1	
11	0.067*	0.056*	0.063*	0.064*	0.072*	0.066*	0.058*	0.035	0.052*	0.080*	1

注：（1）数字 1 - 11 分别表示合作专利数、合作专利引证次数、合作专利被引证次数、合作专利权利要求数、合作广度、合作深度、网络地位、网络根植性、省外合作次数、主导合作专利数、是否主导合作创新。（2）* 表示通过 5% 的显著性水平检验。

第三节　合作创新网络影响创新绩效的实证检验

对基准回归和稳健性回归中的因变量合作专利数、合作专利引证次数、合作专利被引证次数、合作专利权利要求数进行过离散判断，结果显示，合作专利数的标准差 172.407 是均值 19.618 的 8.788 倍，合作专利引证次数的标准差 722.597 是均值 64.927 的 11.129 倍，合作专利被引证次数的标准差 269.785 是均值 32.097 的 8.405 倍，合作专利权利要求数的标准差 2659.356 是均值 265.866 的 10.003 倍，不满足泊松回归的数值等离散要求。因此采用负二项回归模型进行分析。

一、合作创新网络与合作创新数量的关系实证

以合作专利数为因变量，合作广度、合作深度、网络地位、网络根植性、省外合作次数、是否主导合作创新为自变量进行回归，并使用方差膨胀因子 VIF 检查多重共线性程度，结果显示，网络地位、省外合作次数、合作深度、合作广度、是否主导合作创新、网络根植性的 VIF 值分别为 24.25、15.99、4.51、1.27、1.01 和 1.00，表明变量之间存在多重共线性。去掉网络地位后，省外合作次数、合作深度、合作广度、是否主导合作创新、网络根植性的 VIF 值分别为 2.43、2.21、1.17、1.01、1.00，变量之间不存在多重共线性。因此，合作创新网络与合作创新数量实证分析中，包含的自变量为合作广度、合作深度、网络根植性、省外合作次数和是否主导合作创新。

负二项回归中，α 值为 1.017，95% 的置信区间为 [0.825，1.253]，进一步证实数据属于过度离散型，适合采用负二项回归。

表 7-3 显示，合作广度对合作创新数量产生显著的正向影响，当合作广度增加 1 个单位时，合作创新数量将变为原来的 1.222 倍。表明合作广度的增加确实有助于提高合作创新数量。这一发现为创新主体制定合作

策略提供了重要依据。为了提高合作创新效果，创新主体应该寻求扩大合作范围，与更多的伙伴建立合作关系。

表 7 − 3　　　　　　合作创新网络与合作创新数量模型回归结果

结构特征	IRR（发生率比）	稳健标准误	z 统计量	p 值	95% 置信区间	
合作广度	1.222	0.058	4.240	0.000	1.114	1.340
合作深度	1.187	0.033	6.130	0.000	1.124	1.254
网络根植性	1.003	0.012	0.250	0.806	0.980	1.027
省外合作次数	0.991	0.002	− 5.700	0.000	0.988	0.994
是否主导合作创新	1.864	0.206	5.650	0.000	1.502	2.314
常数	0.453	0.175	− 2.050	0.040	0.213	0.966
α 值	1.017	0.108			0.825	1.253
样本量	2513					

合作深度对合作创新数量产生显著的正向影响，当合作深度增加 1 个单位时，合作创新数量将变为原来的 1.187 倍。表明随着与合作对象的合作次数增多，合作创新数量也会相应增加。这显示了深入合作在推动创新方面的显著效果，强调了长期、深入的合作关系在推动创新方面的积极作用。

网络根植性对合作创新数量产生了正向影响，但是不显著。正向影响意味着随着网络根植性的增加，合作创新的数量也有增加的趋势。企业在网络中的紧密联系和良好关系有助于促进资源共享、信息交流和信任建立，从而为合作创新创造有利条件，其作用不显著性可能是存在其他未考虑到的变量或因素，这些变量或因素可能对合作创新数量产生更大的影响，从而掩盖了网络根植性的效应。而且网络根植性与合作创新数量之间的关系可能受到非线性、调节效应或其他复杂机制的影响，而当前的研究模型未能充分捕捉到这些复杂性。

省外合作次数对合作创新数量的发生率比（Incidence Rate Ratio,

IRR）回归系数为 0.991，表明省外合作次数与合作创新数量之间存在负向关系，但影响微弱。具体来说，当省外合作次数增加 1 个单位时，合作创新数量略有减少，将变为原来的 0.991 倍。这也表明，如果合作不够深入或质量不高，单纯的省外合作次数增加并不一定能带来合作创新数量的增加。

是否主导合作创新对合作创新数量的 IRR 回归系数为 1.864，表明主导创新合作能显著促进合作创新数量增长，当主导合作创新这一变量从 0 变为 1 时，合作创新数量将增加 186.4%。表明在合作创新中主导作用对于提升创新数量的重要性，创新主体应该考虑在合作中扮演更积极的角色，以期望获得更多的创新成果。

二、合作创新网络与合作创新质量的关系实证

合作创新网络与合作创新质量实证分析中，合作专利被引证次数为因变量，合作广度、合作深度、网络根植性、省外合作次数和是否主导合作创新为自变量。

负二项回归中，α 值为 3.628，95% 的置信区间为 ［3.281，4.013］，进一步证实数据属于过度离散型，适合采用负二项回归。

回归结果表 7-4 显示，合作广度对合作创新质量产生显著的正向影响，当合作广度增加 1 个单位时，合作创新质量将变为原来的 1.224 倍。信息共享和知识共享是合作创新过程中的关键因素，能够促进技术交流和知识边界探索（龙小宁、刘灵子和张靖，2023），更广泛的合作意味着合作双方能够利用彼此的资源互补优势，这有助于解决创新过程中的难题，提高创新的成功率。政策制定者应鼓励实体在合作创新中寻求更广泛的合作如促进不同领域、不同行业之间的合作以及国际的合作等，以提升创新的质量和效率。

表 7 – 4   合作创新网络与合作创新质量模型回归结果

结构特征	IRR（发生率比）	稳健标准误	z 统计量	p 值	95% 置信区间	
合作广度	1.224	0.059	4.190	0.000	1.114	1.346
合作深度	1.193	0.041	5.090	0.000	1.115	1.277
网络根植性	0.998	0.002	– 0.900	0.368	0.994	1.002
省外合作次数	0.991	0.002	– 4.880	0.000	0.987	0.995
是否主导合作创新	1.656	0.222	3.760	0.000	1.273	2.155
常数	0.790	0.317	– 0.590	0.557	0.360	1.735
α 值	3.628	0.186			3.281	4.013
样本量	2513					

合作深度对合作创新质量产生显著的正向影响，当合作深度增加 1 个单位时，合作创新质量变为原来的 1.193 倍。可能是因为更深入的合作能够促进更深层次的信息共享、知识交流和资源整合，从而促进创新的发生和发展。

网络根植性对合作创新质量产生了负向影响，但是不显著。表明网络根植性与合作创新质量之间的关系可能并不强烈，即使网络根植性发生变化，合作创新质量的变化程度也相对较小。

省外合作次数与合作创新质量呈现显著的负相关关系，表明现阶段省外合作次数的增加并没有带来合作创新质量的相应提升，反而导致了创新质量的下降，这可能是因为省外合作涉及更多的协调和管理成本，或者合作双方的文化差异和地理距离增加了合作的难度。因此，创新主体在寻求省外合作时，要选择与自身战略目标更匹配的合作伙伴，通过建立有效的合作平台和机制，降低合作过程中的管理成本和协调成本，从而提高合作创新的质量和效率。

是否主导合作创新对合作创新质量的 IRR 回归系数为 1.656，通过了1% 的显著性水平检验。表明相比没有主导合作创新的主体而言，主导创新合作的主体的创新质量增长更高，是没有主导合作创新的主体创新质量的 1.656 倍。表明在合作创新中，扮演更积极的角色有助于提高合作创新成果质量。

三、稳健性检验

采用合作专利引证次数替代合作专利数反映合作创新数量，采用合作专利权利要求数替代合作专利被引证次数反映合作创新质量。

表 7-5 显示，以合作专利引证次数为因变量的负二项回归中，α 值为 2.479，95% 的置信区间为［2.164，2.841］，进一步证实数据属于过度离散型，适合采用负二项回归。回归结果显示，合作广度、合作深度、是否主导合作创新都显著促进了合作创新数量的增长，省外合作次数对合作创新数量产生了显著的、较小的负向作用，网络根植性对合作创新数量的影响不显著，这与基准回归模型的结果一致，表明创新网络对创新产出数量的影响具有稳健性。

表 7-5　　合作创新网络与合作创新数量稳健性检验模型回归结果

结构特征	因变量：专利引证数			因变量：权利要求数		
	IRR（发生率比）	稳健标准误	p 值	IRR（发生率比）	稳健标准误	p 值
合作广度	1.223	0.059	0.000	1.232	0.058	0.000
合作深度	1.206	0.039	0.000	1.247	0.053	0.000
网络根植性	1.003	0.011	0.459	0.997	0.003	0.459
省外合作次数	0.991	0.002		0.988	0.002	
是否主导合作创新	1.973	0.286	0.000	2.788	0.532	0.000
常数	1.200	0.480	0.001	3.696	1.453	0.001
α 值	2.479	0.172		1.636	0.147	
样本量	2513			2513		

以合作专利权利要求数为因变量的负二项回归中，α 值为 1.636，

95%的置信区间为［1.371，1.951］，证实数据属于过度离散型，适合采用负二项回归。回归结果显示，合作广度、合作深度、是否主导合作创新都显著促进了合作创新质量的增长，省外合作次数对合作创新质量产生了显著的、较小的负向作用，网络根植性对合作创新质量的影响不显著，这与基准回归模型的结果一致，表明创新网络对创新产出质量的影响具有稳健性。

四、异质性检验

（一）创新主体类型异质性检验

从合作创新主体类型来看，2513个合作创新主体中，2141个是企业，占85.20%；高等院校155个，占6.17%；研究所182个，占7.24%；其他机构和组织35个，占1.39%，由此可见，合作创新主体中，企业是占比最大的。企业和高等院校、研究所在组织结构、目标导向、资源禀赋等方面存在显著差异。企业通常更注重市场需求导向的创新，以实现经济效益为目标；而高等院校和研究所则更侧重于基础研究和学术价值的探索。因此，在合作过程中，企业和高等院校的创新行为和成果可能会有所不同。为了检验创新网络对创新绩效的影响在不同类型的创新主体之间的异同，同时考虑到样本量的大小，针对企业、高等院校和研究所这两类主体，实证分析合作广度、合作深度、网络根植性、省外合作次数、是否主导合作创新等对合作创新数量和合作创新质量的影响。

表7-6显示，以合作专利数为因变量，合作创新主体为企业、高等院校和研究所的负二项回归中，α值分别为1.070、0.303，95%的置信区间分别为［0.856，1.337］、［0.191，0.479］，表明数据均属于过度离散型，适合采用负二项回归。回归结果显示，无论是对企业还是高等院校和研究所，合作广度、合作深度、是否主导合作创新都显著促进了其合作创新数量的增长，省外合作次数对其合作创新数量都产生了显著的、较小的负向作用，网络根植性的影响均不显著。表明合作创新网络对创新数量的

影响在不同类型的创新主体之间具有一致性。无论是企业、高等院校还是研究所，通过扩大合作范围、深化合作关系和在合作中发挥主导作用，都可以有效地提高创新数量。在考虑合作创新时，需要权衡省外合作的潜在风险；虽然跨省合作可能带来新的知识和资源，但跨省合作也可能面临地域文化差异、政策壁垒等障碍，这些因素都可能对合作创新数量产生一定的负面影响。

表 7 - 6　　　　　　　合作创新网络与合作创新数量模型创新
主体类型异质性检验回归结果

结构特征	企业			高等院校和研究所		
	IRR（发生率比）	稳健标准误	p 值	IRR（发生率比）	稳健标准误	p 值
合作广度	1.255	0.078	0.000	1.099	0.020	0.000
合作深度	1.171	0.031	0.000	2.106	0.380	0.000
网络根植性	1.000	0.007	0.992	0.996	0.006	0.538
省外合作次数	0.992	0.001	0.000	0.966	0.008	0.000
是否主导合作创新	1.864	0.223	0.000	1.438	0.116	0.000
常数	0.382	0.195	0.059	0.683	0.095	0.006
α 值	1.070	0.122		0.303	0.071	
样本量	2141			337		

表 7 - 7 显示，以合作专利被引证次数为因变量，合作创新主体为企业、高等院校和研究所的负二项回归中，α 值分别为 3.836、2.091，95%的置信区间分别为 [3.437，4.282]、[1.742，2.509]，表明数据均属于过度离散型，适合采用负二项回归。回归结果显示，无论是对企业还是高等院校和研究所，合作广度、合作深度、是否主导合作创新都显著促进了其合作创新质量的提升，省外合作次数对其合作创新质量都产生了显著的、较小的负向作用，网络根植性的影响均不显著。表明合作创新网络对创新质量的影响在不同类型的创新主体之间具有一致性。无论是企业、高

等院校还是研究所，通过扩大合作范围、深化合作关系和在合作中发挥主导作用，都可以有效地提高合作创新质量。

表 7 – 7　　　　　合作创新网络与合作创新质量模型创新主体
类型异质性检验回归结果

结构特征	企业			高等院校和研究所		
	IRR（发生率比）	稳健标准误	p 值	IRR（发生率比）	稳健标准误	p 值
合作广度	1.255	0.092	0.002	1.121	0.026	0.000
合作深度	1.178	0.038	0.000	2.178	0.396	0.000
网络根植性	0.997	0.002	0.179	0.998	0.006	0.729
省外合作次数	0.991	0.002	0.000	0.964	0.008	0.000
是否主导合作创新	1.610	0.243	0.002	1.673	0.291	0.003
常数	0.674	0.407	0.514	0.989	0.218	0.958
α 值	3.836	0.215		2.091	0.195	
样本量	2141			337		

从影响方向上看，创新网络对创新绩效的影响在企业、高等院校和研究所两类创新主体之间一致。但是从回归系数大小来看，合作创新网络对创新绩效的影响在不同类型主体之间存在一定的差异。

第一，合作广度对企业创新数量和创新质量的影响更大。这可能是因为企业的运营和市场竞争往往更加依赖于技术创新。因此，当企业扩大合作广度时，它们能够接触到更多的外部知识源和资源，有助于加速技术创新和产品升级。此外，企业通常具有较强的市场导向性，这使得它们能够更快速地将合作成果转化为实际的产品或服务。相比之下，高等院校和研究所可能更注重基础研究和长期项目，这些项目可能需要更深入的合作和更长的时间才能看到明显的成果。

第二，合作深度对高等院校和研究所创新数量和创新质量的影响更大。高等院校和研究所作为学术机构，通常拥有丰富的知识储备和研究能力。当它们与合作伙伴建立深厚的合作关系时，可以更有效地共享和整合双方的知识和资源，从而推动具有较高学术价值和创新性的研究项目。企业虽然也可以通过深度合作获得技术上的突破，但由于其业务领域的多样性和市场需求的快速变化，企业可能更倾向于通过广泛的合作伙伴关系来获取多样化的创新输入。

第三，是否主导合作对企业创新数量的影响更大。这意味着对企业而言，主导合作对于创新数量的提升作用更为显著。这可能是因为企业在市场中面临较大的竞争压力，需要通过创新来保持竞争优势。而主导合作有助于企业更好地整合内外部资源，加速创新项目的推进，从而提高创新数量。相比之下，高等院校的创新活动可能更注重学术价值和理论研究，主导合作创新对于创新数量的提升作用相对较小。

第四，是否主导合作对高等院校和研究所创新质量的影响更大。这可能是因为高等院校和研究所在基础研究方面具有更强的能力，而合作有助于高等院校将这些能力转化为高质量的创新成果。此外，高等院校和研究所的评价体系更注重学术价值，这也可能促使高等院校在合作中更加注重创新质量。

创新主体类型异质性检验结果表明，政府和相关部门可以制定针对性的政策来促进企业、高等院校和研究所的合作。例如，鼓励企业加大研发投入，提高企业在合作中的主导地位，以提高企业创新数量和质量；同时，支持高等院校开展基础研究，提高高等院校在合作中的地位，以促进高等院校创新质量的提升。

（二）主导创新合作水平异质性检验

从合作创新中的角色来看，第一申请人起主导作用，2513 个创新主体中，作为第一申请人主导合作创新的有 1390 个，其中企业、高等院校、研究所、其他机构和组织分别为 1186 个、96 个、93 个、15 个，即 85.32% 的合作创新主导者是企业，6.91% 的合作创新主导者是高等院校，5.97% 的合作创新主导者是研究所。41 个主体主导的合作创新专利数不低于 100 件。一般而言，主导创新合作次数较多的主体与主导创新合作次数较少的主体在合作模式、创新主体角色和地位上存在一定的差异，主导创新合作次数较多的主体更倾向于形成紧密耦合的合作关系，通过产学研深度融合，打造资源集成、分工明确、有序协同的创新联合体，在创新网络中扮演着出题者、场景建设主体和"阅卷人"的角色，推动企业和高等院校等多元主体"同题共答"（经济参考报，2023）[①]；主导创新合作次数较少的主体可能面临合作中的挑战，如缺乏协同创新的分工与机制、各自为政等，在创新网络中可能更多地扮演参与者而非主导者的角色，创新动力和效果受到限制（财经杂志，2018）[②]。为了检验创新网络对创新绩效的影响在主导创新合作的不同水平上的异同，针对主导合作创新专利数不低于100件和0～100件两种水平，实证分析合作广度、合作深度、网络根植性、省外合作次数和是否主导合作创新对合作创新数量和质量的影响。

表7-8显示，以合作专利数为因变量，样本范围为合作创新专利数不低于100件、0～100件的负二项回归中，α值分别为0.796和0.493，95%的置信区间分别为［0.414，1.532］和［0.400，0.607］。表7-9显示，以合作专利被引证次数为因变量，样本范围为合作创新专利数不低于100件、0～100件的负二项回归中，α值分别为1.238和2.851，95%的置信区间分别为［0.809，1.894］和［2.606，3.119］。表明数据均属于过度离散型，适合采用负二项回归。

表7-8　　　　合作创新网络与合作创新数量模型主导创新
合作水平异质性检验回归结果

结构特征	主导合作专利≥100			0＜主导合作专利＜100		
	IRR（发生率比）	稳健标准误	p值	IRR（发生率比）	稳健标准误	p值
合作广度	1.001	0.006	0.812	1.178	0.018	0.000
合作深度	0.996	0.004	0.302	1.385	0.039	0.000

---

① 经济参考报：《着力打造企业主导的产学研深度融合创新联合体》，https：//theory. gmw. cn/2023-04/18/content_36503653. htm，2023年4月18日。

② 财经杂志：《深圳GDP首超广州，但两城还是打算联合起来带动珠三角搞创新》，https：//news. sina. com. cn/c/nd/2018-01-19/doc-ifyqtwzu7513006. shtml，2018年1月21日。

续表

结构特征	主导合作专利≥100			0<主导合作专利<100		
	IRR（发生率比）	稳健标准误	p值	IRR（发生率比）	稳健标准误	p值
网络根植性	1.000	0.000	0.002	1.000	0.000	0.656
省外合作次数	1.001	0.001	0.020	0.984	0.002	0.000
常数	486.444	180.518	0.000	0.701	0.101	0.014
α值	0.796	0.266		0.493	0.052	
样本量	41			1349		

表7-9 合作创新网络与合作创新质量模型主导
创新合作水平异质性检验回归结果

结构特征	主导合作专利≥100			0<主导合作专利<100		
	IRR（发生率比）	稳健标准误	p值	IRR（发生率比）	稳健标准误	p值
合作广度	1.001	0.004	0.883	1.212	0.027	0.000
合作深度	1.000	0.003	0.954	1.412	0.059	0.000
网络根植性	1.000	0.000	0.047	1.000	0.000	0.918
省外合作次数	1.001	0.001	0.265	0.982	0.002	0.000
常数	724.162	189.058	0.000	0.823	0.174	0.356
α值	1.238	0.269		2.851	0.131	
样本量	41			1349		

无论是合作创新网络与合作创新数量模型还是合作创新网络与合作创新质量模型，回归结果均显示，创新网络对创新数量和质量的影响在主导创新合作的不同水平上差异明显。

第一，合作广度和合作深度能显著促进主导创新合作次数不多的创新主体的创新数量和创新质量，对主导创新合作次数较多的创新主体的创新数量和质量的影响不显著。可能是因为对于合作次数不多的创新主体而言，合作广度的增加意味着它们能够接触到更多的外部资源和知识，这有助于拓宽它们的视野，激发新的创新思路，从而增加创新数量、提升创新质量。同时，合作深度的提升也有助于这些主体与合作伙伴之间建立更为紧密的关系，促进资源的深入整合和高效利用，进一步提升创新数量。对于合作次数已经较多的创新主体，它们可能已经构建了一个相对完善和稳定的合作网络，这使得它们能够持续地从网络中获得创新所需的资源和信息。然而，随着合作次数的进一步增加，网络效应可能逐渐达到饱和状态，此时再增加合作广度和深度对创新数量的边际提升作用变得有限。而且合作次数较多的创新主体可能在长期的合作中积累了丰富的经验，形成了较高的创新能力和效率。因此，它们可能不再完全依赖于外部合作的广度和深度来提升创新数量和质量。相反，这些主体可能更注重内部研发能力的提升和创新流程的优化，以实现更高的创新质量和效率。这一结论也表明，随着合作次数的增加，创新主体可能会调整其合作策略，从追求广泛的合作转向深化与关键合作伙伴的关系，以实现更深层次的创新协同。

第二，网络根植性能显著促进主导创新合作次数较多的创新主体的创新数量和创新质量，对主导创新合作次数不多的创新主体的创新数量和创新质量的影响不显著。可能是因为对于主导创新合作次数较多的创新主体，它们在网络中的地位更加稳固，能够更深入地嵌入网络中的资源和信息流动，这种网络根植性使得它们能够更容易地获取和利用网络中的关键资源，包括知识、技术和资金等，网络根植性有助于建立和维护信任关系，这对于长期稳定的合作关系至关重要。在高度根植的网络中，主导创新合作次数较多的主体可能享有更高的信誉和可靠性，这有助于吸引更多的合作伙伴，并维持稳定的合作关系，稳定的合作关系为创新提供了持续的动力，因为各方可以专注于长期目标而不是短期利益，从而推动创新数量和创新质量的提升。对于主导创新合作次数不多的创新主体，较低的网络根植性也可能导致这些主体在创新过程中受到路径依赖的制约，难以打破现有模式，实现突破性的创新。因此，政府可以在促进网络根植性方面发挥重要作用，通过支持创新主体建立和维护稳定的合作关系，提供资金、税收等方面的优惠政策，政府可以帮助这些主体增强网络根植性，从而提升创新数量和创新质量。

　　第三，省外合作次数能显著促进主导创新合作次数较多的创新主体的创新数量，但对其创新质量提升的促进作用不显著；省外合作次数对主导创新合作次数不多的创新主体的创新数量和创新质量都产生了显著的抑制作用。对于主导创新合作次数较多的创新主体而言，它们通常拥有较为丰富的合作经验和资源网络，通过与不同省份的创新主体合作，这些主体可以接触到更多的地域文化和创新思维，有助于激发新的创新灵感和想法；省外合作次数的增加可以为这些主体提供更多与外部省份进行资源整合和优势互补的机会，有助于这些主体扩展其创新网络，提升在更广泛区域内的影响力和知名度，同时还提供更多的风险分散机会，在面对创新不确定性时，省外合作可以作为一种"试错"机制，帮助主体探索新的创新路径，同时在地理距离上隔离潜在的风险，从而增加创新产出数量。然而，仅仅增加省外合作次数可能不足以显著提升创新质量，因为创新质量往往取决于合作的质量、深度以及双方能力的匹配程度，省外合作次数的增加可能意味着创新主体在寻求更多合作伙伴的同时，也在不断变换合作对象，这种频繁的合作变动可能影响合作的稳定性和持续性，从而不利于创新质量的稳步提升，相比之下，稳定的合作关系更有助于双方在创新过程中形成默契，共同解决复杂问题，从而提升创新质量。对于主导创新合作次数不多的创新主体，它们可能缺乏与省外创新主体合作的经验，面临较高的合作门槛和适应性挑战，省外合作可能需要这些主体投入额外的时间和资源来建立信任、协调沟通以及适应不同的文化和工作方式，这些额外的投入可能会分散它们原本用于内部研发和创新活动的精力，从而导致创新数量的减少和创新质量的下降。

第四节　本章小结

　　创新网络由不同创新主体以及节点之间的联结关系构成，是各部门创新主体为进行系统性创新而形成的网络范式创新合作关系。合作创新网络具有主体异质性、结构松散性、行为协同性等特征。合作创新网络通过知识共享与溢出效应、资源整合与协同效应影响创新绩效，表现为创新网络结构、创新网络关系、创新网络规模对创新绩效的影响。

本章以通信设备、计算机及其他电子设备制造业的合作申请专利数据为基础，提取了专利数量、专利引证次数、专利被引证次数、专利权利要求数、专利申请人类型等信息，围绕创新的直接产物——专利探究合作创新网络对创新绩效的影响。从合作创新数量和合作创新质量两个方面衡量创新绩效，分别采用合作专利数、合作专利被引证次数作为代理指标，自变量中，选用网络地位、是否主导合作作为创新网络结构的代理指标，网络根植性和合作深度作为创新网络关系的代理指标，合作广度作为合作创新网络规模的代理指标，同时将创新主体类型及主导合作创新数量作为异质性检验指标。负二项回归结果得到如下结论。

第一，合作创新网络与合作创新数量的关系实证结果显示，合作广度、合作深度、是否主导合作创新对合作创新数量产生了显著的正向影响，省外合作次数对合作创新数量产生了微弱但显著的负向影响，网络根植性对合作创新数量的影响不显著。（1）当合作广度增加1个单位时，合作创新数量将变为原来的1.222倍；当合作深度增加1个单位时，合作创新数量将变为原来的1.187倍。因此，为了提高合作创新效果，创新主体应该寻求扩大合作范围，与更多的伙伴建立合作关系，同时应该推动长期、深入的合作关系。（2）当省外合作次数增加1个单位时，合作创新数量将变为原来的0.991倍，表明如果省外合作不够深入或质量不高，单纯的省外合作次数增加并不一定能带来合作创新数量的增加。（3）当主导合作创新从0变为1时，合作创新数量将增加186.4%，表明在合作创新中主导作用对于提升创新数量的重要性，创新主体应该考虑在合作中扮演更积极的角色，以期望获得更多的创新成果。

第二，合作创新网络与合作创新质量的关系实证结果显示，合作广度、合作深度、是否主导合作创新对合作创新质量产生了显著的正向影响，省外合作次数对合作创新质量产生了微弱但显著的负向影响，网络根植性对合作创新质量的影响不显著。（1）当合作广度增加1个单位时，合作创新质量将变为原来的1.224倍；当合作深度增加1个单位时，合作创新质量将变为原来的1.193倍。创新合作的广度对创新数量和创新质量的正向促进作用，与周长辉和曹英慧（2011）的研究结论一致，因为合作越广越有利于拓宽创新主体知识基础的宽度、增加知识源的种类，有助于促进创新绩效的提升。创新合作深度对创新数量和创新质量的正向促进作用，与戈尔岑（A. Goerzen，2007）的研究结论一致，合作次数越多，越有利于合作双方产生信任关系，减少机会主义风险，降低交易成本，引导合作行为，进而促进企业创新绩效。（2）现阶段省外合作次数的增加并没有带来合作创新质量的提升，创新主体在寻求省外合作时，要选择与自身战略目标更匹配的合作伙伴，通过建立有效的合作平台和机制，降低合作过程中的管理成本和协调成本，从而提高合作创新的质量和效率。（3）相比没有主导合作创新的主体而言，主导创新合作的主体的创新质量增长更高，是没有主导合作创新的主体创新质量的 1.656 倍。

　　第三，创新主体类型异质性检验结果显示，合作创新网络对创新绩效的影响在不同类型主体之间存在明显的差异。因为企业、高等院校和研究所在组织结构、目标导向、资源禀赋等方面存在显著差异，企业通常更注重市场需求导向的创新，以实现经济效益为目标；而高等院校和研究所则更侧重于基础研究和学术价值的探索。因此，在合作过程中，企业和高等院校的创新行为和成果可能会有所不同。（1）合作广度对创新数量和创新质量的影响方面，企业大于高等院校和研究所；合作深度对创新数量和创新质量的影响方面，高等院校和研究所大于企业。表明高等院校和研究所的基础研究和长期项目需要更深入的合作和更长的时间才能看到明显的成果，企业虽然也可以通过深度合作获得技术上的突破，但由于其业务领域的多样性和市场需求的快速变化，企业可能更倾向于通过广泛的合作伙伴关系来获取多样化的创新输入。（2）是否主导合作对创新数量的影响方面，企业大于高等院校和研究所；是否主导合作对创新质量的影响方面，高等院校和研究所大于企业。主导合作有助于企业更好地整合内外部资源，加速创新项目的推进，从而提高创新数量。相比之下，高等院校的创新活动可能更注重学术价值和理论研究，主导合作对于创新数量的提升作用相对较小，但是合作有助于高等院校将这些能力转化为高质量的创新成果。因此，为了促进创新绩效的提升，政府部门要根据不同类型的主体制定针对性的政策，例如，鼓励企业加大研发投入，提高企业在合作中的主导地位；同时，支持高等院校开展基础研究，提高高等院校在合作中的地位，以促进高等院校创新质量的提升。

第四，主导创新合作水平异质性检验结果显示，合作创新网络对创新绩效的影响在主导创新合作的不同水平上存在明显的差异。主导创新合作次数较多的主体与主导创新合作次数较少的主体在合作模式、创新主体角色和地位上都不尽相同，其创新网络对创新绩效的影响也存在一定的差异。（1）合作广度和合作深度能显著促进主导创新合作次数不多的创新主体的创新数量和创新质量，对主导创新合作次数较多的创新主体的创新数量和质量的影响不显著。表明随着合作次数的增加，创新主体可能会调整其合作策略，从追求广泛的合作转向深化与关键合作伙伴的关系，以实现更深层次的创新协同。（2）网络根植性能显著促进主导创新合作次数较多的创新主体的创新数量和创新质量，对主导创新合作次数不多的创新主体的创新数量和创新质量的影响不显著。表明较强的网络根植性使主导创新合作次数较多的创新主体能够更容易地获取和利用网络中的关键资源，包括知识、技术和资金等，也能凭借更高的信誉和可靠性吸引更多的合作伙伴以维持稳定的合作关系，为创新提供持续的动力，推动创新数量和创新质量的提升。（3）省外合作次数显著促进了主导创新合作次数较多的创新主体的创新数量，但对其创新质量提升的促进作用不显著；省外合作次数对主导创新合作次数不多的创新主体的创新数量和创新质量都产生了显著的抑制作用。表明省外合作次数的增加为创新主体提供更多与外部省份进行资源整合和优势互补的机会，有助于创新主体扩展其创新网络，提升在更广泛区域内的影响力和知名度，同时还提供更多的风险分散机会，但仅仅增加省外合作次数可能不足以显著提升创新质量，因为创新质量往往取决于合作的质量、深度以及双方能力的匹配程度，省外合作次数的增加可能意味着创新主体在寻求更多合作伙伴的同时，也在不断变换合作对象，这种频繁的合作变动可能影响合作的稳定性和持续性，从而不利于创新质量的稳步提升，相比之下，稳定的合作关系更有助于双方在创新过程中形成默契，共同解决复杂问题，从而提升创新质量。

第八章

中国专利密集型产业创新
绩效的空间溢出效应

从创新生产过程来看，创新要素的获取主要有两种途径，一是各区域自身的创新要素即该区域利用自身积累的创新资源和条件进行生产，二是其他区域的创新要素即该区域利用来源于其他区域的创新要素进行生产。对各个区域创新系统而言，其创新要素的组织与协调既可以通过创新系统内部创新主体的协同互动实现，也可以通过创新系统之间的空间关联实现（白俊红等，2015），即创新系统内部的协同创新和创新系统之间的空间关联是实现创新绩效的不同方式。

第二章已经明确，产业创新绩效是整个创新活动过程产生的多方面的社会经济效果即产出效果和创新效率。第三章从创新产出的角度评价了专利密集型产业的创新绩效，第四章从创新效率角度评价专利密集型产业的创新绩效。本章从创新产出和创新效率两个方面进行空间分析，利用莫兰指数和莫兰散点图等呈现我国专利密集型产业创新产出和创新效率的空间特征，用空间计量模型实证检验创新绩效的空间溢出效应。

第一节　研究方法、变量及数据说明

区域创新绩效的研究，空间关联是不可回避的，无论是人员还是资本，都会有空间流动。理性人为了追求自身利益最大化，会流向就业条件更好、发展机遇更多、福利待遇更为优越的地区；资本会流向创新收益更高、风险更低的地区，人员和资本在不同区域间的流动带动了区域间不同行业领域科技人才、高校人才等的信息交流与碰撞，产生知识溢出，促进区域创新活动的发展和创新绩效的提升。

外溢是创新的一个重要特征，创新的大量收益都是以外溢的形式流向了其他非创新主体（余泳泽等，2013）。张玉明等（2008）、李婧等（2010）运用区位 Gini（基尼）系数和 Moran'I 指数（莫兰指数）等，对创新活动在地域空间上的关联效应进行检验，发现我国区域创新存在明显的空间效应。

本章以除港澳台地区和西藏外的 30 个省区市、2008～2018 年专利密集型工业行业的面板数据为基础，采用 Stata 软件进行空间自相关分析和空间计量模型的估计与检验，对我国专利密集型产业创新绩效的空间效应进行实证分析。

一、空间分析方法和模型

（一）探索性空间数据分析

探索性空间数据分析常用来测度空间分布的空间自相关性和非随机性，它主要分为两类，第一类为局部空间自相关检验，即用来测度某区域单元周围的局部空间相关性，第二类是全局空间自相关检验，主要测度研究区域整体的相关属性值的空间分布特征。

Moran'I 是全局空间自相关检验的方法之一。Moran'I 的计算公式为：

$$\text{Moran'I} = \frac{\sum_{i=1}^{n} \sum_{j=1}^{n} W_{ij}(Y_i - \bar{Y})(Y_j - \bar{Y})}{S^2 \sum_{i=1}^{n} \sum_{j=1}^{n} W_{ij}} \qquad (8-1)$$

其中，$S^2 = \frac{1}{n} \sum_{i=1}^{n} (Y_i - \bar{Y})^2$、$\bar{Y} = \frac{1}{n} \sum_{i=1}^{n} Y_i$ 分别表示样本方差和均值，n 表示

研究的地区总数，Y_i 表示第 i 地区的观察值，W_{ij} 表示空间权重矩阵，空间权重矩阵包括简单空间权重矩阵和基于距离的空间权重矩阵。最简单的空间权重矩阵是二进制空间权重矩阵，采用 0 和 1 标记个体之间的空间相邻情况，两个个体相邻取值为 1，否则取值为 0，属于定性界定。基于距离的空间权重矩阵，可以是两个个体的地理距离。Moran'I 取值范围在 -1 到 1 之间，Moran'I 大于 0 表示区域间经济活动的空间正相关性，即高值与高值相邻、低值与低值相邻，其值越大，空间相关性越显著，Moran'I 小于 0 表示区域间经济活动的空间负相关性，值越小则空间差异越大，Moran'I 接近或等于 0 时，空间分布呈现随机性，不存在相关性。

考察某个区域 i 附近的空间聚集情况，通常采用局部莫兰指数（Local Moran's I），计算公式为：

$$I_i = \frac{(x_i - \bar{x})}{S^2} \sum_{j=1}^{n} w_{ij}(x_j - \bar{x}) \qquad (8-2)$$

莫兰指数可以看作是观察值（区域单元观察值的离差）与其空间滞后（空间邻近区域单元观察值的离差）的相关系数，将 Moran 观察值与其空间滞后画成散点图，就是莫兰散点图。通过莫兰散点图可以将区域间的集群现象分为 4 种模式，第 1 象限为高-高模式（HH），表示高创新增长的区域被高创新的其他区域包围，第 2 象限为低-高模式（LH），表示低创新增长的区域被高创新增长的其他区域包围，第 3 象限为低-低模式（LL），表示低创新增长的区域被低创新增长的其他区域包围，第 4 象限为高-低模式（HL），表示高创新增长的区域被低创新增长的其他区域包围。观测值在第 1 象限或第 3 象限说明具有相似属性的观测值集中分布，表明某地区与周边地区存在正向的空间溢出效应，观测值在第 2 象限或第 4 象限则说明具有不同属性的观测值集中分布，在第 4 象限的观测值表明该区域对周边地区的溢出效应不大。

（二）空间计量模型

大部分空间数据存在一定程度的空间自相关性，引入空间效应使模型对现实问题具有更强的解释能力（L. Anselin et al.，1988）。空间计量模型主要包括空间滞后模型（Spatial Autoregressive Model，SAR）、空间误差模型（Spatial Error Model，SEM）及空间杜宾模型（Spatial Durbin Model，SDM）三种，空间自相关性在模型中通过因变量和误差项的滞后项体现。

空间滞后模型，又称"空间自回归模型"，引入因变量的空间滞后项，分析各变量在一个区域是否存在溢出效应，如一个地区的经济状况受邻近地区的经济状况溢出的影响，其表达式为：

$$y = \rho Wy + X\beta + \varepsilon \quad \varepsilon \sim N(0, \sigma^2 I) \qquad (8-3)$$

其中，y 为被解释变量；Wy 为因变量的空间滞后项，W 为空间权重矩阵；ρ 为空间滞后自相关系数，反映空间溢出效应的大小；X 为核心解释变量与控制变量；β 为自变量的空间回归系数，代表解释变量对被解释变量的影响程度；ε 为随机误差项向量，且服从标准正态分布，I 为单位矩阵，σ^2 为方差。模型估计时先对参数 ρ 进行估计，再使用广义最小二乘法估计 β 和其他参数。

空间误差模型引入了误差项的空间滞后项，用误差项体现空间依赖性，度量邻近区域关于被解释变量的误差冲击对本区域观察值的影响程度，其表达式为：

$$\begin{cases} y = X\beta + \varepsilon \\ \varepsilon = \lambda W\varepsilon + \mu \end{cases} \quad \mu \sim N(0, \sigma^2 I) \qquad (8-4)$$

式（8-4）中，y、X、W、I 的含义与 SAR 模型中的含义一致；ε 为随机扰动项，存在空间依赖性；λ 为空间误差自相关系数，表示因变量误差冲击导致的邻近地区对本地区属性值的影响程度，μ 为服从正态分布的随机误差项向量。

空间杜宾模型是由莱萨格和帕斯等（J. LeSage & K. Pace et al.，1997）对空间滞后和空间误差模型等丰富发展而来，该模型同时包含了解释变量及被解释变量的空间滞后项，其表达式为：

$$y = \rho Wy + X\beta_1 + WX\beta_2 + \varepsilon \qquad (8-5)$$

其中，Wy、WX 分别为因变量和自变量的空间滞后项，ρ、β_2 分别为因变量和自变量空间滞后项的系数，W 为空间权重矩阵，β_1 是解释变量 X 的系数，ε 表示随机误差项向量。

空间杜宾模型可进一步用偏微分分解的方式计算直接效应、间接效应与总效应，刻画不同地区解释变量对被解释变量的影响程度。直接效应表示该地区解释变量对该地区被解释变量的平均影响程度；间接效应表示该地区解释变量对其他地区被解释变量的平均影响程度，衡量了该地区解释变量的溢出程度即溢出效应；总效应则表示解释变量对于所有地区被解释变量的平均影响。

当存在空间依赖性时，普通的最小二乘回归（Ordinary Least Square Regression，OLS）估计量的无偏性和一致性受影响，OLS 估计量的标准误会被低估，为了选取最合适的空间计量回归模型，需要综合 LR 检验、Hausman 检验、自然对数似然函数值（LogL）等对 OLS 回归模型和 SAR、SEM、SDM 等进行模型筛选。

（三）空间权重矩阵

空间权重矩阵用于表示不同空间单元之间的空间关系。空间权重矩阵将空间单元之间的相互作用关系进行定量化描述，有助于揭示空间数据的非独立性特征。空间权重矩阵主要有以下几种类型：

邻近权重矩阵：基于空间单元之间的邻接关系构建，相邻可以是共线的，也可是共顶点的，或者两者兼有之。相应的定义为 Rook 矩阵、Bishop 矩阵和 Queen 矩阵。如果两个空间单元相邻，则权重为 1，否则为 0。设 W 为 $n \times n$ 的邻近权重矩阵，其中 n 为空间单元的数量。若空间单元 i 与空间单元 j 相邻，则 $W_{ij} = 1$；否则，$W_{ij} = 0$。通常，对角线上的元素 W_{ii} 设为 0，表示空间单元自身与自身不相邻。

距离权重矩阵：空间权重矩阵不仅可以定义关联方式（是否关联），而且可以定义关联程度（关联的紧密程度）。邻近权重矩阵假定两个地区只要存在关联，其关联程度都是相同的（等权重）。然而，这种假定往往有悖常理。例如，在环境污染研究中，一般认为距离近的地区，关联程度较高；又如在国际贸易研究中，往来密切的地区之间关联程度较高。在这种情况下，基于距离的权重矩阵较为合适。在空间分析中，距离不仅仅是两点间直线距离，也可以是经济距离、时间距离等虚拟距离，一般取距离的倒数或距离平方的倒数。d_{ij} 为空间单元 i 与空间单元 j 之间的空间距离或经济距离，$\frac{1}{d_{ij}}$ 或 $\frac{1}{d_{ij}^2}$ 距离权重，对于空间距离，d_{ij} 是空间单元 i 与空间单元 j 之间质心距离（或者行政中心距离），距离越远，空间权重系数越小，空间相关性越差；对于经济距离，可以采用两个空间单位贸易额、投资额、GDP 或人均 GDP 之差，在实际应用中，常对空间权重矩阵进行标准化，距离权重矩阵的对角元素设为 0。

复合型矩阵：综合考虑一种以上的权重矩阵。一种是综合邻近权重矩阵和距离权重矩阵，考虑到实际空间中，两个单元的距离可能很远，直接用距离，导致权重过小，可以采用一个阈值 d，当区域 i 与区域 j 的距离在 d_0 内，就认为两者邻接。否则就不邻接。另一种是 K – 最近邻矩阵，由于实际中也会有一个区域自身面积很小，但是周围分布了很多邻居；而面积大的反而没有太多的邻居。由此导致了权重的不平衡，可以采用 K – 最近邻矩阵解决这个问题。取一个阈值 K_0，取单元 i 所有距离中最近的 K_0 个地区，记为与单元 i 相邻；其余的记为不相邻。此外，还有邻接矩阵与其他矩阵的结合，由于单一矩阵无法全面描述空间关系，如经济矩阵默认空间中所有单元都会发生经济联系，在实际中不是所有的单元都会有联系，可以采用邻接矩阵经济矩阵，即认为只有互相邻接的矩阵才会发生经济关联，这种矩阵的形式灵活多样，能反映更多非距离要素的影响，如经济、交通、情感等。

本章在进行空间分析时，参考已有研究，采用空间距离矩阵，在稳健性检验时采用经济距离矩阵。

二、变量及数据说明

（一）变量选取

1. 因变量

创新产出的衡量：参考方大春等（2016）、孙磊等（2016）、陈程等

（2012）、韩兵等（2018）的研究，分别用专利申请量和新产品销售收入衡量科技研发阶段和经济产出阶段的创新产出。

创新效率的衡量：采用三阶段 DEA 计算出来的创新全过程的技术效率值。

2. 自变量

专利产出需要投入创新资金和人员等，参考韩晶（2010）、陈程等（2012）的研究，用科技活动经费内部支出、科技机构人员作为科技研发阶段的投入指标；新产品产出需要投入专利及技术改造经费等，因此，用科技研发阶段的产出指标专利申请量和技术改造经费支出作为经济产出阶段的投入指标。创新效率的提升与创新资金投入、企业技术引进力度以及消化吸收能力等都存在较为密切的关联，采用开发新产品经费占 GDP 比重、技术引进和消化吸收资金投入占 GDP 比重等作为自变量。

3. 控制变量

创新产出和创新效率除了与创新投入有关外，还与政府支持、市场结构、区域经济发展水平、外商直接投资、人力资本水平、地区开放程度等分不开，选择以上变量作为控制变量。

政府支持：政府支持对产业发展的影响是学术界讨论的焦点之一。G. Hu（2001）以中国北京市海淀区高科技企业的调查数据为基础，研究不同所有制类型中企业研发投入与政府研发投入之间的关系，发现政府支持通过促进企业增加 R&D 投入提升企业的研发效率。杨浩昌等（2019）用科技活动经费中政府资金所占的比例衡量政府支持程度，结果表明政府支持通过提升技术效率促进高技术产业研发效率，且我国政府支持对高技术产业研发效率的影响存在明显的区域差异：在东部地区，政府支持对高技术产业研发效率、技术效率和技术进步均没有显著的促进效应；而在中西部地区，政府支持显著促进了高技术产业研发效率和技术效率的提升，但对技术进步的影响并不明显。考虑到政府支持对全社会创新投入和创新活动的开展具有带动和导向作用，本书选用地方财政中科学技术支出比重衡量政府对创新活动的支持力度。

市场结构：方大春等（2016）将新产品销售收入作为创新产出，反映企业在市场上推出新产品的能力和市场接受程度，研究了市场结构（用企业数量衡量）、企业规模（用企业平均资产额衡量）、产业利润对高技术产业创新效率的影响，结果发现，市场结构和企业规模对创新效率有显著影响，因此，有必要控制市场结构对创新效率的影响。较为常用的衡量市场结构的指标有赫芬达尔－赫希曼指数、4 个企业集中率、8 个企业集中率等。考虑到数据可获得性，参考闫冰等（2005）和朱有为等（2006）的研究，本书选用行业的企业数量衡量市场结构。一般来讲，如果行业内企业数量较多，市场竞争程度越激烈。

区域经济发展水平：人均地区生产总值是反映一个国家或地区经济实力的最具代表性的指标，可以反映经济增长与创新能力发展之间相互依存、相互促进的关系。本书用人均 GDP 衡量区域经济发展水平。

外商直接投资：外商直接投资对产业创新发展的路径和影响机制已有大量研究。黄永明等（2018）基于柯布道格拉斯（Cobb－Douglas，CD）生产函数构建了外商直接投资影响产业升级的理论模型，用弗德最小二乘法对外商直接投资的产业升级效应进行了实证研究，得出制造业外商直接投资促进了产业升级，但随着技术提升，生产性服务业外商直接投资会抑制产业升级。沙文兵等（2010）研究表明，外商直接投资通过知识溢出效应、示范效应、竞争效应和联系效应影响产业创新发展。本书采用外商直接投资总额衡量。

人力资本水平：舒尔茨（W. Schultz，1960）提出，人力资本体现在人的身上、表现为人的知识、技能、资历、经验和熟练程度等，人力资本是稀缺的，特别是企业家型的人力资本和技术创新型的人力资本。从企业角度来看，人力资本如企业家和核心技术人员是企业最活跃、最重要的资本。熊彼特（J. Schumpeter，1911）认为，创新是企业家对生产要素的新的组合。伊诺思（L. Enos，1962）认为，技术创新是几种行为综合的结果，这些行为包括发明的选择、资本投入保证、组织建立、制定计划、招工用人和开辟市场等。即创新能力、创新水平与人力资本息息相关。参考已有研究，采用普通高等学校学生数衡量地区人力资本水平。

地区开放程度：经济全球化促进了对外贸易的发展，也带来了更多、更丰富的人才、技术、资金与经验，推动了创新能力的提高和产业转型升级。参考已有研究，选取地区进出口总额衡量地区开放程度。

变量含义及符号如表8-1所示。

表8-1 专利密集型产业创新绩效空间溢出相关变量表

变量类型	变量	指标	变量符号
因变量	创新产出	专利申请量（同时也是经济产出阶段的自变量）	PA
		新产品销售收入	NPS
	创新效率	三阶段 DEA 创新全过程技术效率	IE
自变量	资金投入	R&D 内部支出经费	RD
		技术改造经费	TTF
		开发新产品经费占 GDP 比重	NPR
		技术引进和消化吸收资金投入占 GDP 比重	TAR
	人员投入	科技机构人员	TH
控制变量	政府支持	地方财政中科学技术支出比重	FE
	市场结构	规模以上工业企业数量	NF
	区域经济发展水平	人均地区生产总值	PGDP
	外商直接投资	外商投资总额	FDI
	人力资本水平	地区本科在校学生数	NS
	地区开放程度	地区货物进出口金额	TIE
稳健性检验涉及变量	创新产出	专利授权量（同时也是经济产出阶段的自变量）	PI
	资金投入	消化吸收资金投入占 GDP 比重	AR

在稳健性检验中，将创新产出指标专利申请量替换为专利授权量，将创新效率分析中的技术引进和消化吸收资金投入占 GDP 比重替换为消化吸收资金投入占 GDP 比重。

（二）数据来源与描述性统计

专利数据来自 INCOPAT 专利数据网、国家知识产权局官网及《广东科技统计年鉴》等，其余指标数据来源于国家统计局《中国科技统计年鉴》《中国工业统计年鉴》《中国高技术产业统计年鉴》。考虑到数据的可得性，分析对象确定为除香港、澳门、台湾、西藏以外的 30 个省区市，样本时间为 2008～2018 年。变量的描述性统计结果如表 8-2 所示。

表 8-2　　　　专利密集型产业创新绩效空间溢出变量描述性统计

变量	均值	标准差	最小值	最大值
专利申请量（PA）（件）	20286.77	34750.47	81	272616
新产品销售收入（NPS）（万元）	37596715	53906562	67221.81	342652517.5
三阶段 DEA 创新全过程技术效率（IE）	0.632	0.298	0.018	1
R&D 内部支出经费（RD）（万元）	2474778	3299901	19881.74	18459163
技术改造经费（TTF）（万元）	1029331	978843	7101.27	5634032.31
开发新产品经费占 GDP 比重（NPR）（%）	8583.47	5242.58	64.58	26727.59
技术引进和消化吸收资金投入占 GDP 比重（TAR）（%）	926.12	1403.06	2.01	11834.31
科技机构人员（TH）（人）	82529.45	141660.8	642	1036250
地方财政中科学技术支出比重（FE）（%）	9.04	21.03	1.37	275.47
规模以上工业企业数量（NF）（个）	12470.06	13696.51	291.6667	64277
人均地区生产总值（PGDP）（元）	46527.27	25053.24	8824	140211.2419
外商投资总额（FDI）（亿美元）	1358.43	2248.80	23.49	19235
地区本科在校学生数（NS）（人）	481021.9	268495	25148	1140778
地区货物进出口金额（TIE）（万美元）	12140653	20444535	58678.5	109158143.7
专利授权量（PI）（个）	7670.576	14037.64	28	121320
消化吸收资金投入占 GDP 比重（AR）（%）	236.76	356.65	0.13	2804.11

第二节　科技研发阶段创新产出的空间溢出效应

科技研发阶段的创新产出用专利申请量反映。

一、专利申请量的全局空间自相关分析

采用空间距离矩阵，对 30 个省区市（除港澳台地区、西藏外）专利密集型工业行业专利申请量进行全局 Moran'I 指数检验，表 8 – 3 显示，除 2008 年外，我国 2008 ~ 2018 年各省区市在科技研发阶段创新绩效的 Moran'I 指数均在 0.1 以上，且 P 值均在 1% 的水平下显著，表明我国各省份工业行业的专利申请在空间分布上具有显著的正相关性，这为后续使用空间计量模型研究创新绩效的空间溢出效应提供了数据支持和参考。

表 8 – 3　　　　　　　　2008 ~ 2018 年专利申请量 Moran'I 指数

年份	Moran'I （莫兰指数）	E(I) （期望值）	sd(I) （标准差）	Z 值 （标准差倍数）	P 值 （概率值）
2008	0.0907	− 0.0345	0.0360	3.4743	0.0005
2009	0.1231	− 0.0345	0.0361	4.3634	0.0000
2010	0.1303	− 0.0345	0.0361	4.5606	0.0000
2011	0.1225	− 0.0345	0.0361	4.3470	0.0000
2012	0.1230	− 0.0345	0.0361	4.3597	0.0000
2013	0.1242	− 0.0345	0.0362	4.3888	0.0000
2014	0.1193	− 0.0345	0.0361	4.2619	0.0000
2015	0.1202	− 0.0345	0.0361	4.2813	0.0000
2016	0.1135	− 0.0345	0.0360	4.1053	0.0000
2017	0.1207	− 0.0345	0.0361	4.2974	0.0000
2018	0.1212	− 0.0345	0.0360	4.3219	0.0000

二、专利申请量的局部空间自相关分析

为进一步分析专利申请量的局部空间关联与空间异质性，图 8 - 1 绘制了 2008 年和 2018 年的莫兰散点图。

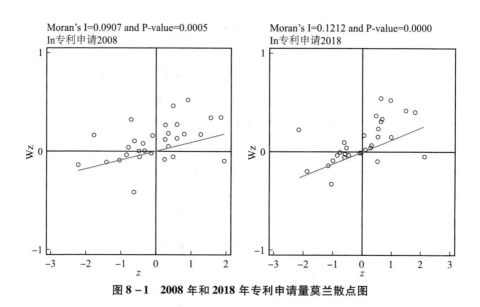

图 8 - 1　2008 年和 2018 年专利申请量莫兰散点图

2008 年的散点图中，上海、江苏、浙江、山东、北京、天津、安徽、福建、湖北、湖南、河南、辽宁 12 个省区市在第 1 象限，为高 - 高模式（HH），表示高创新增长的区域被高创新的其他区域包围；与之相对应的是，陕西、黑龙江、贵州、广西、云南、新疆、宁夏、青海、甘肃 9 个省区市在第 3 象限，为低 - 低模式（LL），表示低创新增长的区域被低创新增长的其他区域包围，可以看出，低 - 低模式主要集中在中西部地区。海南、江西、内蒙古、吉林、山西、河北 6 个省区市在第 2 象限，为低 - 高模式（LH），表示低创新增长的区域被高创新增长的其他区域包围；四川、重庆和广东 3 个省区市在第 4 象限，为高 - 低模式（HL），表示高创新增长的区域被低创新增长的其他区域包围。

相较于 2008 年的莫兰散点图，2018 年的样本点明显更为集中，呈现出明显向原点靠近的趋势，除了海南、山西、贵州处于第 2 象限以及四川、广东处于第 3 象限外，其余 25 个省区市均都处于第 1、3 象限，说明 30 个省区市（除香港、澳门、台湾、西藏外）之间专利申请量呈现较强的正空间相关性，科技研发阶段创新绩效具有相当显著的溢出效应，因此有必要采用空间计量模型进行实证分析。

三、专利申请量的空间计量模型选择

采用 Stata 软件对 2008 ~ 2018 年中国 30 个省区市（除香港、澳门、台湾、西藏外）专利密集型工业行业的面板数据进行空间计量分析。

根据 Hauseman 检验结果，采用固定效应模型进行分析。LR 检验显示，空间滞后模型的卡方值为 32. 46，p 值为 0. 0001，空间误差模型的卡方值为 21. 26，p 值为 0. 0065，均小于 0. 1，表明空间杜宾模型固定效应优于空间滞后模型与空间误差模型固定效应。采用如下模型：

$$\ln PA_{it} = \rho W_{it} \ln PA_{it} + \alpha_1 \ln RD_{it} + \alpha_2 \ln TH_{it} + \alpha_3 \ln Control_{it} + \beta_1 W_{ij} \ln RD_{it}$$
$$+ \beta_1 W_{ij} \ln TH_{it} + \beta_1 W_{ij} \ln Control_{it} + \mu_i + \theta_t + \varepsilon_{it} \qquad (8-6)$$

其中，$\ln PA_{it}$ 为被解释变量，代表区域 i 在年度 t 的专利申请量观测值；$W_{it} \ln PA_{it}$ 为因变量 $\ln PA_{it}$ 的空间滞后项，ρ 是空间自相关系数，表示因变量和其周围观测值之间的相互依赖程度；$\ln RD_{it}$、$\ln TH_{it}$ 分别为区域 i 在年度 t 的地区资金投入和人员投入；$Control_{it}$ 为一系列控制变量，包括政府支持（$\ln FE_{it}$）、市场结构（$\ln NF_{it}$）、区域经济发展水平（$\ln PGDP_{it}$）、外商直接投资（$\ln FDI_{it}$）、人力资本水平（$\ln NS_{it}$）和地区开放程度（$\ln TIE_{it}$）；α_1、α_2、α_3 为核心解释变量和控制变量待估计参数；β_1、β_2、β_3 为其对应空间权重矩阵与自变量矩阵的交互项的系数向量，用于衡量空间溢出效应的影响；W_{ij} 为空间权重矩阵 W 经标准化处理后的矩阵元素，μ_i 为空间固定效应，θ_t 为时间固定效应，ε_{it} 为随机扰动项，$\varepsilon_{it} \sim iid(0, \delta^2)$ 与 μ_i 不相关。

四、专利申请量的空间计量结果与分析

（一）基准空间溢出效应分析

LR 个体固定和时间固定效应检验结果显示，卡方值分别为 59.24 和 376.15，在 1% 的水平上显著，拒绝原假设，采用时间和个体双固定模型。

表 8 - 4 空间杜宾双固定模型显示，R&D 内部支出经费（lnRD）、科技机构人员（lnTH）系数分别为 0.165 和 0.386，通过了 5% 的显著性水平检验，表明 R&D 内部支出经费和科技机构人员每增加 1%，分别能带动专利申请量增加 0.165% 和 0.386%。这与众多学者的研究结论一致，如严焰等（2013）对 R&D 投入、技术获取模式与企业创新绩效的研究表明，R&D 投入与企业创新绩效显著正相关，投入研发资金可以购买研发设备、技术和材料，聘请高级研发人员，资金可以用于开展实验室研究、原型制作、工程设计和测试、研究合作、专利申请和市场推广等活动，支持研发项目的运行和实施，从而促进创新产出。研发人员作为创新活动的核心要素，具备丰富的专业知识和技能，了解最新的技术和市场趋势，并且具有创新思维和创造力，能将新的想法和解决方案转化为实际的创新产出。

表 8 - 4　　　　　　　　专利申请量的空间模型回归结果

变量	空间滞后双固定模型	空间误差双固定模型	空间杜宾个体固定模型	空间杜宾时间固定模型	空间杜宾双固定模型
lnTH	0.388 *** （ - 0.055）	0.379 *** （ - 0.054）	0.384 *** （ - 0.057）	0.583 *** （ - 0.065）	0.386 *** （ - 0.057）
lnRD	0.190 *** （ - 0.066）	0.170 ** （ - 0.066）	0.178 *** （ - 0.069）	0.296 *** （ - 0.084）	0.165 ** （ - 0.071）
lnFDI	- 0.0336 （ - 0.044）	- 0.0265 （ - 0.043）	- 0.0365 （ - 0.045）	- 0.0127 （ - 0.040）	- 0.0175 （ - 0.043）

续表

变量	空间滞后双固定模型	空间误差双固定模型	空间杜宾个体固定模型	空间杜宾时间固定模型	空间杜宾双固定模型
ln*NS*	−0.0151 （−0.169）	−0.0313 （−0.156）	−0.0824 （−0.184）	−0.163 ** （−0.070）	−0.141 （−0.169）
ln*TIE*	0.0359 （−0.048）	0.0431 （−0.047）	0.0121 （−0.050）	0.135 *** （−0.038）	0.0351 （−0.048）
ln*NF*	0.638 *** （−0.066）	0.685 *** （−0.065）	0.605 *** （−0.069）	0.0114 （−0.053）	0.643 *** （−0.065）
ln*FE*	−0.114 *** （−0.036）	−0.117 *** （−0.0360）	−0.141 *** （−0.038）	0.112 *** （−0.038）	−0.122 *** （−0.038）
ln*PGDP*	−0.229 （−0.157）	−0.28 * （−0.147）	−0.308 * （−0.17）	−0.0506 （−0.102）	−0.433 *** （−0.162）
*W*ln*TH*			0.123 （−0.255）	−1.009 * （−0.526）	0.13 （−0.421）
*W*ln*RD*			−0.195 （−0.186）	0.339 （−0.575）	0.11 （−0.5）
*W*ln*FDI*			0.0373 （−0.153）	0.601 * （−0.315）	0.553 * （−0.336）
*W*ln*NS*			0.882 （−1.211）	−1.865 *** （−0.476）	−1.716 （−1.325）
*W*ln*TIE*			0.0857 （−0.167）	0.743 ** （−0.365）	0.747 * （−0.4）
*W*ln*NF*			−0.579 ** （−0.227）	0.863 ** （−0.345）	1.871 *** （−0.486）
*W*ln*FE*			−0.19 （−0.137）	0.221 （−0.255）	−0.226 （−0.252）
*W*ln*PGDP*			1.304 （−0.683）	−2.330 *** （−0.47）	−0.532 （−1.019）

续表

变量	空间滞后双固定模型	空间误差双固定模型	空间杜宾个体固定模型	空间杜宾时间固定模型	空间杜宾双固定模型
空间相关系数（spatial rho）	− 0.337（− 0.194）		0.189（− 0.145）	− 0.015（− 0.208）	− 1.031 ***（− 0.249）
空间 Lambda（spatial lambda）		− 0.932 ***（− 0.253）			
方差（Variance）	0.026 ***（− 0.002）	0.025 ***（− 0.002）	0.029 ***（− 0.002）	0.074 ***（− 0.006）	0.023 ***（− 0.002）

注：括号内为参数估计值的标准误；*** 、** 、* 分别表示通过 1%、5%、10% 的显著性水平检验。

控制变量中，市场结构（$\ln NF$）对专利申请量产生显著的正向作用，政府支持（$\ln FE$）和区域经济发展水平（$\ln PGDP$）对专利申请量产生显著的负向作用。通过企业数量反映市场结构时，随着企业数量的增加，市场竞争程度越来越充分，竞争变得更为激烈，迫使企业不断提高产品质量和技术水平，推动行业的创新和进步。政府支持的负向影响原因可能在于政府的介入对企业投入的研发领域产生了挤出效应，因为政府的介入将会增加企业的研发资源尤其是 R&D 人员需求，在研发资源短期供给缺乏弹性的情况下，研发成本提高，从而使得企业转向其他营利项目，挤出企业研发投资（白俊红等，2009）。一般而言，专利申请量的增加被认为是经济增长和创新能力提升的指标，但是随着经济的发展，经济增长可能更多地依赖于非专利驱动的因素，如市场规模扩大、资源利用效率提高等，而不是专利技术的创新；而且目前政府资助政策在一定程度上导致了专利数量的"泡沫"，即专利申请量的增加并未真正反映创新能力的提升，因此，人均 GDP 的增长与专利申请量之间有可能存在负向的关系。

解释变量与空间权重矩阵的交互项系数反映解释变量指标对其他地区的空间溢出效应，从回归系数来看，R&D 内部支出经费（$\ln RD$）、科技机构人员（$\ln TH$）不仅对本地区的创新产出具有正向促进作用，对其他地区也产生了正向的空间溢出作用，这主要是因为创新主体开展 R&D 活动，会产生新知识和技术，也会通过与其他企业、机构和大学建立合作关系促进创新网络的形成，从而促进新知识和新技术的传播，只是目前溢出效应不显著。控制变量中，市场结构（$\ln NF$）和地区开放程度（$\ln TIE$）产生了显著的空间溢出效应。

空间杜宾双固定模型的空间相关系数为 -1.031，在 1% 的水平上显著负相关，表明 2008 ~ 2018 年 30 个省区市（除港澳台地区、西藏外）专利申请量存在负向的空间相关性，即一个地区专利申请数量的提高往往伴随着相邻地区专利申请数量的减少。可以从三个角度解释这种虹吸效应：一是竞争关系，相邻地区之间可能存在竞争关系，特别是在同一产业或领域中，当一个地区的企业或研究机构申请了专利，可能导致相邻地区的创新活动减少；二是资源上的争夺，地区专利的申请极有可能会吸引投资和资源，使得相邻地区创新活动受到限制；三是产业集聚效应，某些地区可能形成了特定的产业集群，该集群内的企业或研究机构可能更容易进行合作研究、技术交流等创新活动，一个地区的专利申请量增加可能会进一步加强该地区的产业集聚效应，从而使相邻地区的创新活动减少。

（二）空间效应分解

借鉴莱萨格等（S. Lesage et al., 2009）和埃尔霍斯特（P. Elhorst, 2010）的做法，用偏微分方程将解释变量对专利申请量的影响分成直接影响和空间溢出效应。直接影响衡量解释变量变化对本地区被解释变量产生影响的程度；空间溢出效应衡量本地区解释变量变化对其他区域被解释变量影响的程度；总效应为直接影响和空间溢出效应之和。

表 8-5 的分解结果显示，R&D 内部支出经费（$\ln RD$）、科技机构人员（$\ln TH$）对本地区专利申请量的直接影响系数分别为 0.164 和 0.397，通过了 5% 的显著性水平检验，表明两个变量对本地区的专利申请量作用显著为正，这与前文中的实证结果相同。在空间溢出效应上，两个指标的回归系数为负，表现为虹吸效应，但是不显著。

表 8 - 5   专利申请量的空间效应分解

变量	直接效应	间接效应	总效应
ln*TH*	0.397 *** (- 0.059)	- 0.12 (- 0.22)	0.277 (- 0.22)
ln*RD*	0.164 ** (- 0.068)	- 0.042 (- 0.267)	0.122 (- 0.279)
ln*FDI*	- 0.034 (- 0.041)	0.305 * (- 0.182)	0.271 (- 0.183)
ln*NS*	- 0.0857 (- 0.193)	- 0.804 (- 0.795)	- 0.89 (- 0.704)
ln*TIE*	0.010 (- 0.046)	0.37 * (- 0.21)	0.38 * (- 0.207)
ln*NF*	0.600 *** (- 0.0703)	0.661 ** (- 0.281)	1.261 *** (- 0.26)
ln*FE*	- 0.117 *** (- 0.038)	- 0.063 (- 0.129)	- 0.18 (- 0.135)
ln*PGDP*	- 0.444 *** (- 0.171)	- 0.035 (- 0.549)	- 0.479 (- 0.505)

注：括号内为参数估计值的标准误；***、**、* 分别表示通过 1%、5%、10% 的显著性水平检验。

控制变量中，市场结构（ln*NF*）对本地区专利申请量的直接影响系数为 0.6，通过了 1% 的显著性水平检验，政府支持（ln*FE*）和区域经济发展水平（ln*PGDP*）对本地区专利申请量的直接影响系数分别为 - 0.117 和 - 0.444，均通过了 1% 的显著性水平检验，表明两个变量对本地区的专利申请量作用显著为负，这与前文中的实证结果一致。外商直接投资（ln*FDI*）、地区开放程度（ln*TIE*）、市场结构（ln*NF*）都产生了显著的正向的空间溢出效应，这与解释变量与空间权重矩阵交互项中的正向影响结果保持一致。

五、稳健性检验

相较于专利申请量，专利授权量更能反映出创新产出的质量，为检验科技研发阶段创新产出空间溢出效应的稳健性，将创新产出指标专利申请量替换为专利授权量，同时将空间权重矩阵换为经济距离矩阵。

采用空间距离矩阵，对 30 个省区市（除港澳台地区、西藏外）的专利授权量进行全局 Moran'I 指数检验，表 8 - 6 显示，我国 2008 ～ 2018 年各省份专利密集型工业行业专利授权量的 Moran'I 指数均在 0.05 以上，且 P 值均在 1% 的水平下显著。表明我国各省份工业行业的专利授权数在空间分布上具有显著的正相关性。

表 8 - 6　　　　　　2008 ～ 2018 年专利授权量 Moran'I 指数

年份	Moran'I	E(I)	sd(I)	Z 值	P 值
2008	0.0594	−0.0345	0.0329	2.8494	0.0044
2009	0.0816	−0.0345	0.033	3.5211	0.0004
2010	0.0888	−0.0345	0.0328	3.7633	0.0002
2011	0.0825	−0.0345	0.0329	3.5556	0.0004
2012	0.0867	−0.0345	0.0331	3.6648	0.0002
2013	0.0892	−0.0345	0.0329	3.76	0.0002
2014	0.0827	−0.0345	0.0331	3.5382	0.0004
2015	0.087	−0.0345	0.0332	3.662	0.0003
2016	0.0776	−0.0345	0.0331	3.391	0.0007
2017	0.0789	−0.0345	0.0331	3.4293	0.0006
2018	0.0751	−0.0345	0.0329	3.3291	0.0009

采用 Stata 软件对 2008 ～ 2018 年中国 30 个省区市（除港澳台地区、西藏外）工业行业的面板数据进行空间计量分析，Hauseman 检验的卡方值为 59.68，通过了 1% 的显著性水平检验，采用固定效应模型进行分析，

LR 检验显示，空间滞后模型的卡方值为 17.02，p 值为 0.0299，空间误差模型的卡方值为 13.79，p 值为 0.0873，均小于 0.1，表明空间杜宾模型固定效应优于空间滞后模型与空间误差模型固定效应。进一步对 SDM 模型进行个体固定效应、时间固定效应和双固定效应检验，LR 个体固定和时间固定效应检验结果显示，卡方值分别为 32.80 和 357.84，在 1% 的水平上显著，拒绝原假设，采用时间和个体双固定模型。

表 8 - 7 模型结果显示，R&D 内部支出经费（lnRD）、科技机构人员（lnTH）系数分别为 0.012 和 0.400，科技机构人员（lnTH）通过了 1% 的显著性水平检验，与基准回归中结果一致，R&D 内部支出经费（lnRD）在这一阶段系数为正但不显著，可能的原因在于：一是数据滞后，专利授权量可能受到审批流程的影响，审批周期较长，因此可能导致授权量滞后于申请量，这种滞后可能导致在稳健性检验中授权量与创新资本投入的关系不显著；二是专利申请量和授权量反映了不同阶段的创新过程，专利申请量代表了企业在创新初期的努力和投入，而专利授权量则代表了创新成功的结果。在创新初期，企业可能投入大量的创新资本，但是由于创新的不确定性和风险，成功授权的专利数量相对较少。因此，在稳健性检验中，创新资本投入与专利授权量之间的关系可能不显著。三是专利授权量可能不完全反映创新的质量和效率。虽然创新资本投入可能对创新产出有积极影响，但是创新的质量和效率也会影响专利的授权数量，如果企业投入的创新资本过多或过少，可能导致创新效率低下，从而影响专利授权量，在这种情况下，创新资本投入与专利授权量之间的关系可能不显著。控制变量对专利授权量的影响方向与基准回归保持一致，说明科技研发阶段创新投入对创新绩效的空间溢出效应回归结果具有可靠性和稳健性。

表 8 - 7　　　　　　　科技研发阶段创新产出稳健性检验结果

变量	空间滞后双固定模型	空间误差双固定模型	空间杜宾个体固定模型	空间杜宾时间固定模型	空间杜宾双固定模型
lnTH	0.326 *** (-0.061)	0.324 *** (-0.061)	0.331 *** (-0.062)	0.549 *** (-0.074)	0.400 *** (-0.067)

续表

变量	空间滞后双固定模型	空间误差双固定模型	空间杜宾个体固定模型	空间杜宾时间固定模型	空间杜宾双固定模型
lnRD	0.047 （−0.073）	0.027 （−0.074）	0.063 （−0.075）	0.285 *** （−0.095）	0.012 （−0.08）
lnFDI	−0.078 （−0.048）	−0.086 * （−0.048）	−0.064 （−0.049）	0.078 * （−0.045）	−0.075 （−0.05）
lnNS	−0.277 （−0.187）	−0.304 * （−0.184）	−0.327 * （−0.196）	−0.024 （−0.073）	−0.384 ** （−0.195）
lnTIE	0.114 ** （−0.053）	0.114 ** （−0.053）	0.088 （−0.054）	0.124 *** （−0.046）	0.110 ** （−0.056）
lnNF	0.675 *** （−0.073）	0.707 *** （−0.074）	0.628 *** （−0.075）	−0.051 （−0.06）	0.685 *** （−0.081）
lnFE	−0.019 （−0.04）	−0.023 （−0.04）	−0.023 （−0.041）	0.084 * （−0.044）	−0.004 （−0.042）
ln$PGDP$	−0.011 （−0.177）	−0.04 （−0.171）	−0.06 （−0.188）	−0.138 （−0.106）	−0.065 （−0.195）
WlnTH			−0.149 （−0.3）	−1.546 ** （−0.71）	0.287 （−0.571）
WlnRD			−0.304 （−0.206）	1.152 （−0.893）	−1.377 * （−0.707）
WlnFDI			−0.19 （−0.18）	0.184 （−0.392）	−0.052 （−0.477）
WlnNS			0.945 （−1.607）	1.518 ** （−0.615）	−3.330 * （−1.956）
WlnTIE			−0.117 （−0.187）	0.754 * （−0.43）	0.441 （−0.545）
WlnNF			−0.697 *** （−0.253）	0.428 （−0.385）	1.888 *** （−0.621）

变量	空间滞后双固定模型	空间误差双固定模型	空间杜宾个体固定模型	空间杜宾时间固定模型	空间杜宾双固定模型
$W\ln FE$			-0.083 (-0.146)	-1.326^{***} (-0.35)	-0.085 (-0.339)
$W\ln PGDP$			1.984^{**} (-0.846)	-2.193^{***} (-0.645)	1.106 (-1.216)
空间相关系数 （spatial rho）	-0.273 (-0.193)		0.159 (-0.159)	-0.159 (-0.225)	-0.646^{**} (-0.263)
空间 Lambda （spatial lambda）		-0.565^{**} (-0.257)			
方差 （Variance）	0.032^{***} (-0.003)	0.031^{***} (-0.002)	0.034^{***} (-0.003)	0.087^{***} (-0.007)	0.030^{***} (-0.002)

注：括号内为参数估计值的标准误；*** 、** 、* 分别表示通过 1%、5%、10% 的显著性水平检验。

六、异质性分析

区域经济发展不平衡会导致创新资源集中和流动性不足，使得创新活动在一些地区比较活跃，而在另一些地区不够活跃，一般而言，经济发展相对强劲的地区容易形成具有较高创新活动密度和较强创新能力的创新集群，通过相对完善的创新网络和专业化分工提高创新绩效。为了检验创新绩效的空间异质性，将 30 个省区市分为东、中、西部三个区域。表 8 - 8 空间杜宾双固定模型回归结果显示，东、中、西部三个区域的空间相关系数分别为 -0.832、-0.947、-1.412，均通过了 1% 的显著性水平检验，表明三个区域科技研发阶段的创新产出产生了显著的"极化作用"，即本地区创新绩效的提高是以周围区域创新为代价的，高创新产出地区会不断吸纳周围的创新主体与要素涌进，形成创新势差，引致创新不均衡状态，造成研发要素的错配与市场扭曲，难以有效实现创新资源的优化配置，导致高创新产出水平的地区创新能力得到提高的同时低创新产出水平的地区创新能力被抑制。

表 8 - 8　　科技研发阶段地区异质性空间杜宾双固定模型分析结果

变量	东部地区	中部地区	西部地区
lnTH	0.222 *** (- 0.066)	0.362 *** (- 0.122)	0.22 (- 0.137)
lnRD	0.363 *** (- 0.111)	0.301 * (- 0.17)	- 0.052 (- 0.105)
lnFDI	0.220 *** (- 0.079)	0.018 (- 0.158)	0.159 ** (- 0.076)
lnNS	0.398 (- 0.287)	0.492 (- 0.393)	0.021 (- 0.267)
lnTIE	0.595 *** (- 0.186)	- 0.256 ** (- 0.109)	- 0.095 * (- 0.057)
lnNF	0.477 *** (- 0.124)	1.124 *** (- 0.285)	- 0.189 (- 0.297)
lnFE	- 0.064 (- 0.045)	- 0.438 *** (- 0.058)	- 0.077 (- 0.057)
ln$PGDP$	- 0.509 ** (- 0.234)	1.423 ** (- 0.669)	- 0.325 (- 0.287)
WlnTH	- 0.560 * (- 0.321)	- 0.209 (- 0.377)	- 0.139 (- 0.779)
WlnRD	0.587 (- 0.478)	1.162 ** (- 0.493)	0.141 (- 0.631)
WlnFDI	0.935 *** (- 0.333)	0.439 (- 0.638)	0.627 ** (- 0.277)
WlnNS	- 2.829 * (- 1.547)	- 4.338 ** (- 1.913)	- 3.629 (- 2.208)

续表

变量	东部地区	中部地区	西部地区
$W\ln TIE$	2.130 *** (-0.716)	-0.521 (-0.333)	0.148 (-0.349)
$W\ln NF$	2.139 *** (-0.588)	2.343 ** (-1.124)	-1.363 (-1.536)
$W\ln FE$	-0.019 (-0.158)	-0.854 *** (-0.164)	0.049 (-0.301)
$W\ln PGDP$	-0.24 (-1.289)	1.378 (-1.869)	1.215 (-2.153)
空间相关系数 (spatial rho)	-0.832 *** (-0.216)	-0.947 *** (-0.169)	-1.412 *** (-0.249)
方差（Variance）	0.009 *** (-0.001)	0.011 *** (-0.002)	0.011 *** (-0.002)

注：括号内为参数估计值的标准误；*** 、** 、* 分别表示通过 1% 、5% 、10% 的显著性水平检验。

R&D 内部支出经费（lnRD）显著促进了东部和中部地区的专利申请量增长，对西部地区专利申请量产生负向影响，不过这种负向影响不显著。滞后项交互项 $W\ln RD$ 的系数在中部地区显著为正，表明在科技研发阶段的创新资金投入方面，中部地区对周围地区存在明显的空间溢出效应。

科技机构人员（lnTH）对东部、中部和西部地区的专利申请量都产生了正向影响，但是西部地区的影响不显著。滞后项交互项 $W\ln TH$ 的系数在东部地区显著为负，表明在科技研发阶段的创新人员投入方面，东部地区对周围地区产生了明显的虹吸效应。

控制变量上，对东部地区而言，其科技研发阶段创新产出增长与外商直接投资、地区开放程度、市场竞争程度显著正相关，与区域经济发展水平显著负相关；对中部地区而言，其科技研发阶段创新产出增长与市场竞争程度、区域经济发展水平显著正相关，与地区开放程度、政府支持显著负相关；对西部地区而言，科技研发阶段创新产出增长与外商直接投资显著正相关，与地区开放程度显著负相关。

第三节　经济产出阶段创新产出的空间溢出效应

经济产出阶段的创新产出用新产品销售收入反映。

一、新产品销售收入的全局空间自相关分析

采用空间距离矩阵，对 30 个省区市（除香港、澳门、台湾、西藏外）的新产品销售收入进行全局 Moran'I 指数检验，表 8 - 9 显示，除 2008 年和 2009 年以外，2008 ~ 2018 年 30 个省区市专利密集型工业行业经济产出阶段创新绩效的 Moran'I 指数均在 0.1 以上，且 P 值均在 1% 的水平下显著，表明新产品销售收入在空间分布上具有显著的正相关性，即创新绩效相似的省区市存在明显的空间聚集效应，有必要采用空间计量模型研究创新绩效的空间溢出效应。

表 8 - 9　　　　　　　2008 ~ 2018 年新产品销售收入 Moran'I 值

年份	Moran'I（莫兰指数）	E(I)（期望值）	sd(I)（标准差）	Z 值（标准差倍数）	P 值（概率值）
2008	0.0802	− 0.0345	0.0364	3.1483	0.0016
2009	0.0934	− 0.0345	0.0361	3.5379	0.0004
2010	0.1093	− 0.0345	0.0347	4.1402	0
2011	0.114	− 0.0345	0.0349	4.2583	0
2012	0.1168	− 0.0345	0.0351	4.3093	0
2013	0.1118	− 0.0345	0.0347	4.2114	0
2014	0.1163	− 0.0345	0.0356	4.2317	0

续表

年份	Moran'I （莫兰指数）	E（I） （期望值）	sd（I） （标准差）	Z 值 （标准差倍数）	P 值 （概率值）
2015	0. 1359	− 0. 0345	0. 036	4. 7308	0
2016	0. 1304	− 0. 0345	0. 0362	4. 55	0
2017	0. 1361	− 0. 0345	0. 0362	4. 7084	0
2018	0. 1239	− 0. 0345	0. 036	4. 3994	0

二、新产品销售收入的局部空间自相关分析

为进一步分析新产品销售收入的局部空间关联与空间异质性，图 8 – 2 绘制了 2008 年和 2018 年的莫兰散点图。

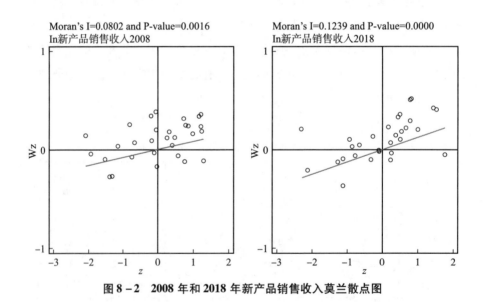

图 8 – 2　2008 年和 2018 年新产品销售收入莫兰散点图

2008 年新产品销售收入的散点图中，北京、天津、辽宁、吉林、上海、江苏、浙江、福建、山东、河南、湖北、湖南 12 个省区市在第 1 象限，为高 – 高模式（HH），表示高创新增长的区域被高创新的其他区域包

围；与之相对应的是，广西、云南、陕西、甘肃、青海、宁夏、新疆 7 个省区市在第 3 象限，为低 - 低模式（LL），表示低创新增长的区域被低创新增长的其他区域包围，可以看出，低 - 低模式主要集中在中西部地区。河北、山西、内蒙古、黑龙江、安徽、江西、海南、贵州 8 个省区市在第 2 象限，为低 - 高模式（LH），表示低创新增长的区域被高创新增长的其他区域包围；四川、重庆和广东 3 个省区市在第 4 象限，为高 - 低模式（HL），表示高创新增长的区域被低创新增长的其他区域包围。

相较于 2008 年的莫兰散点图，2018 年新产品销售收入的样本点分布更接近于预测线，样本点分布较为紧密，而且向高 - 高模式（HH）、低 - 低模式（LL）的集中趋势更加明显，河北、安徽、江西从低 - 高模式（LH）转为高 - 高模式（HH），吉林从高 - 高模式（HH）转为低 - 高模式（LH），属于高 - 高模式（HH）的省区市从 12 个增加到 14 个，属于低 - 低模式（LL）的省区市从 7 个增加到 8 个。

对比 2018 年专利申请量和 2018 年新产品销售收入的莫兰散点图，2018 年专利申请量的样本点在低 - 低（LL）模式的集中趋势更为明显，2018 年内蒙古、辽宁、吉林、黑龙江、广西、云南、陕西、甘肃、青海、宁夏、新疆 11 个省区市专利申请量散点图均为低 - 低（LL）模式，属于此模式的省区市比新产品销售收入多 3 个；2018 年新产品销售收入的样本点在低 - 高模式（LH）的集中趋势更为明显，有 5 个省区市属于此种模式，比专利申请量多 2 个。

三、新产品销售收入的空间计量模型选择

对 2008 ~ 2018 年中国 30 个省区市（除香港、澳门、台湾、西藏外）工业行业的面板数据进行空间计量分析。Hauseman 检验结果显示，卡方值为 91.41，通过了 1% 的显著性水平检验，采用固定效应模型进行分析。LR 检验显示，空间滞后模型和空间误差模型的卡方值分别为 55.89 和 52.36，通过了 1% 的显著性水平检验，表明空间杜宾模型固定效应优于空间滞后与空间误差模型固定效应。采用如下模型：

$$\ln NPS_{it} = \rho W_{it} \ln NPS_{it} + \alpha_1 \ln PA_{it} + \alpha_2 \ln TTF_{it} + \alpha_3 \ln Control_{it} + \beta_1 W_{ij} \ln PA_{it}$$
$$+ \beta_2 W_{ij} \ln TTF_{it} + \beta_3 W_{ij} \ln Control_{it} + \mu_i + \theta_t + \varepsilon_{it}$$

其中，$\ln NPS_{it}$ 为 i 地区在年度 t 经济产出阶段的创新产出即新产品销售收入，$\ln PA_{it}$ 和 $\ln TTF_{it}$ 为核心解释变量，分别为科技研发阶段的创新产出即专利申请量和技术改造经费；$\ln Control_{it}$ 是一系列控制变量，包括政府支持（$\ln FE_{it}$）、市场结构（$\ln NF_{it}$）、区域经济发展水平（$\ln PGDP_{it}$）、外商直接投资（$\ln FDI_{it}$）、人力资本水平（$\ln NS_{it}$）和地区开放程度（$\ln TIE_{it}$）；α_1、α_2、α_3 为核心解释变量和控制变量待估计参数；β_1、β_2、β_3 为其对应空间权重矩阵与自变量矩阵的交互项的系数向量，用于衡量空间溢出效应的影响；W_{ij} 为空间权重矩阵 W 经标准化处理后的矩阵元素，μ_i 为空间固定效应，θ_t 为时间固定效应，ε_{it} 为随机扰动项，$\varepsilon_{it} \sim iid(0, \delta^2)$ 与 μ_i 不相关。

四、新产品销售收入的空间计量结果与分析

（一）基准空间溢出效应分析

LR 个体固定和时间固定效应检验结果显示，卡方值分别为 56.39 和 208.32，在 1% 的水平上显著，拒绝原假设，采用时间和个体双固定模型。

表 8 – 10 空间杜宾双固定模型显示，技术改造经费（$\ln TTF$）、专利申请量（$\ln PA$）系数分别为 0.081 和 0.812，通过了 10% 的显著性水平检验，对新产品销售收入具有显著的促进作用，表明随着科技研发阶段的创新产出专利和技术改造经费的增加，企业在新产品的开发和改进的投入力度加大，有利于提高产品的质量、性能和竞争力，具有独特技术优势的产品往往能够吸引更多的消费者，从而促进新产品的销售收入增长。而且技术改造可以提高生产效率、降低生产成本，从而提高产品的竞争力和市场占有率。通过技术改造，企业能够生产更多、更好、更便宜的产品满足消费者的需求，促进新产品的销售收入增长。技术改造经费（$\ln TTF$）、专利申请量（$\ln PA$）与空间权重矩阵的交互项系数分别为 0.009 和 3.757，表明一个地区专利申请量的增长显著地促进了周围地区的新产品销售收入的

增加，但是技术改造经费的交互项未通过 10% 的显著性水平检验。

表 8－10　　　　　　　　　新产品销售收入的空间模型回归结果

变量	空间滞后双固定模型	空间误差双固定模型	空间杜宾个体固定模型	空间杜宾时间固定模型	空间杜宾双固定模型
lnTTF	0. 101 ** (−0. 048)	0. 100 ** (−0. 048)	0. 091 * (−0. 048)	0. 244 *** (−0. 043)	0. 081 * (−0. 048)
lnPA	0. 640 *** (−0. 093)	0. 678 *** (−0. 096)	0. 585 *** (−0. 091)	0. 506 *** (−0. 058)	0. 812 *** (−0. 096)
lnFDI	0. 014 (−0. 082)	− 0. 001 (−0. 082)	0. 007 (−0. 081)	0. 079 (−0. 053)	− 0. 114 (−0. 082)
lnNS	0. 562 * (−0. 317)	0. 505 (−0. 309)	0. 660 ** (−0. 332)	0. 514 *** (−0. 084)	0. 812 ** (−0. 319)
lnTIE	− 0. 002 (−0. 089)	− 0. 002 (−0. 089)	− 0. 02 (−0. 088)	0. 025 (−0. 051)	− 0. 015 (−0. 087)
lnNF	0. 071 (−0. 137)	0. 055 (−0. 137)	0. 092 (−0. 135)	− 0. 043 (−0. 062)	− 0. 017 (−0. 137)
lnFE	0. 075 (−0. 066)	0. 088 (−0. 066)	0. 045 (−0. 065)	− 0. 039 (−0. 049)	0. 098 (−0. 067)
ln$PGDP$	− 0. 181 (−0. 286)	− 0. 24 (−0. 28)	− 0. 178 (−0. 302)	0. 494 *** (−0. 125)	− 0. 139 (−0. 307)
WlnTTF			− 0. 337 (−0. 226)	− 0. 580 * (−0. 338)	0. 009 (−0. 336)
WlnPA			0. 893 ** (−0. 359)	0. 738 * (−0. 446)	3. 757 *** (−0. 734)
WlnFDI			0. 079 (−0. 208)	0. 699 * (−0. 41)	− 2. 214 *** (−0. 635)
WlnNS			− 3. 781 * (−2. 147)	1. 132 * (−0. 657)	− 0. 093 (−2. 393)

续表

变量	空间滞后双固定模型	空间误差双固定模型	空间杜宾个体固定模型	空间杜宾时间固定模型	空间杜宾双固定模型
$W\ln TIE$			-0.108 (-0.277)	-0.502 (-0.483)	-1.114 (-0.785)
$W\ln NF$			1.007^{**} (-0.451)	-1.150^{**} (-0.453)	-0.851 (-0.963)
$W\ln FE$			0.23 (-0.183)	1.350^{***} (-0.331)	0.758^{*} (-0.432)
$W\ln PGDP$			0.081 (-1.22)	-0.779 (-0.578)	-2.579 (-1.789)
空间相关系数 (spatial rho)	-0.215 (-0.186)		-0.127 (-0.179)	-0.479^{**} (-0.209)	-0.618^{***} (-0.215)
空间 Lambda (spatial lambda)		-0.445^{**} (-0.221)			
方差（Variance）	0.093^{***} (-0.007)	0.091^{***} (-0.007)	0.092^{***} (-0.007)	0.129^{***} (-0.009)	0.080^{***} (-0.006)

注：括号内为参数估计值的标准误；***、**、*分别表示通过1%、5%、10%的显著性水平检验。

控制变量中，人力资本水平（$\ln NS$）显著促进了本地区新产品销售收入的增长，同时对周围地区新产品销售收入产生了负向影响，一般而言，人力资本水平高的地区，由于拥有更多的研发人才和更高的创新能力，能够更有效地推动新产品的开发和销售，从而对本地区的新产品销售收入产生正向影响，与此同时，人力资本水平高的地区可能会吸引周围地区的人才，从而削弱周围地区的新产品开发能力和销售收入。外商直接投资对本地区和周边地区新产品销售收入均产生负向影响，可能是外商直接投资加剧了市场竞争，迫使本土企业降低产品价格或减少研发投入，从而影响新产品销售收入的增长；特别是在技术密集型或资本密集型行业中，外资企业通常拥有更强的技术优势和品牌影响力，这可能导致本土企业在新产品市场上的竞争力下降，进而影响新产品销售收入；此外，外商直接投资可能使本土企业过度依赖外部的技术和管理经验，从而削弱了自身的自主创新能力。政府支持对本地区和周围地区的新产品销售收入均产生正向影响，表明政府支持通过直接资金支持、政策优惠和促进合作等方式，产生了政策溢出效应、产业链协同、技术交流与合作、市场扩张和区域经济一体化等多方面作用，不仅提升了本地区的新产品销售收入，也通过知识溢出和合作机会对周围地区产生了正向影响，促进了区域经济的均衡发展。此外，地区开放程度、市场结构和区域经济发展水平对本地区和周围地区新产品销售收入均产生负向影响，但是不显著。

空间杜宾双固定模型的空间相关系数为 -0.618，在 1% 的水平上显著负相关，表明 2008~2018 年 30 个省区市（除香港、澳门、台湾、西藏外）新产品销售收入存在负向的空间相关性，即一个地区新产品销售收入的提高往往伴随着相邻地区新产品销售收入的减少，说明经济产出阶段的创新产出与科技研发阶段一样，由于地区之间的资源、人才等竞争关系和产业集聚效应，当一个地区获得了人才、资源、技术创新等方面的竞争优势时，相邻地区可能会面临更大的竞争压力，难以通过自身的技术进步来提高新产品销售收入，表现为显著的虹吸效应。

（二）空间效应分解

将解释变量对新产品销售收入的影响分成直接影响和空间溢出效应，表 8-11 显示，技术改造经费（lnTTF）对新产品销售收入的影响总效应系数为 0.077，但是未通过 10% 的显著性水平检验，专利申请量（lnPA）对新产品销售收入的影响总效应系数为 2.877，通过了 1% 的显著性水平检验，其中，直接效应系数为 0.728，间接效应系数为 2.149，间接效应系数远大于直接效应系数，表明经济产出阶段一个地区的专利申请量增长，会显著促进周围地区的新产品销售收入的上升，这主要是因为专利申请量的增长往往伴随着技术创新的活跃，进而通过知识溢出和技术合作等方式，对周围地区产生积极影响，这一结论反映了加强知识产权保护、鼓励创新活动对于推动区域经济发展的重要性。

表 8 - 11　　　　　　　　新产品销售收入的空间效应分解

变量	直接效应	间接效应	总效应
ln*TTF*	0.083 * (-0.049)	-0.006 (-0.216)	0.077 (-0.221)
ln*PA*	0.728 *** (-0.091)	2.149 *** (-0.518)	2.877 *** (-0.537)
ln*FDI*	-0.054 (-0.078)	-1.426 *** (-0.461)	-1.480 *** (-0.476)
ln*NS*	0.820 ** (-0.34)	-0.284 (-1.692)	0.535 (-1.566)
ln*TIE*	0.014 (-0.084)	-0.754 (-0.51)	-0.74 (-0.514)
ln*NF*	0.013 (-0.141)	-0.54 (-0.628)	-0.528 (-0.61)
ln*FE*	0.082 (-0.069)	0.452 * (-0.275)	0.534 * (-0.286)
ln*PGDP*	-0.106 (-0.306)	-1.623 (-1.272)	-1.729 (-1.242)

注：括号内为参数估计值的标准误；***、**、*分别表示通过1%、5%、10%的显著性水平检验。

五、稳健性检验

与科技研发阶段的稳健性检验保持一致，稳健性检验中，将专利申请量替换为专利授权量，同时将空间权重矩阵换为经济距离矩阵。对2008~2018年30个省区市专利密集型工业行业的面板数据进行空间计量分析，Hauseman检验的卡方值为38.23，通过了1%的显著性水平检验，采用固定效应模型进行分析，LR检验显示，空间滞后模型的卡方值为28.40，p值为0.0004，空间误差模型的卡方值为25.81，p值为0.0011，均小于0.1，表明空间杜宾模型（SDM）固定效应优于空间滞后模型与空间误差模型固定效应。LR 个体固定和时间固定效应检验结果显示，卡方值分别为 36.75 和 169.25，在 1% 的水平上显著，拒绝原假设，采用时间和个体双固定模型。

表 8-12 空间杜宾双固定模型结果显示，技术改造经费（lnTTF）、专利授权量（lnPI）系数分别为 0.122 和 0.635，通过了 5% 的显著性水平检验，对新产品销售收入具有显著的促进作用，与基准回归结果一致。技术改造经费（lnTTF）、专利授权量（lnPI）与空间权重矩阵的交互项系数分别为 0.743 和 1.401，本地区技术改造经费的增长显著地促进了周围地区的新产品销售收入的增加，但是专利授权量的交互项未通过 10% 的显著性水平检验。

表 8-12　　　　　　　　经济产出阶段创新产出稳健性检验结果

变量	空间滞后双固定模型	空间误差双固定模型	空间杜宾个体固定模型	空间杜宾时间固定模型	空间杜宾双固定模型
lnTTF	0.107 ** (-0.048)	0.110 ** (-0.048)	0.087 * (-0.049)	0.263 *** (-0.043)	0.122 ** (-0.049)
lnPI	0.633 *** (-0.092)	0.654 *** (-0.093)	0.615 *** (-0.092)	0.465 *** (-0.059)	0.635 *** (-0.096)
lnFDI	0.018 (-0.081)	0.007 (-0.081)	0.014 (-0.082)	-0.002 (-0.057)	-0.011 (-0.085)
lnNS	0.569 * (-0.315)	0.508 (-0.312)	0.566 * (-0.327)	0.619 *** (-0.085)	0.648 ** (-0.329)
lnTIE	0.008 (-0.089)	0.019 (-0.089)	-0.027 (-0.089)	0.117 ** (-0.058)	0.083 (-0.09)
lnNF	0.046 (-0.137)	0.037 (-0.139)	0.116 (-0.136)	-0.061 (-0.065)	0.105 (-0.142)
lnFE	0.078 (-0.065)	0.087 (-0.065)	0.048 (-0.066)	-0.054 (-0.052)	0.140 ** (-0.068)

续表

变量	空间滞后双固定模型	空间误差双固定模型	空间杜宾个体固定模型	空间杜宾时间固定模型	空间杜宾双固定模型
ln$PGDP$	-0.134 (-0.286)	-0.229 (-0.281)	-0.156 (-0.306)	0.530*** (-0.129)	-0.488 (-0.323)
WlnTTF			-0.166 (-0.25)	0.318 (-0.427)	0.743* (-0.407)
WlnPI			0.315 (-0.403)	-0.057 (-0.523)	1.401 (-0.893)
WlnFDI			-0.017 (-0.229)	0.354 (-0.488)	-1.304 (-0.805)
WlnNS			-2.166 (-2.723)	1.298* (-0.749)	-1.634 (-3.096)
WlnTIE			-0.168 (-0.286)	0.037 (-0.584)	1.186 (-0.923)
WlnNF			0.6 (-0.505)	-1.422*** (-0.467)	-1.124 (-1.05)
WlnFE			0.074 (-0.192)	1.663*** (-0.424)	1.339*** (-0.506)
Wln$PGDP$			0.792 (-1.373)	-2.301*** (-0.789)	-3.116 (-2.032)
空间相关系数 (spatial rho)	-0.430* (-0.228)		-0.165 (-0.212)	-0.146 (-0.231)	-0.744*** (-0.267)
空间Lambda (spatial lambda)		-0.620** (-0.266)			
方差 (Variance)	0.092*** (-0.007)	0.090*** (-0.007)	0.095*** (-0.007)	0.136*** (-0.01)	0.084*** (-0.007)

注：括号内为参数估计值的标准误；***、**、*分别表示通过1%、5%、10%的显著性水平检验。

控制变量中，人力资本水平显著地促进了经济阶段的创新产出，同时对周围地区新产品销售收入产生了负向影响；政府支持对本地区和周围地区的新产品销售收入均产生显著的正向影响。其他变量的影响均不显著，与基准回归模型一致。

空间杜宾双固定模型的空间相关系数为 -0.744，在1%的水平上显著负相关，表明2008～2018年30个省区市（除港澳台地区、西藏外）新产品销售收入存在负向的空间相关性，表现为显著的虹吸效应，与基准回归结果一致。说明经济产出阶段创新投入对创新绩效的空间溢出效应回归结果具有可靠性和稳健性。

六、异质性分析

表8－13空间杜宾双固定模型回归模型结果显示，东、中、西部三个区域的空间相关系数分别为 -0.757、-0.388、-1.511，均通过了1%的显著性水平检验，表明三个区域经济产出阶段的创新产出产生了显著的"极化作用"，即本地区创新绩效的提高是以周围区域创新为代价的，高创新产出地区会不断吸纳周围的创新主体与要素涌进，形成创新势差，引致创新不均衡状态，造成研发要素的错配与市场扭曲，难以有效实现创新资源的优化配置。

表8－13　经济产出阶段地区异质性空间杜宾双固定模型分析结果

变量	东部地区	中部地区	西部地区
$\ln TTF$	0.114 ** (-0.045)	-0.182 * (-0.098)	-0.098 (-0.096)
$\ln PA$	0.297 ** (-0.122)	0.866 *** (-0.178)	0.176 (-0.23)
$\ln FDI$	-0.388 *** (-0.11)	0.007 (-0.25)	0.465 ** (-0.189)
$\ln NS$	0.19 (-0.4)	1.626 ** (-0.679)	-0.571 (-0.612)

续表

变量	东部地区	中部地区	西部地区
ln*TIE*	−0.002 (−0.278)	−0.485 ** (−0.201)	−0.185 (−0.131)
ln*NF*	0.371 ** (−0.16)	0.227 (−0.487)	1.517 ** (−0.731)
ln*FE*	0.171 *** (−0.06)	−0.285 ** (−0.132)	0.066 (−0.13)
ln*PGDP*	−0.417 (−0.273)	1.412 (−1.01)	−1.417 ** (−0.585)
*W*ln*TTF*	0.349 ** (−0.16)	−0.412 * (−0.235)	−1.537 *** (−0.498)
*W*ln*PA*	−0.563 (−0.464)	1.873 *** (−0.575)	−0.957 (−1.012)
*W*ln*FDI*	−1.139 ** (−0.487)	1.281 (−0.987)	−0.474 (−0.651)
*W*ln*NS*	−4.339 ** (−1.843)	9.161 *** (−2.821)	−0.338 (−4.976)
*W*ln*TIE*	1.144 (−1.054)	−2.948 *** (−0.578)	0.53 (−0.794)
*W*ln*NF*	1.041 (−0.725)	0.331 (−1.801)	8.066 ** (−3.589)
*W*ln*FE*	0.563 *** (−0.208)	−1.093 *** (−0.343)	1.231 * (−0.689)
*W*ln*PGDP*	−1.782 (−1.222)	6.383 ** (−2.673)	−1.556 (−4.539)
空间相关系数 (spatial rho)	−0.757 *** (−0.21)	−0.388 ** (−0.167)	−1.511 *** (−0.215)
方差（Variance）	0.017 *** (−0.002)	0.028 *** (−0.004)	0.058 *** (−0.008)

注：括号内为参数估计值的标准误；***、**、*分别表示通过1%、5%、10%的显著性水平检验。

技术改造经费（lnTTF）对新产品销售收入增长的影响表现为：东部地区的影响显著为正、中部地区的影响显著为负、西部地区的影响为负，但是不显著。技术改造经费对新产品销售收入增长的影响在不同地区表现出显著差异，这可能与各地区的经济基础、产业结构、政策导向以及技术创新能力等因素有关。东部地区经济发达，技术创新能力强，技术改造经费的投入能够有效促进新产品开发和销售，从而显著提高新产品销售收入，这表明东部地区在利用技术改造经费方面具有较高的效率和效益；中部地区虽然也在加大技术改造投资，但可能由于产业结构、技术吸收能力等方面的限制，导致技术改造经费的投入未能有效转化为新产品销售收入的增长，这提示中部地区在技术改造过程中需要更加注重提升技术吸收能力和创新环境；西部地区在技术改造经费的投入上可能存在经济基础相对薄弱、技术创新能力有限等问题，导致对新产品销售收入的影响不显著。然而，随着西部大开发战略的深入推进，西部地区在技术创新和产业发展方面的潜力有望得到释放，未来技术改造经费对新产品销售收入的影响可能会逐渐显现。

专利申请量（lnPA）对东部、中部和西部地区的新产品销售收入都产生了正向影响，但是西部地区的影响不显著。这可能是因为东部地区的经济发展水平相对较高，企业创新能力和市场接受度也较强，高校、研究机构和企业研发部门等较为集中，这些资源有助于提高专利申请的质量和数量，进而对推动新产品的开发和销售，让专利能更有效地转化为新产品销售收入。相比之下，西部地区的经济发展水平较低，企业创新能力和市场接受度相对较弱，导致专利申请量对新产品的销售收入影响不显著。

控制变量上，对东部地区而言，其经济产出阶段的创新产出与外商直接投资显著负相关，与政府支持和市场竞争程度显著正相关；对中部地区而言，其经济产出阶段的创新产出与人力资本水平显著正相关，与地区开放程度、政府支持显著负相关；对西部地区而言，其经济产出阶段的创新产出与外商直接投资和市场竞争程度显著正相关，与区域经济发展水平显著负相关。

第四节　创新效率的空间溢出效应

第四章专利密集型产业的创新效率测算中，采用了三阶段 DEA 方法。本节采用同样的方法计算 30 个省区市（除港澳台地区、西藏外）专利密集型产业的创新效率，具体做法如下：忽略创新子过程，将创新过程看作一个"黑箱"，利用科技活动经费内部支出总额、R&D 项目经费和科技机构人员作为投入变量，新产品开发项目数和新产品销售收入作为产出变量，政府支持和市场结构为环境变量，用测算出的创新全过程的技术效率值衡量各省区市创新效率水平。表 8-14 显示，2008～2018 年 30 个省区市（除港澳台地区、西藏外）的创新效率差异较大，浙江、上海和广东为1，处在技术效率前沿面，天津、山东、江苏、湖南 4 个省区市在 0.9 以上。从变化趋势来看，30 个省区市（除港澳台地区、西藏外）的技术效率平均值越来越高，从 2008 年的 0.580 上升到 2018 年的 0.708，与此同时，省区市之间的差异有所缩小，技术效率的标准差从 2008 年的 0.327下降到 2018 年的 0.296，2008 年，北京、天津、吉林、上海、浙江、广东 6 个省区市处在技术效率前沿面，2018 年天津、上海、浙江、广东仍然维持在技术效率前沿面，北京和吉林退出技术效率前沿面，湖北和湖南进入技术效率前沿面。

表 8-14　　　2008～2018 年 30 个省区市创新全过程技术效率值

省区市	2008～2018 年年平均	2008 年	2018 年	省区市	2008～2018 年年平均	2008 年	2018 年
北京	0.891	1.000	0.898	湖北	0.855	0.709	1.000
天津	0.997	1.000	1.000	湖南	0.902	0.577	1.000
河北	0.591	0.482	0.803	广东	1.000	1.000	1.000
山西	0.391	0.340	0.467	广西	0.524	0.440	0.620
内蒙古	0.272	0.179	0.360	海南	0.143	0.041	0.177

续表

省区市	2008~2018 年年平均	2008 年	2018 年	省区市	2008~2018 年年平均	2008 年	2018 年
辽宁	0.769	0.773	0.954	重庆	0.792	0.702	0.940
吉林	0.722	1.000	0.721	四川	0.751	0.797	0.861
黑龙江	0.482	0.412	0.499	贵州	0.373	0.285	0.532
上海	1.000	1.000	1.000	云南	0.440	0.241	0.711
江苏	0.924	0.965	0.900	陕西	0.622	0.668	0.676
浙江	1.000	1.000	1.000	甘肃	0.264	0.233	0.243
安徽	0.824	0.603	0.891	青海	0.043	0.051	0.058
福建	0.713	0.592	0.896	宁夏	0.229	0.171	0.252
江西	0.606	0.426	0.785	新疆	0.192	0.088	0.208
山东	0.962	0.974	0.995	平均值	0.632	0.580	0.708
河南	0.695	0.650	0.795	标准差	0.290	0.327	0.296

注：30 个省区市，不包括香港、澳门、台湾、西藏。

一、创新效率的全局空间自相关分析

采用空间距离矩阵，对 30 个省份（除港澳台地区、西藏外）的创新效率进行全局 Moran'I 指数检验，表 8 - 15 显示，我国 2008~2018 年各省份专利密集型工业行业创新效率的 Moran'I 指数在 0.07~0.13，P 值均在 1% 的水平下显著，表明我国各省份工业行业的创新效率在空间分布上具有显著的正相关性，即创新绩效相似的省区市存在明显的空间聚集效应，有必要采用空间计量模型研究创新绩效的空间溢出效应。

表 8 - 15　　　　　　　　2008~2018 年创新效率 Moran'I 值

年份	Moran'I （莫兰指数）	E(I) （期望值）	sd(I) （标准差）	Z 值 （标准差倍数）	P 值 （概率值）
2008	0.0775	− 0.0345	0.0352	3.1796	0.0015
2009	0.0948	− 0.0345	0.0347	3.7292	0.0002

续表

年份	Moran'I（莫兰指数）	E(I)（期望值）	sd(I)（标准差）	Z值（标准差倍数）	P值（概率值）
2010	0.0972	−0.0345	0.0333	3.9529	0.0001
2011	0.0922	−0.0345	0.0322	3.9332	0.0001
2012	0.0987	−0.0345	0.0318	4.1871	0
2013	0.1005	−0.0345	0.0325	4.1592	0
2014	0.0954	−0.0345	0.0326	3.9806	0.0001
2015	0.1032	−0.0345	0.0324	4.2542	0
2016	0.123	−0.0345	0.0351	4.4819	0
2017	0.1257	−0.0345	0.034	4.7104	0
2018	0.1159	−0.0345	0.0337	4.4646	0

二、创新效率的局部空间自相关分析

为进一步分析创新效率的局部空间关联与空间异质性，图 8 - 3 显示了 2008 年和 2018 年的莫兰散点图。

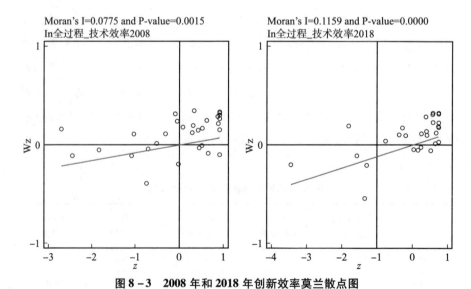

图 8 - 3　2008 年和 2018 年创新效率莫兰散点图

2008 年创新效率的散点图中，北京、天津、河北、辽宁、吉林、上海、江苏、浙江、安徽、福建、山东、河南、湖北、湖南 14 个省区市在第 1 象限，为高 - 高模式（HH），表示高创新效率的区域被高创新效率的其他区域包围；与之相对应的是，广西、云南、甘肃、青海、宁夏、新疆 6 个省区市在第 3 象限，为低 - 低模式（LL），表示低创新效率的区域被低创新效率的其他区域包围，可以看出，低 - 低模式主要集中在西部地区。山西、内蒙古、黑龙江、江西、海南、贵州 6 个省区市在第 2 象限，为低 - 高模式（LH），表示低创新效率的区域被高创新效率的其他区域包围；四川、重庆、广东、陕西 4 个省区市在第 4 象限，为高 - 低模式（HL），表示高创新效率的区域被低创新效率的其他区域包围。

相较于 2008 年的莫兰散点图，2018 年创新效率的样本点分布更接近于预测线，同时向原点靠近，样本点分布较为紧密，而且向高 - 高模式（HH）的集中趋势更加明显，江西从低 - 高模式（LH）转为高 - 高模式（HH），广东和重庆从高 - 低模式（HL）转为高 - 高模式（HH），属于高 - 高模式（HH）的省区市从 14 个增加到 17 个。

三、创新效率的空间计量模型选择

对 2008~2018 年中国 30 个省区市（除港澳台地区、西藏外）工业行业的面板数据进行空间计量分析。Hauseman 检验结果显示，采用固定效应模型进行分析。LR 检验显示，空间滞后模型和空间误差模型的卡方值分别为 33.79 和 23.74，通过了 1% 的显著性水平检验，表明空间杜宾模型固定效应优于空间滞后与空间误差模型固定效应。采用如下模型：

$$\ln IE_{it} = \rho W_{it} \ln IE_{it} + \alpha_1 \ln NPR_{it} + \alpha_2 \ln TAR_{it} + \alpha_3 \ln Control_{it} + \beta_1 W_{ij} \ln NPR_{it}$$
$$+ \beta_2 W_{ij} \ln TAR_{it} + \beta_3 W_{ij} \ln Control_{it} + \mu_i + \theta_t + \varepsilon_{it}$$

其中，$\ln IE_{it}$ 为 i 地区在年度 t 的技术效率，$\ln NPR_{it}$ 和 $\ln TAR_{it}$ 为核心解释变量，分别为开发新产品经费占 GDP 比重、技术引进和消化吸收资金投入占 GDP 比重；$\ln Control_{it}$ 是一系列控制变量，考虑到三阶段 DEA 计算创新效率时，已经将政府支持和市场结构作为环境变量纳入考虑，空间分析的控制变量中，政府支持和市场结构不再计入控制变量，模型中的控制变量包括区域经济发展水平（$\ln PGDP_{it}$）、外商直接投资（$\ln FDI_{it}$）、人力资本水平（$\ln NS_{it}$）和地区开放程度（$\ln TIE_{it}$），α_1、α_2、α_3 为核心解释变量和控制变量待估计参数；β_1、β_2、β_3 为其对应空间权重矩阵与自变量矩阵的交互项的系数向量，用于衡量空间溢出效应的影响；W_{ij} 为空间权重矩阵 W 经标准化处理后的矩阵元素，μ_i 为空间固定效应，θ_t 为时间固定效应，ε_{it} 为随机扰动项，$\varepsilon_{it} \sim iid(0, \delta^2)$ 与 μ_i 不相关。

四、创新效率的空间计量结果与分析

（一）基准空间溢出效应分析

LR 个体固定和时间固定效应检验结果显示，卡方值分别为 59.36 和 404.16，在 1% 的水平上显著，拒绝原假设，采用时间和个体双固定模型。

表 8-16 空间杜宾双固定模型显示，开发新产品经费占 GDP 比重（$\ln NPR$）的系数及其与空间权重矩阵的交互项系数分别为 0.079 和 0.546，均通过了 5% 的显著性水平检验，表明增加开发新产品经费支出能显著促进本地区和周围地区的创新效率提升，这种双重效应强调了地区间在创新活动上的相互依赖性和合作潜力，政策制定者在考虑如何分配创新资源时，应充分考虑到这种空间效应，以实现区域创新能力的协同提升。

表 8-16　　　　　　　　创新效率的空间模型回归结果

变量	空间滞后双固定模型	空间误差双固定模型	空间杜宾个体固定模型	空间杜宾时间固定模型	空间杜宾双固定模型
$\ln NPR$	0.056* （-0.032）	0.070** （-0.033）	0.054 （-0.033）	0.190*** （-0.038）	0.079** （-0.032）

续表

变量	空间滞后双固定模型	空间误差双固定模型	空间杜宾个体固定模型	空间杜宾时间固定模型	空间杜宾双固定模型
ln*TAR*	-0.003 (-0.011)	-0.012 (-0.012)	-0.005 (-0.011)	0.025 (-0.018)	-0.024 ** (-0.012)
ln*FDI*	-0.155 *** (-0.04)	-0.155 *** (-0.039)	-0.161 *** (-0.041)	-0.132 *** (-0.038)	-0.164 *** (-0.039)
ln*NS*	0.970 *** (-0.149)	1.004 *** (-0.137)	0.820 *** (-0.162)	0.733 *** (-0.038)	0.781 *** (-0.148)
ln*TIE*	0.004 (-0.043)	-0.001 (-0.042)	0.011 (-0.045)	0.023 (-0.033)	-0.009 (-0.042)
ln*PGDP*	0.292 ** (-0.125)	0.250 ** (-0.114)	0.247 * (-0.14)	0.388 *** (-0.082)	0.138 (-0.133)
*W*ln*NPR*			0.179 (-0.155)	-0.635 ** (-0.256)	0.546 ** (-0.215)
*W*ln*TAR*			-0.129 *** (-0.045)	-0.261 ** (-0.115)	-0.270 *** (-0.072)
*W*ln*FDI*			0.126 (-0.095)	0.655 ** (-0.273)	-0.239 (-0.289)
*W*ln*NS*			0.952 (-0.796)	-0.245 (-0.395)	3.443 *** (-1.051)
*W*ln*TIE*			-0.013 (-0.118)	0.552 * (-0.317)	0.054 (-0.349)
*W*ln*PGDP*			-1.090 ** (-0.45)	-0.821 ** (-0.383)	-0.158 (-0.784)
空间相关系数 (spatial rho)	-0.589 *** (-0.223)		0.138 (-0.142)	-0.446 * (-0.245)	-1.138 *** (-0.255)
空间 Lambda (spatial lambda)		-1.056 *** (-0.256)			
方差 (Variance)	0.022 *** (-0.002)	0.021 *** (-0.002)	0.025 *** (-0.002)	0.067 *** (-0.005)	0.020 *** (-0.002)

注：括号内为参数估计值的标准误；***、**、*分别表示通过1%、5%、10%的显著性水平检验。

技术引进和消化吸收资金投入占 GDP 比重（lnTAR）的系数及其与空间权重矩阵的交互项系数分别为 -0.024 和 -0.270，均通过了 5% 的显著性水平检验，表明增加技术引进和消化吸收资金投入显著抑制了本地区和周围地区的创新效率提升，这一结果表明，虽然技术引进和消化吸收在理论上可以促进技术进步和创新，但在实际操作中可能存在一些问题和挑战。例如，过度依赖外部技术可能导致本土研发能力下降，消化吸收资金的增加并不一定能有效转化为创新能力，甚至可能因为资源配置不当而抑制创新。此外，空间溢出效应的负向表现也提醒我们，地区间的竞争和模仿行为有时可能阻碍创新，而不是促进创新。

控制变量中，外商直接投资对本地区和周边地区创新效率均产生负向影响，外商直接投资通常被视为促进东道国经济发展的重要因素，包括提升生产效率、促进技术转移和改善就业结构等。然而，在某些情况下，FDI 可能对创新效率产生负向影响：一是竞争效应，即外资企业的进入可能会加剧市场竞争，导致本地企业面临更大的生存压力，从而减少对创新的投入；二是技术依赖，即本地企业可能过度依赖外资企业的技术，减少自身的研发投入，长期来看可能降低自主创新能力；三是利润汇回，即外资企业的利润汇回可能会减少东道国的资本积累，影响本地企业的研发投入和技术创新进程。人力资本水平（lnNS）显著促进了本地区和周围地区的创新效率的增长。地区开放程度和区域经济发展水平对本地区和周围地区的创新效率的影响不显著。

空间杜宾双固定模型的空间相关系数为 -1.138，在 1% 的水平上显著负相关，表明 2008 ~ 2018 年 30 个省区市（除港澳台地区、西藏外）创新效率存在负向的空间相关性，与科技研发阶段、经济产出阶段的创新产出的空间特征一致。

（二）空间效应分解

将解释变量对创新效率的影响分成直接影响和空间溢出效应，表 8 - 17 显示，开发新产品经费占 GDP 比重（lnNPR）对创新效率的影响总效应系数为 0.295，通过了 5% 的显著性水平检验，其中，直接效应和间接效应系数分别为 0.061 和 0.234，间接效应系数远大于直接效应系数，表明一个地区的开发新产品经费占 GDP 比重上升，会显著促进周围地区的创新效率的上升；技术引进和消化吸收资金投入占 GDP 比重（lnTAR）对创新效率的影响总效应系数为 −0.140，通过了 1% 的显著性水平检验，其中，直接效应系数为 −0.015，未通过 10% 的显著性水平检验，间接效应系数为 −0.125，通过了 1% 的显著性水平检验，表明技术引进和消化吸收资金投入占 GDP 比重上升主要抑制了周围地区的创新效率。

表 8 – 17   创新效率的空间效应分解

变量	直接效应	间接效应	总效应
lnNPR	0.061 * (−0.032)	0.234 ** (−0.115)	0.295 ** (−0.119)
lnTAR	−0.015 (−0.011)	−0.125 *** (−0.035)	−0.140 *** (−0.037)
lnFDI	−0.159 *** (−0.039)	−0.015 (−0.143)	−0.174 (−0.138)
lnNS	0.673 *** (−0.17)	1.294 ** (−0.571)	1.968 *** (−0.491)
lnTIE	−0.012 (−0.043)	0.026 (−0.177)	0.014 (−0.168)
ln$PGDP$	0.152 (−0.142)	−0.145 (−0.414)	0.007 (−0.375)

注：括号内为参数估计值的标准误；*** 、** 、* 分别表示通过 1%、5%、10% 的显著性水平检验。

五、稳健性检验

稳健性检验中，将创新效率分析中的技术引进和消化吸收资金投入占 GDP 比重替换为消化吸收资金投入占 GDP 比重，同时将空间权重矩阵换为经济距离矩阵。对 2008 ~ 2018 年中国 30 个省区市专利密集型工业行业的面板数据进行空间计量分析，Hauseman 检验的卡方值为 20.51，通过了 1% 的显著性水平检验，采用固定效应模型进行分析，LR 检验显示，空间滞后模型的卡方值为 20.93，p 值为 0.0019，空间误差模型的卡方值为 11.45，p 值为 0.0753，均小于 0.1，表明空间杜宾模型（SDM）固定效应优于空间滞后模型与空间误差模型固定效应。进一步对 SDM 模型进行个体固定效应、时间固定效应和双固定效应检验，LR 个体固定和时间固定效应检验结果显示，卡方值分别为 49.91 和 394.29，在 1% 的水平上显著，拒绝原假设，采用时间和个体双固定模型。

表 8 - 18 空间杜宾双固定模型结果显示，开发新产品经费占 GDP 比重（lnNPR）的系数为 0.066，消化吸收资金投入占 GDP 的比重（lnAR）的系数为 -0.017，均通过了 10% 的显著性水平检验，这与基准回归结果一致。两个变量与空间权重矩阵的交互项系数分别为 0.267 和 -0.06，与基准回归模型中的影响方向一致，只是影响不显著。

表 8 - 18　　　　　　　　创新效率的稳健性检验结果

变量	空间滞后双固定模型	空间误差双固定模型	空间杜宾个体固定模型	空间杜宾时间固定模型	空间杜宾双固定模型
lnNPR	0.067 ** (-0.031)	0.070 ** (-0.031)	0.059 * (-0.032)	0.236 *** (-0.036)	0.066 ** (-0.031)
lnAR	-0.016 * (-0.009)	-0.016 * (-0.009)	-0.018 * (-0.01)	-0.015 (-0.014)	-0.017 * (-0.009)
lnFDI	-0.153 *** (-0.039)	-0.154 *** (-0.039)	-0.157 *** (-0.041)	-0.109 *** (-0.038)	-0.157 *** (-0.039)
lnNS	0.954 *** (-0.149)	0.997 *** (-0.138)	0.805 *** (-0.163)	0.702 *** (-0.038)	0.780 *** (-0.149)
lnTIE	-0.011 (-0.044)	-0.018 (-0.043)	-0.009 (-0.046)	0.006 (-0.035)	-0.025 (-0.043)

变量	空间滞后双固定模型	空间误差双固定模型	空间杜宾个体固定模型	空间杜宾时间固定模型	空间杜宾双固定模型
ln*PGDP*	0. 290 ** (-0. 124)	0. 254 ** (-0. 114)	0. 227 (-0. 14)	0. 434 *** (-0. 081)	0. 14 (-0. 134)
*W*ln*NPR*			0. 065 (-0. 149)	-0. 524 ** (-0. 248)	0. 267 (-0. 209)
*W*ln*AR*			-0. 067 * (-0. 039)	-0. 318 *** (-0. 085)	-0. 06 (-0. 06)
*W*ln*FDI*			0. 061 (-0. 117)	0. 848 *** (-0. 275)	-0. 156 (-0. 29)
*W*ln*NS*			1. 078 (-0. 8)	0. 148 (-0. 4)	3. 808 *** (-1. 055)
*W*ln*TIE*			-0. 066 (-0. 119)	0. 102 (-0. 324)	-0. 004 (-0. 353)
*W*ln*PGDP*			-0. 874 ** (-0. 445)	-0. 385 (-0. 384)	-0. 166 (-0. 788)
空间相关系数 (spatial rho)	-0. 588 *** (-0. 222)		0. 115 (-0. 147)	-0. 507 ** (-0. 247)	-1. 148 *** (-0. 254)
空间 Lambda (spatial lambda)		-1. 004 *** (-0. 246)			
方差 (Variance)	0. 022 *** (-0. 002)	0. 021 *** (-0. 002)	0. 025 *** (-0. 002)	0. 067 *** (-0. 005)	0. 020 *** (-0. 002)

注: 括号内为参数估计值的标准误; *** 、 ** 、 * 分别表示通过 1%、5%、10% 的显著性水平检验。

　　控制变量中, 外商直接投资对本地区和周边地区创新效率均产生负向影响, 人力资本水平显著促进了本地区和周围地区的创新效率的增长, 地区开放程度和区域经济发展水平对本地区和周围地区的创新效率的影响不显著, 结果与基准回归模型一致。

空间杜宾双固定模型的空间相关系数为 -1.148，在1%的水平上显著负相关，表明2008~2018年30个省区市（除港澳台地区、西藏外）专利密集型工业行业的创新效率存在负向的空间相关性，表现为显著的虹吸效应，与基准回归结果一致。说明创新效率的空间溢出效应回归结果具有可靠性和稳健性。

六、异质性分析

空间杜宾双固定模型回归模型结果显示，东、中、西部三个区域的空间相关系数分别为 -0.767、-0.476、-0.963，均通过了1%的显著性水平检验，表明三个区域创新效率产生了显著的"极化作用"。

表8-19显示，开发新产品经费占 GDP 比重（$\ln NPR$）对创新效率的影响表现为：东部、中部和西部地区的影响都为正，但是西部地区的影响未通过显著性水平检验。这可能是因为相比东部和中部地区，西部地区经济发展水平相对较低，科技创新资源有限，企业创新能力较弱，导致西部地区增加新产品开发经费支出对创新效率提升的促进作用不够明显。

表8-19　　　　创新效率异质性空间杜宾双固定模型分析结果

变量	东部地区	中部地区	西部地区
$\ln NPR$	0.079 *** (-0.029)	0.325 * (-0.173)	0.085 (-0.119)
$\ln TAR$	-0.059 *** (-0.02)	-0.044 (-0.03)	-0.013 (-0.02)
$\ln FDI$	-0.088 (-0.056)	-0.2 (-0.144)	0.105 (-0.114)
$\ln NS$	0.940 *** (-0.167)	-0.324 (-0.345)	0.653 ** (-0.312)
$\ln TIE$	0.615 *** (-0.139)	0 (-0.112)	-0.210 *** (-0.066)

续表

变量	东部地区	中部地区	西部地区
ln$PGDP$	− 0. 386 *** (− 0. 116)	− 0. 182 (− 0. 435)	− 0. 443 (− 0. 29)
WlnNPR	0. 254 * (− 0. 134)	0. 048 (− 0. 438)	− 1. 037 * (− 0. 576)
WlnAR	− 0. 112 (− 0. 085)	− 0. 063 (− 0. 076)	− 0. 234 *** (− 0. 083)
WlnFDI	0. 554 ** (− 0. 231)	0. 044 (− 0. 536)	− 1. 351 *** (− 0. 424)
WlnNS	4. 089 *** (− 0. 722)	5. 475 *** (− 1. 527)	2. 465 (− 2. 449)
WlnTIE	0. 76 (− 0. 494)	− 0. 096 (− 0. 35)	− 0. 155 (− 0. 347)
Wln$PGDP$	− 1. 616 *** (− 0. 547)	1. 949 (− 1. 39)	2. 777 (− 2. 061)
空间相关系数 (spatial rho)	− 0. 767 *** (− 0. 203)	− 0. 476 *** (− 0. 172)	− 0. 963 *** (− 0. 276)
方差（Variance）	0. 005 *** (− 0. 001)	0. 009 *** (− 0. 001)	0. 020 *** (− 0. 003)

注：括号内为参数估计值的标准误；***、**、*分别表示通过1%、5%、10%的显著性水平检验。

技术引进和消化吸收资金投入占 GDP 比重（lnTAR）对东部、中部和西部地区的创新效率都产生了负向影响，但是中部和西部地区的影响不显著。技术引进和消化吸收资金投入对创新效率的负向影响可能是因为过多的资金投入在技术引进和消化吸收上，挤占了用于自主创新的资源，导致创新效率下降；尤其是东部地区，可能过于依赖技术引进，而忽视了自主创新能力的培养，同时，消化吸收资金投入的增加可能没有有效地转化为自主创新能力，导致创新效率下降。

控制变量上，对东部地区而言，其创新效率与区域经济发展水平显著负相关，与人力资本水平、地区开放程度显著正相关；对西部地区而言，其创新效率与人力资本水平显著正相关，与地区开放程度显著负相关；控制变量对中部地区创新效率的影响均不显著。

第五节　本章小结

创新系统之间的空间关联是实现创新绩效的方式之一，本章从创新产出和创新效率两个方面进行空间分析，利用莫兰指数和莫兰散点图等呈现我国专利密集型工业行业创新产出和创新效率的空间特征，用空间计量模型实证检验创新绩效的空间溢出效应，揭示创新活动的区域协同效应，为区域创新政策的制定和区域创新体系的建设提供重要参考和依据。结果发现：

第一，全局 Moran'I 指数显示，无论是科技研发阶段的创新产出专利申请量、经济产出阶段的创新产出新产品销售收入还是全过程的创新效率，Moran'I 指数均显著正相关，表明创新绩效存在空间效应。

第二，局部空间自相关表明，无论是科技研发阶段的创新产出专利申请量、经济产出阶段的创新产出新产品销售收入还是全过程的创新效率，都呈现出明显的集聚趋势，主要集中在高－高模式（HH）和低－低模式（LL）。相比 2008 年，2018 年 30 个省区市分布更为集中、呈现向原点靠近的趋势。对比 2018 年专利申请量和 2018 年新产品销售收入的莫兰散点图发现，2018 年专利申请量的样本点在低－低（LL）模式的集中趋势更为明显，2018 年内蒙古、辽宁、吉林、黑龙江、广西、云南、陕西、甘肃、青海、宁夏、新疆 11 个省区市专利申请量散点图均为低－低（LL）模式，属于此模式的省区市比新产品销售收入多 3 个；2018 年新产品销售收入的样本点在低－高模式（LH）的集中趋势更为明显，有 5 个省区市属于此种模式，比专利申请量多 2 个。2018 年，30 个省区市创新效率散点图中，北京、天津、河北、辽宁、吉林、上海、江苏、浙江、安徽、福建、山东、河南、湖北、湖南、江西、广东、重庆17个省区市在第1象限，表明大部分高创新效率的区域被高创新效率的其他区域包围。

第三，空间杜宾模型双固定效应模型显示，无论是科技研发阶段的创新产出专利申请量、经济产出阶段的创新产出新产品销售收入还是全过程的创新效率，均存在显著的空间负相关关系，表明在创新子过程以及创新全过程中，各区域之间的创新表现并非孤立，而是存在一种相互影响的负向关系。一个区域或实体在某一创新指标（如专利申请量、新产品销售收入、创新效率）上表现较好时，其邻近区域或实体在同一指标上往往表现较差，反之亦然。这种"虹吸"效应在一定程度上与区域创新资源、创新政策、制度环境、基础设施等方面的差异有关，因此，政府应采取措施促进区域间的创新合作与资源共享，鼓励各地区根据自身特色和优势，发展适合本地的创新产业，形成差异化发展的格局，以缓解区域发展和创新不平衡的问题。

第四，科技研发阶段创新产出的空间杜宾双固定模型表明，R&D内部支出经费、科技机构人员对本地区的专利申请量产生了显著的正向促进作用，对周围地区也产生了正向的空间溢出作用，只是目前溢出效应不显著。控制变量中，市场结构对本地区专利申请量产生显著的正向作用，政府支持和区域经济发展水平对本地区专利申请量产生显著的负向作用；市场结构和地区开放程度还对周围地区的专利申请量产生了显著的空间溢出效应。将创新产出指标专利申请量替换为专利授权量，将空间权重矩阵换为经济距离矩阵进行稳健性检验，结果表明，回归结果具有可靠性和稳健性。分区域来看，R&D内部支出经费显著促进了东部和中部地区的专利申请量增长，对西部地区专利申请量产生负向影响，不过这种负向影响不显著；科技机构人员对东部、中部和西部地区的专利申请量都产生了正向影响，但是西部地区的影响不显著，这可能是因为东部和中部地区在科技创新和研发方面具有较强的实力和资源，使得这些投入能够产生更为显著的积极作用。因此，为促进各地区专利申请和科技创新，要加强科技机构人员的培训和引进工作，提高其科技创新能力，特别是在西部地区，要加大对科技人才的投入和支持力度；同时在继续加大东部和中部地区R&D

内部支出经费投入的同时，要优化西部地区 R&D 内部支出经费的使用效率，提高投入产出比，同时通过人才培养、引进和激励机制等促进科技创新。

第五，经济产出阶段创新产出的空间杜宾双固定模型表明，专利申请量对本地区和周围地区的新产品销售收入具有显著的促进作用；技术改造经费对本地区新产品销售收入具有显著的促进作用，但对周围地区新产品销售收入的正向影响不显著。控制变量中，人力资本水平显著促进了本地区新产品销售收入的增长，同时对周围地区新产品销售收入产生了负向影响；外商直接投资对本地区和周边地区新产品销售收入均产生负向影响，政府支持对本地区和周围地区的新产品销售收入均产生正向影响。将专利申请量替换为专利授权量，将空间权重矩阵换为经济距离矩阵进行稳健性检验，结果表明，回归结果具有可靠性和稳健性。分区域来看，技术改造经费对新产品销售收入增长的影响在东部地区显著为正、中部地区显著为负，西部地区不显著，专利申请量对东部、中部和西部地区的新产品销售收入都产生了正向影响，但是西部地区的影响不显著。这可能与各地区的经济基础、产业结构、政策导向以及技术创新能力等因素有关，东部地区经济发达，技术创新能力强，技术改造经费的投入和高质量专利投入能够有效促进新产品开发和销售，从而显著提高新产品销售收入。

第六，创新效率的空间杜宾双固定模型表明，开发新产品经费占 GDP 比重的提升能显著促进本地区和周围地区的创新效率提升，这种双重效应强调了地区间在创新活动上的相互依赖性和合作潜力，政策制定者在考虑如何分配创新资源时，应充分考虑到这种空间效应，以实现区域创新能力的协同提升。技术引进和消化吸收资金投入占 GDP 比重提升显著抑制了本地区和周围地区的创新效率提升，表明过度依赖外部技术可能导致本土研发能力下降，消化吸收资金的增加并不一定能有效转化为创新能力，甚至可能因为资源配置不当而抑制创新。将创新效率分析中的技术引进和消化吸收资金投入占 GDP 比重替换为消化吸收资金投入占 GDP 比重，同时将空间权重矩阵换为经济距离矩阵，结果表明，回归结果具有可靠性和稳健性。分区域来看，开发新产品经费占 GDP 比重对创新效率的影响在东部、中部和西部地区均为正，但西部地区的影响未通过显著性检验；技术引进和消化吸收资金投入占 GDP 比重对东部、中部和西部地区的创新效率都产生了负向影响，但是中部和西部地区的影响不显著。

参 考 文 献

［1］白俊红、江可申、李婧：《应用随机前沿模型评测中国区域研发创新效率》，载《管理世界》2009 年第 10 期。

［2］白俊红、蒋伏心：《考虑环境因素的区域创新效率研究——基于三阶段 DEA 方法》，载《财贸经济》2011 年第 10 期。

［3］白俊红、蒋伏心：《协同创新、空间关联与区域创新绩效》，载《经济研究》2015 年第 7 期。

［4］白旭云、由丽萍、徐枞巍：《中小企业盈利能力与 R&D 投入关系实证研究——基于深市制造业上市公司的数据分析》，载《科技进步与对策》2012 年第 24 期。

［5］毕静煜、谢恩：《研发联盟组合关系特征与企业创新：伙伴地理多样性的调节作用》，载《管理评论》2021 年第 10 期。

［6］曹建云：《广东省战略性新兴产业核心竞争力评价及培育研究》，经济科学出版社，2021 年版。

［7］曹阳、张文思：《我国医药制造业创新效率及其影响因素的空间计量分析》，载《中国新药杂志》2017 年第 12 期。

［8］曹勇、苏凤娇、赵莉：《技术创新资源投入与产出绩效的关联性研究——基于电子与通讯设备制造行业的面板数据分析》，载《科学学与科学技术管理》2010 年第 12 期。

［9］柴国荣、宗胜亮、王璟珉：《创新网络中的企业知识共享机理及其对策研究》，载《科学学研究》2010 年第 2 期。

［10］陈程、刘和东：《我国高新技术产业创新绩效测度及影响因素研究——基于创新链视角的两阶段分析》，载《科技进步与对策》2012 年

第 1 期。

[11] 陈建丽、孟令杰、姜彩楼：《两阶段视角下高技术产业技术创新效率及影响因素研究》，载《数学的实践与认识》2014 年第 4 期。

[12] 陈劲、陈钰芬：《企业技术创新绩效评价指标体系研究》，载《科学学与科学技术管理》2006 年第 3 期。

[13] 陈劲、李根祎、毕溪纯：《何以突破企业研发评估"重投入而轻产出"的瓶颈？——企业研发投入产出效率评估方法探析》，载《创新科技》2023 年第 6 期。

[14] 陈琪：《基于专利合作分析的广东省产学研创新网络结构与知识溢出研究》，暨南大学学位论文，2013 年。

[15] 陈天宇、解学芳：《文化产业集聚提升了区域创新能力吗？——基于空间计量模型的实证检验》，载《经济问题探索》2023 年第 3 期。

[16] 陈伟、刘锦志、杨早立、周文：《高专利密集度产业创新效率及影响因素研究——基于 DEA – Malmquist 指数和 Tobit 模型》，载《科技管理研究》2015 年第 21 期。

[17] 程远、庄芹芹、郭明英、陈雷：《出口对企业创新的影响研究——基于中国工业企业数据的经验证据》，载《新疆农垦经济》2021 年第 5 期。

[18] 程跃、钟雨珊、陈婷：《协同创新网络成员和知识多样性对区域创新绩效的影响研究——基于网络结构的调节作用》，载《创新科技》2023 年第 6 期。

[19] 池仁勇：《区域中小企业创新网络形成、结构属性与功能提升：浙江省实证考察》，载《管理世界》2005 年第 10 期。

[20] 戴小勇、成力为：《研发投入强度对企业绩效影响的门槛效应研究》，载《科学学研究》2013 年第 11 期。

[21] 邓进：《中国高新技术产业 R&D 资本存量、知识生产函数与研发产出效率》，浙江财经学院学位论文，2008 年。

[22] 杜玉申、刘梓毓：《技术多元化、协作研发网络中心度与企业

创新绩效》，载《科技进步与对策》2021年第15期。

[23] 杜跃平、王良：《高科技成长型企业R&D投入与绩效的关系——基于企业生命周期视角的实证研究》，载《科技进步与对策》2011年第12期。

[24] 方大春、张凡、芮明杰：《我国高新技术产业创新效率及其影响因素实证研究——基于面板数据随机前沿模型》，载《科技管理研究》2016年第7期。

[25] 冯根福、刘军虎、徐志霖：《中国工业部门研发效率及其影响因素实证分析》，载《中国工业经济》2006年第11期。

[26] 冯文娜：《高新技术企业研发投入与创新产出的关系研究——基于山东省高新技术企业的实证》，载《经济问题》2010年第9期。

[27] 付宁宁、苏屹、郭秀芳：《基于两阶段超效率DEA的智能制造企业创新效率评价》，载《科技进步与对策》2023年第10期。

[28] 付雅宁、刘凤朝、马荣康：《发明人合作网络影响企业探索式创新的机制研究：知识网络的调节作用》，载《研究与发展管理》2018年第2期。

[29] 盖文启、王缉慈：《论区域的技术创新型模式及其创新网络——以北京中关村地区为例》，载《北京大学学报：哲学社会科学版》1999年第5期。

[30] 高建、汪剑飞、魏平：《企业技术创新绩效指标：现状、问题和新概念模型》，载《科研管理》2004年第S1期。

[31] 高云锋：《科学/经验学习对我国装备制造企业技术能力跃迁的影响研究》，浙江理工大学学位论文，2014年。

[32] 官建成、钟蜀明：《技术创新绩效的产业分布与演变》，载《中国科技论坛》2007年第9期。

[33] 郭庆、刘彤彤：《我国文化产业竞争力影响因素的灰色关联度分析》，载《山东科技大学学报》2017年第5期。

[34] 韩兵、苏屹、李彤等：《基于两阶段DEA的高技术企业技术创新绩效研究》，载《科研管理》2018年第3期。

［35］ 韩晶：《中国高技术产业创新效率研究——基于 SFA 方法的实证分析》，载《科学学研究》2010 年第 3 期。

［36］ 何伟艳：《我国制造业研发投入对技术创新绩效影响的实证研究》，沈阳大学学位论文，2012 年。

［37］ 贺莉：《固流比率与公司业绩的关系研究——基于医药制造业上市公司的经验数据》，载《中国证券期货》2013 年第 1 期。

［38］ 胡欣悦、汤勇力、王国庆等：《研发国际化、跨国知识网络与研发单元创新绩效——基于华为 PCT 专利（2002－2013 年）的面板数据分析》，载《系统工程理论与实践》2018 年第 12 期。

［39］ 黄菁菁：《产学研协同创新效率及其影响因素研究》，载《软科学》2017 年第 5 期。

［40］ 黄艳、陶秋燕、朱福林：《关系强度、知识转移与科技型中小企业创新绩效》，载《企业经济》2017 年第 12 期。

［41］ 黄永明、陈宏：《外商直接投资对中国产业升级影响的研究》，载《管理现代化》2018 年第 4 期。

［42］ 姜南、单晓光、漆苏：《知识产权密集型产业对中国经济的贡献研究》，载《科学学研究》2014 年第 8 期。

［43］ 姜南：《专利密集型产业的 R&D 绩效评价研究——基于 DEA－Malmquist 指数法的检验》，载《科学学与科学技术管理》2014 年第 3 期。

［44］ 李丹青、胡雪萍：《中国制造业技术创新效率及其影响因素探析——基于不同所有制企业的对比》，载《财会月刊》2017 年第 27 期。

［45］ 李凤新、刘磊、倪苹等：《中国产业专利密集度分析报告》，载《科学观察》2015 年第 3 期。

［46］ 李纲、陈静静、杨雪：《网络能力、知识获取与企业服务创新绩效的关系研究——网络规模的调节作用》，载《管理评论》2017 年第 2 期。

［47］ 李海林、陈多、林伟滨：《合作网络整体性特征对科研团队创新绩效的影响研究——以（国际）医学信息学领域研究论文为例》，载《情报科学》2023 年第 5 期。

［48］ 李婧、谭清美、白俊红：《中国区域创新生产的空间计量分

析——基于静态与动态空间面板模型的实证研究》，载《管理世界》2010年第 7 期。

[49] 李黎明：《知识产权密集型产业测算：欧美经验与中国路径》，载《科技进步与对策》2016 年第 14 期。

[50] 李敏、刘晨韵、程杨、李佳萍：《网络位置与高新技术企业创新绩效——以江西省为例》，载《华东经济管理》2017 年第 8 期。

[51] 李明星、苏佳璐、胡成等：《产学研合作创新绩效影响因素元分析研究》，载《科技进步与对策》2020 年第 6 期。

[52] 李培楠、赵兰香、万劲波：《创新要素对产业创新绩效的影响——基于中国制造业和高技术产业数据的实证分析》，载《科学学研究》2014 年第 4 期。

[53] 李平、竺家哲：《组织韧性：最新文献评述》，载《外国经济与管理》2021 年第 3 期。

[54] 李盛楠、许敏、林周周：《研发人力资本效应下国际知识溢出对高技术产业创新绩效的影响研究》，载《管理学报》2021 年第 9 期。

[55] 李顺才、李伟：《基于知识根植性视角的联盟协作创新研究》，载《研究与发展管理》2007 年第 1 期。

[56] 李小龙、张海玲、刘洋：《基于动态网络分析的中国高绩效科研合作网络共性特征研究》，载《科技管理研究》2020 年第 7 期。

[57] 李言睿、马永红：《区域创新网络的网络特征对知识创新绩效的影响研究》，载《预测》2021 年第 5 期。

[58] 李永海、何嘉欣：《地区税收竞争对环境效率的影响研究——基于空间计量模型的实证分析》，载《天津商业大学学报》2023 年第 2 期。

[59] 李贞、杨洪涛：《吸收能力、关系学习及知识整合对企业创新绩效的影响研究——来自科技型中小企业的实证研究》，载《科研管理》2012 年第 1 期。

[60] 李政、陆寅宏：《国有企业真的缺乏创新能力吗？——基于上市公司所有权性质与创新绩效的实证分析与比较》，载《经济理论与经济管理》2014 年第 2 期。

[61] 连远强、刘俊伏：《成员异质性、网络耦合性与产业创新网络绩效》，载《宏观经济研究》2017 年第 9 期。

[62] 林黎：《我国区域产学研创新的协同度研究：以重庆市为例》，载《科技管理研究》2018 年第 15 期。

[63] 刘斐然、胡立君、范小群：《产学研合作如何影响企业的市场绩效？》，载《科研管理》2023 年第 1 期。

[64] 刘玲利：《中国科技资源配置效率变化及其影响因素分析：1998－2005 年》，载《科学学与科学技术管理》2008 年第 7 期。

[65] 刘满凤、宋颖、许娟娟等：《基于协调性约束的经济系统与环境系统综合效率评价》，载《管理评论》2015 年第 6 期。

[66] 刘伟、李星星：《中国高新技术产业技术创新效率的区域差异分析——基于三阶段 DEA 模型宇 Bootstrap 方法》，载《财经问题研究》2013 年第 8 期。

[67] 刘伟：《中国高新技术产业研发创新效率测算——基于三阶段 DEA 模型》，载《数理统计与管理》2015 年第 1 期。

[68] 龙小宁、刘灵子、张靖：《企业合作研发模式对创新质量的影响——基于中国专利数据的实证研究》，载《中国工业经济》2023 年第 10 期。

[69] 罗鄂湘、韩丹丹：《合作网络结构洞对企业技术创新能力的影响研究：以我国集成电路产业为例》，载《工业技术经济》2018 年第 3 期。

[70] 罗家德：《社会网分析讲义》，社会科学文献出版社，2005 年版。

[71] 米捷：《基于网络结构分析和 SD 模型的物联网创新网络发展研究》，南开大学学位论文，2013 年。

[72] 宓泽锋、曾刚：《创新松散型产业的创新网络特征及其对创新绩效的影响研究——以长江经济带物流产业为例》，载《地理研究》2017 年第 9 期。

[73] 莫琦、魏冉：《合作创新网络特征对技术创新绩效的影响——以制造业为例》，载《科技与经济》2023 年第 6 期。

[74] 欧洲专利局、欧盟内部市场协调局：《知识产权密集型产业对

欧盟经济及就业的贡献》，知识产权出版社 2014 年版。

[75] 潘玲：《贵州省知识产权（专利）密集型产业研究》，载《科技管理研究》2023 年第 7 期。

[76] 潘玲、毛秋红、许大英：《我国省域知识产权（专利）密集型产业识别与培育路径研究——以贵州省为例》，载《中国发明与专利》2023 年第 5 期。

[77] 庞瑞芝、杨慧、白雪洁：《转型时期中国大中型工业企业技术创新绩效研究——基于 1997-2005 年工业企业数据的实证考察》，载《产业经济研究》2009 年第 2 期。

[78] 裴耀琳、郭金花：《基于双重异质性的产学研协同创新关系及影响因素研究——来自合作发明专利的经验证据》，载《创新科技》2022 年第 10 期。

[79] 邱兆林：《高技术产业两阶段的创新效率》，载《财经科学》2014 年第 12 期。

[80] 任科名：《陕西省专利密集型产业技术创新效率及其影响因素研究》，西安理工大学学位论文，2022 年。

[81] 任胜钢：《企业网络能力结构的测评及其对企业创新绩效的影响机制研究》，载《南开管理评论》2010 年第 1 期。

[82] 沙文兵、孙君：《FDI 知识溢出对中国高技术产业创新能力的影响——基于分行业面板数据的检验》，载《经济学家》2010 年第 11 期。

[83] 闪辉、王岚、王钢：《基于吸收能力的数字化转型对企业创新绩效的影响研究》，载《企业科技与发展》2023 年第 6 期。

[84] 沈能、潘雄锋：《基于三阶段 DEA 模型的中国工业企业创新效率评价》，载《数理统计与管理》2011 年第 5 期。

[85] 盛锁、杨建君、刘刃：《市场结构与技术创新理论研究综述》，载《科学学与科学技术管理》2006 年第 4 期。

[86] 苏灿：《合作创新网络对区域创新绩效的影响研究》，华东师范大学学位论文，2021 年。

[87] 孙佳怡、杨忠、徐森：《创新主体、创新行动对企业创新绩效的

影响：基于创新链理论的元分析》，载《系统管理学报》2023 年第 4 期。

[88] 孙磊、陈伟、刘锦志等：《中国专利密集型产业技术创新效率评价》，载《科技管理研究》2016 年第 19 期。

[89] 孙磊、陈伟、刘锦志、杨早立：《中国专利密集型产业技术创新效率评价》，载《科技管理研究》2016 年第 19 期。

[90] 孙晓华、翟钰：《盈利能力影响企业研发决策吗？——来自中国制造业上市公司的经验证据》，载《管理评论》2021 年第 7 期。

[91] 汤石雨：《企业创新动态效率的演化机理及测度研究》，吉林大学，2008.

[92] 唐清泉、卢博科：《创新效率、行业间差异及其影响因素》，载《中山大学学报（社会科学版）》2009 年第 6 期。

[93] 陶长琪、王志平：《技术效率的地区差异及其成因分析——基于三阶段 DEA 与 Bootstrap – DEA 方法》，载《研究与发展管理》2011 年第 6 期。

[94] 陶锋：《知识溢出、吸收能力与创新绩效》，暨南大学学位论文，2009 年。

[95] 递泽龙、王晓佳、陈伟：《专利密集型产业国际竞争力评价指标体系构建研究》，载《边疆经济与文化》2022 年第 5 期。

[96] 王海花、谢萍萍、熊丽君：《创业网络、资源拼凑与新创企业绩效的关系研究》，载《管理科学》2019 年第 2 期。

[97] 王怀明、闫新峰：《农业上市公司资产结构与公司绩效的研究》，载《华东经济管理》2007 年第 2 期。

[98] 王京滨、乔慧玲：《人力资本水平、产业结构转型升级与城市经济韧性——基于中国城市面板 PVAR 模型分析》，载《技术经济与管理研究》2022 年第 10 期。

[99] 王伟、孙芳城：《高技术产业三阶段创新效率变动研究——基于内部非期望产出的 SBM 模型与 EBM 模型》，载《科技进步与对策》2018 年第 3 期。

[100] 魏守华、王英茹、汤丹宁：《产学研合作对中国高技术产业创

新绩效的影响》，载《经济管理》2013 年第 5 期。

[101] 魏晓辉：《吸收能力和关系学习对技术多样化与创新绩效的影响研究》，武汉大学学位论文，2017 年。

[102] 温成玉、刘志新：《技术并购对高技术上市公司创新绩效的影响》，载《科研管理》2011 年第 5 期。

[103] 吴俊、张家峰、黄东梅：《产学研合作对战略性新兴产业创新绩效影响研究——来自江苏省企业层面的证据》，载《当代财经》2016 年第 9 期。

[104] 吴亮、刘衡：《资源拼凑与企业创新绩效研究：一个被调节的中介效应》，载《中山大学学报（社会科学版）》2017 年第 4 期。

[105] 吴晓云、王建平：《网络关系强度对技术创新绩效的影响——不同创新模式的双重中介模型》，载《科学学与科学技术管理》2017 年第 7 期。

[106] 吴延兵：《自主研发、技术引进与生产率——基于中国地区工业的实证研究》，载《经济研究》2008 年第 8 期。

[107] 吴艳：《专利品牌两只手撑起福田一片天》，载《中国知识产权报》，2007 年 9 月 26 日。

[108] 武赛赛：《上市军工企业研发投入、技术创新绩效与盈利能力的关系研究》，北京理工大学学位论文，2016 年。

[109] 西奥多·W. 舒尔茨：《论人力资本投资》，北京经济学院出版社 1990 年版。

[110] 项本武、齐峰：《中国战略性新兴产业技术效率及其影响因素》，载《中南财经政法大学学报》2015 年第 2 期。

[111] 肖仁桥、钱丽、陈忠卫：《中国高技术产业创新效率及其影响因素研究》，载《管理科学》2012 年第 5 期。

[112] 肖曙光、彭文浩、黄晓凤：《当前制造业企业的融资约束是过度抑或不足——基于高质量发展要求的审视与评判》，载《南开管理评论》2020 年第 2 期。

[113] 谢伟、胡玮、夏绍模：《中国高新技术产业研发效率及其影响

因素分析》，载《科学学与科学技术管理》2008 年第 3 期。

[114] 解学梅、左蕾蕾：《企业协同创新网络特征与创新绩效：基于知识吸收能力的中介效应研究》，载《南开管理评论》2013 年第 3 期。

[115] 熊志飞、张文忠：《中国新能源汽车产业创新网络及其溢出效应研究》，载《中国科学院院刊》2022 年第 12 期。

[116] 徐明、姜南：《我国专利密集型产业及其影响因素的实证研究》，载《科学学研究》2013 年第 2 期。

[117] 许骞：《创新开放度、知识吸收能力对企业创新绩效的影响机制研究——基于环境动态性视角》，载《预测》2020 年第 5 期。

[118] 许强：《知识密集型产业评价指标体系和定量模型构建》，载《商业时代》2007 年第 33 期。

[119] 闫冰、冯根福：《基于随机前沿生产函数的中国工业 R&D 效率分析》，载《当代经济科学》2005 年第 6 期。

[120] 严焰、池仁勇：《R&D 投入、技术获取模式与企业创新绩效——基于浙江省高技术企业的实证》，载《科研管理》2013 年第 5 期。

[121] 杨浩昌、李廉水：《政府支持与中国高技术产业研发效率》，载《科学学研究》2019 年第 1 期。

[122] 杨嵘、于枫敏、许晶晶：《两阶段视角下我国高技术产业创新效率的时空演变及影响因素——基于三阶段 DEA – Tobit 模型的实证研究》，载《资源开发与市场》2022 年第 5 期。

[123] 姚常成、吴康：《集聚外部性、网络外部性与城市创新发展》，载《地理研究》2022 年第 9 期。

[124] 叶阿忠、肖志学：《产业结构多样化对城市绿色全要素生产率的影响研究——基于空间杜宾模型的实证分析》，载《工业技术经济》2023 年第 3 期。

[125] 叶蓁：《我国高技术产业效率及其影响因素分析》，合肥工业大学学位论文，2006 年。

[126] 伊辉勇、陈豪：《网络密度、产学研知识距离对二元型创新绩效的影响》，载《重庆理工大学学报（社会科学版）》2024 年第 2 期。

［127］尹伟华：《基于网络 SBM 模型的区域高技术产业技术创新效率评价研究》，载《情报杂志》2012 年第 5 期。

［128］尤丽、岳宗全、张兮：《专利密集型产业驱动经济创新发展机制研究》，载《中国发明与专利》2023 年第 1 期。

［129］于明洁、郭鹏、张果：《区域创新网络结构对区域创新效亳的影响研究》，载《科学学与科学技术管理》2013 年第 8 期。

［130］余官胜：《我国出口贸易和技术创新关系实证研究——基于联立方程组》，载《科学学研究》2011 年第 2 期。

［131］余泳泽、刘大勇：《我国区域创新效率的空间外溢效应与价值链外溢效应——创新价值链视角下的多维空间面板模型研究》，载《管理世界》2013 年第 7 期。

［132］余泳泽：《我国高技术产业技术创新效率及其影响因素研究——基于价值链视角下的两阶段分析》，载《经济科学》2009 年第 4 期。

［133］余泳泽、武鹏、林建兵：《价值链视角下的我国高技术产业细分行业研发效率研究》，载《科学学与科学技术管理》2010 年第 5 期。

［134］俞立平、龙汉、彭长生：《创新数量与质量下自主研发与协同创新绩效研究》，载《上海大学学报（社会科学版）》2020 年第 3 期。

［135］袁志刚、张冰莹：《中国投资结构变化、效率演变及其对增长质量的影响》，载《东南学术》2020 年第 6 期。

［136］曾萍、黄紫薇、夏秀云：《外部网络对企业双元创新的影响：制度环境与企业性质的调节作用》，载《研究与发展管理》2017 年第 5 期。

［137］张海洋：《我国工业 R&D 生产效率和影响因素——基于省级大中型工业数据的实证分析》，载《科学学研究》2008 年第 5 期。

［138］张海洋：《我国工业 R&D 投入的决定因素》，载《财经论丛》2008 年第 2 期。

［139］张红娟、谭劲松：《联盟网络与企业创新绩效：跨层次分析》，载《管理世界》2014 年第 3 期。

［140］张鸿、汪玉磊：《陕西省高技术产业技术创新效率及影响因素

分析》，载《陕西师范大学学报（哲学社会科学版）》2016 年第 5 期。

［141］张家琛：《市场结构对技术创新的影响研究》，天津财经大学学位论文，2017 年。

［142］张炜：《智力资本与组织创新能力关系实证研究——以浙江中小技术企业为样本》，载《科学学研究》2007 年第 5 期。

［143］张西征、刘志远、王静：《企业规模与 R&D 投入关系研究——基于企业盈利能力的分析》，载《科学学研究》2012 年第 2 期。

［144］张宵、葛玉辉：《研发投入强度、内部控制与企业技术创新效率关系研究》，载《中国物价》2023 年 2 期。

［145］张玉明、李凯：《省际区域创新产出的空间相关性研究》，载《科学学研究》2008 年第 3 期。

［146］张悦、梁巧转、范培华：《网络嵌入性与创新绩效的 Meta 分析》，载《科研管理》2016 年第 11 期。

［147］张志茹、韩昕妤、张娅、张咏梅、戴宜雯：《研发投入强度对企业创新绩效的影响研究——基于科创板上市公司的经验证据》，载《航空财会》2022 年第 5 期。

［148］章丹、胡祖光：《网络结构洞对企业技术创新活动的影响研究》，载《科研管理》2013 年第 6 期。

［149］赵类、王琦、郑向杰：《网络邻近性、地理邻近性对知识转移绩效的影响》，载《科研管理》2016 年第 1 期。

［150］赵兴庐、刘衡、张建琦：《冗余如何转化为公司创业？资源拼凑和机会识别的双元式中介路径研究》，载《外国经济与管理》2017 年第 6 期。

［151］赵彦志、梁秋莎：《跨境教育联盟组合网络特征对大学创新绩效的影响——组织学习的中介效应》，载《财经问题研究》2022 年第 10 期。

［152］周长辉、曹英慧：《组织的学习空间：紧密度、知识面与创新单元的创新绩效》，载《管理世界》2011 年第 4 期。

［153］周江华、顾柠、张可欣：《扩大高水平对外开放对企业成长性和创新绩效的影响研究》，载《北京师范大学学报（社会科学版)》2022

年第 4 期。

[154] 周凌玥、綦良群、徐莹莹：《用户介入对装备制造企业服务创新绩效的影响研究——知识共创的中介效应与网络能力的调节效应》，载《管理评论》2022 年第 4 期。

[155] 周其仁：《市场里的企业：一个人力资本与非人力资本的特别合约》，载《经济研究》1996 年第 6 期。

[156] 周艳菊、邹飞、王宗润：《盈利能力、技术创新能力与资本结构——基于高新技术企业的实证分析》，载《科研管理》2014 年第 1 期。

[157] 朱有为、徐康宁：《中国高技术产业研发效率的实证研究》，载《中国工业经济》2006 年第 11 期。

[158] 祝宏辉、杨书奇：《知识产权保护、技术研发投入与制造业两阶段创新效率——基于专利密集型与非专利密集型制造业的对比分析》，载《现代管理科学》2022 年第 2 期。

[159] 庄涛、吴洪、胡春：《高技术产业产学研合作创新效率及其影响因素研究——基于三螺旋视角》，载《财贸研究》2015 年第 1 期。

[160] 邹鲜红：《我国医药制造业技术创新效率及其影响因素研究》，中南大学学位论文，2010 年。

[161] 邹艳、张雪花：《企业智力资本与技术创新关系的实证研究——以吸引能力为调节变量》，载《软科学》2009 年第 3 期。

[162] 左弈、周衍平：《"一带一路"沿线省份专利密集型产业绿色创新时空演化及空间效应》，载《经济与管理研究》2023 年第 1 期。

[163] A. Barabási and R. Albert. Emergence of Scaling in Random Networks. *Science*, 1999, 286 (5439): 509 –512.

[164] A. Charnes, W. Cooper and E. Rhodes. Measuring the Efficiency of Decision – Making Units. *European Journal of Operational Research*, 1978, 2 (6): 429 –444.

[165] A. Fosfuri and A. Tribo. Exploring the Antecedents of Potential Absorptive Capacity and Its Impact on Innovative Performance. *The International Journal of Management Science*, 2007, 19 (4): 257 –289.

[166] A. Goerzen. Alliance Networks and Firm Performance: The Impact of Repeated Partnerships. *Strategic Management Journal*, 2007, 28 (5): 487 – 509.

[167] A. Jaffe, M. Trajtenberg and R. Henderson. Geographic Localization of Knowledge Spillovers as Evidenced by Patent Citations. *Quarterly Journal of Economics*, 1993, 108 (3): 577 – 598.

[168] A. Jantunen. Knowledge – Processing Capabilities and Innovative Performance: An Empirical Study. *European Journal of Innovation Management*, 2005, 8 (3): 336 – 349.

[169] A. Naghavi and S. Chiara. Intellctual Property Rights, Diasporas and Domestic Innovation. *Journal of International Economics*, 2015, 96 (1): 150 – 161.

[170] A. Sabidussi, B. Lokshin, T. Leeuw, et al. , A Comparative Perspective on External Technology Sourcing Modalities: The Role of Synergies. *Journal of Engineering & Technology Management*, 2014, 33 (1): 18 – 31.

[171] A. Schumpeter. The Theory of Economic Development: An Inquiry into Profits, Capital, Credit, Interest, and the Business Cycle (Social Science Classics Series). *Social Science Electronic Publishing*, 2012, 3 (1): 90 – 91.

[172] A. Ter Wal. The Dynamics of the Inventor Network in German Biotechnology: Geographic Proximity Versus Triadic Closure. *Journal of Economic Geography*, 2014, 14 (3): 589 – 620.

[173] B. Chen and S. Lee. Cash Flow, R&D Investment and Profitability: Evidence from Chinese High – Tech and Other Industrial Firms. *Journal of International Trade & Commerce*, 2018, 14 (2): 51 – 65.

[174] B. Klein, G. Crawford and A. Alchian. Vertical Integration, Appropriable Rents, and the Competitive Contracting Process. *Journal of Law and Economics*, 1978, 21 (2): 297 – 326.

[175] B. Koka and J. Prescott. Strategic Alliances as Social Capital: A Multidimensional View. *Strategic Management Journal*, 2002, 23 (9): 795 –

816.

[176] C. Fisch, J. Block and P. Sandner. Chinese University Patents: Quantity, Quality, and the Role of Subsidy Programs. *Jourmal of Technology Transfer*, 2016, 41 (1): 60 – 84.

[177] C. Freeman. Networks of Innovators: A Synthesis of Research Issues. *Research Policy*, 1991, 20 (5): 499 – 514.

[178] C. Koopmans. An Analysis of Production as an Efficient Combination of Activities. *Analysis of Production and Allocation*, 1951, 13 (1): 33 – 97.

[179] D. Faems, V. Looy and K. Debackere. Interorganizational Collaboration and Innovation: Toward a Portfolio Approach. *Journal of Production Innovation Management*, 2005, (3): 238 – 250.

[180] D. Gnyawali and R. Madhavan. Cooperative Networks and Competitive Dynamics: A Structural Embededness Perspectivey. *Academy of Management Review*, 2001, 26 (3): 431 – 445.

[181] E. Kash and W. Rycoft. Patterns of Innovating Complex Technologies: A Framework for Adaptive Network Strategies". *Research Policy*, 2000, 29 (8): 819 – 831.

[182] E. Stuart. Interorganizational Alliances and the Performance of Firms: a Study of Growth and Innovation Rates in a High – Technology Industry. *Strategic Management Journal*, 2000, 21 (8): 791 – 81.

[183] G. Ahuja and R. Katila. Technological Acquisitions and the Innovation Performance of Acquiring Firms: A Longitudinal Study. *Stategic Management Journal*, 2001, 22 (3): 197 – 220.

[184] G. Ahuja. Collaboration Networks, Structural Holes, and Innovation: A Longitudinal Study. *Administrative Science Quarterly*, 2000, 45 (3): 425 – 455.

[185] G. Albert, L. Png, D. Levine and A. Arora. Patent Rights and Economic Growth: Evidence from Cross – Country Panels of Manufacturing Industries. *Oxford Economic Papers*, 2013, 65 (3): 675 – 698.

[186] G. Bell and A. Zaheer. Geography, networks, and knowledge flow. *Organization Science*, 2007, 18 (6): 955 – 972.

[187] G. Cainelli, V. De – Marchi and R. Grandinetti. Does the Development of Environmental Innovation Require Different Resources? Evidence from Spanish Manufacturing Firms. *Journal of Cleaner Production*, 2015, 94 (1): 211 – 220.

[188] G. Dushnitsky and M. Lenox. When Does Corporate Venture Capital Investment Creates Firm Value? . *Journal of Business Venturing*, 2006, 21 (6): 753 – 772.

[189] G. Georgea, A. Zahra and R. Wood. The Effects of Business – University Alliances on Innovative Output and Financial Performance: A Study of Publicly Traded Biotechnology Companies. *Journal of Business Venturing*, 2002, (6): 577 – 609.

[190] G. Hu. Ownership, Government R&D, Private R&D, and Productivity in Chinese Industry. *Journal of Comparative Economics*, 2001, 29 (1): 136 – 157.

[191] H. Guo, Z. Su and D. Ahlstrom. Business Model Innovation: The Effects of Exploratory Orientation, Opportunity Recognition, and Entrepreneurial Bricolage in an Emerging Economy. *Asia Pacific Journal of Management*, 2016, 33 (2): 533 – 549.

[192] H. Hopenhayn, G. Llobet and M. Mitchell. Rewarding Sequential Innovators: Prizes, Patentsand Buyouts. *Journal of Political Economy*, 2006, 114 (6): 1041 – 1068.

[193] H. Kessler and K. Chakrabarti. Innovation Speed: A Conceptual Model of Context Aantecedents and Outcomes. *The Academy of Management Review*, 1996, 21 (4): 1143 – 119.

[194] H. Kim. How a Firm's Position in a Whole Network Affects Innovation Performance. *Technology Analysis & Strategic Management*, 2019, 31 (2): 155 – 168.

［195］ H. Lu, C. Shen, T. Ting and H. Wang. Research and Development in Productivity Measurement: An Empirical Investigation of the High Technology Industry. *African Journal of Business Management*, 2014, 4 (13): 2871 – 2884.

［196］ H. Wang. Clarifying the Effects of R&D on Performance Evidence from the High Technology Industries. *Asia Pacific Management Review*, 2011, 16 (1): 51 – 64.

［197］ I. Nonaka and T. Hirotaka. The Knowledge – Creating Company: How Japanese Companies Create the Dynamics of Innovation. *Oxford University Press*, 1995.

［198］ J. Aken and M. Weggeman. Knowledge Management in Innovation Networks: Creating and Managing Variety. In O. C. Organising Committee (Ed.), Abstract book 14th EGOS colloquium, *Maastricht University*, 1998.

［199］ J. Arrow. Economic Welfare and the Allocation of Resources for Invention. In: Rowley, C. K. (eds) Readings in Industrial Economics. Palgrave, London. https://doi.org/10.1007/978 – 1 – 349 – 15486 – 9_13, 1972.

［200］ J. Coleman. Foundations of Social Theory. *Harvard University Press*, 1994.

［201］ J. Dang and K. Motohashi. Patent statistics: A good Indicator for Inovation in China? Patent Subsidy Program Impacts on Patent Quality. *China Economic Review*, 2015, 35 (9): 137 – 155.

［202］ J. Dong, K. Mccarthy and W. Schoenmakers. How Central is too Central? Organizing Interorganizational Colaboration Networks for Breakthrough Innovation. *Journal of Product Innovation Management*, 2017, 34 (4): 526 – 542.

［203］ J. Dyer and K. Nobeoka. Creating and Managing a High Performance Knowledge Sharing Network: The Toyota Case. *Strategic Management Journal*, 2000, 21 (3): 345 – 367.

［204］ J. Hagedoorn and M. Cloodt. Measuring Innovative Performance: Is There an Advantage in Using Multiple Indicators. *Research policy*, 2003, 32 (8): 1365 – 1379.

［205］ J. Hagedoorn, B. Lokshin and A. Zobel. Partner Type Diversity in Alliance Portfolios: Multiple Dimensions Boundary Conditions and Firm Innovation Performance. *Journal of Management Studies*, 2018, 55 (5): 809 – 836.

［206］ J. Jansen. D. Van and H. Volberda. Exploratory Innovation, Exploitative Innovation, and Performance: Efects of Organizational Antecedents and Environmental Moderators. *Management Science*, 2006, 52 (11): 1661 – 1674.

［207］ J. LeSage. Bayesian Estimation of Spatial Autoregressive Models. *International Regional Science Review*, 1997, 20 (1): 113 – 129.

［208］ J. Revilla and Z. Fernández. The Relation between Firm Size and R&D Productivity in Different Technological Regimes. *Technovation*, 2012, 32 (11): 609 – 623.

［209］ J. Schumpeter. The Theory of Economic Development. *Harvard University Press*, 1911.

［210］ J. Stiglitz and A. Weiss. Credit Rationing in Markets within Complete Information. *American Economic Review*, 1981, 71 (6): 393 – 409.

［211］ J. Wallsten. The Effects of Government – Industry R&D Programs on Private R&D: The Case of the Small Business Innovation Research Program. *The RAND Journal of Economics*, 2000, 31 (1): 82 – 100.

［212］ K. Gangopadhyay and D. Mondaly. Does Stronger Protection of Intellectual Property Stimulate Innovation? . *Economics Letters*, 2012, 116 (1): 80 – 82.

［213］ K. Laursen and A. Salter. Open for Innovation: The Role of Openness in Explaining Innovation Performance among UK Manufacturing Firms. *Strategic Management Journal*, 2006, 27 (2): 131 – 150.

［214］ K. Pace, R. Barry, M. Clapp and M. Rodriguez, Spatiotemporal

Autoregressive Models of Neighborhood Effects. *The Journal of Real Estate Finance and Economics*, 1997, 17 (1): 15 – 33.

[215] K. Pavitt, M. Robson and J. Townsend. The Size Distribution of Innovating Firms in the UK: 1945 – 1983. *Journal of Industrial Economics*, 1987, 35 (3): 297 – 316.

[216] K. Sebastian, W. Jutta and M. Welpe. More is not Always Better effects of Colaboration Breadth and Depth on Radical and Incremental Innovation Performance at the Project Level. *Research Policy*, 2019, 48 (1): 1 – 10.

[217] L. Anselin, D. Griffith. Do Spatial Effects Really Matter in Regression Analysis?. *Papers of the Regional Science Association*, 1988, 65 (1): 11 – 34.

[218] L. Branstetter, R. Fisman, C. Foley, F. Fritz and K. Saggi. Does Intellectual Property Rights, and Economic Development: A Unified Empirical Investigation. *World Development*, 2013, 46 (5): 66 – 78.

[219] L. Enos. The Rate and Direction of Inventive Activity: Economic and Social Factors. *Princeton University Press*, 1962.

[220] Lööf and A. Heshmati. Knowledge Capital and Performance Heterogeneity: a Firm Level Innovation Study. *International Journal of Production Economics*, 2002, (1): 61 – 85.

[221] L. Fleming. Recombinant Uncertainty in Technological Search. *Management Science*, 2001, 47 (1): 117 – 132.

[222] L. Glaeser, D. Kallal, A. Scheinkman et al., Growth in Cities. *Journal of Political Economy*, 1992, 100 (6): 1126 – 1152.

[223] L. Harris, A. Coles and K. Dickson. Building Innovation Networks: Issues of Strategy and Expertise. *Technology Analysis and Strategic Management*, 2000, 12 (2): 229 – 241.

[224] L. Yeh, P. Chu H, J. Sher, et al., R&D Intensity, Firm Performance and the Identification of the Threshold: Fresh Evidence from the panel Threshold Regression Model. *Applied Economics*, 2010, 42 (3): 389 – 401.

［225］M. Feldman and M. Kelley. The Ex – Ante Asssment of Knowledge Spillovers：Government R&D Policy, Economic Incentives and Private Firm Behavior. *Research Policy*, 2006, 35 (10)：1509 – 1521.

［226］M. Freel & R. Harrison. Innovation and Cooperation in the Small Firm Sector：Evidence from Northern Britain. *Regional Studies*, 2006, 40 (4)：289 – 305.

［227］M. Granovetter. Economic Action and Social Structure：The Problem of Embeddedness. *American Journal of Sociology*, 1985, 91 (3)：481 – 510.

［228］M. Granovetter. The Strength of Weak Ties：A Network Theory Revisited. *Sociological Theory*, 1983, 1 (1)：201 – 233.

［229］M. Lemley. Beyond Preemption：The Law and Policy of Intellectual Property Licensing. *California Law Review*, 1999, 87 (1)：111 – 112.

［230］M. Scherer and D. Ross. Industrial Market Structure and Economic Performance. *The Bell Journal of Economics and Management Science*, 1971, 2 (2).

［231］N. Papageorgi and A. Sharma. Intellectual Property Rights and Innovation：A Panel Analysis. *Economics Letters*, 2016, 141 (4)：70 – 72.

［232］O. Faleye, T. Kovacs and A. Venkateswaran. Do Better – Connected CEOs Innovate More. Journal of Financial and Quantitative Analysis, 2014, 49 (5 – 6)：1201 – 1225.

［233］O. Fried, K. Lovell and S. Schmidt. Accounting for Environmental Effects and Statistical Noise in Data Envelopment Analysis. *Journal of Productivity Analysis*, 2002, 17 (2)：157 – 174.

［234］P. Boeing. The Allocation and Effectiveness of China's R&D Subsidies – Evidence from Listed Firms. *Research Policy*, 2016, 45 (9)：1774 – 1789.

［235］P. Elhorst. Dynamic Panels with Endogenous Interaction Effects When T is Small. *Regional Science and Urban Economics*, 2010 (5)：272 –

282.

[236] Q. Zhang, A. Vonderembse and L. Jeen – Su. Manufacturing Flexibility: Defining and Analyzing Relationships among Competence, Capability, and Customer Satisfaction, *Journal of Operations Management*, 2003, 21 (2): 173 – 191.

[237] R. Banker, A. Charnes & W. Cooper. Some Models for Estimating Technical and Scale Inefficiencies in Data Envelopment Analysis. *Management Science*, 1984, 30, 1078 – 1092.

[238] R. Burt. Structural Holes: the Social Structure of Competion. *Harvard University Press*, 1995.

[239] R. Gulati. Alliances and Networks. *Strategic Management Journal*, 1998, 19 (1): 293 – 317.

[240] R. Lee. Extending the Environment – Strategy – Performance Framework: The Roles of Multinaional Corporation Network Strength Market Responsiveness, and Product Innovation. *Journal of International Marketing*, 2010, 18 (4): 58 – 73.

[241] R. Mudambi and T. Swift. Knowing When to Leap: Transitioning between Exploitative and Explorative R&D. *Stratezic Management Journal*, 2014, 20 (1): 126 – 145.

[242] R. Nelson and S. Phelps. Investment in Humans, Technological Diffusion, and Economic Growth. *The American Economic Review*, 1996, 56 (1): 69 – 75.

[243] R. Nelson. National Systems of Innovation: A Comparative Study. *Oxford University Press*, 1993.

[244] R. Singh. Entrepreneurial Opportunitly Recognition through Social Networks. *Garland Publishing*, 2000.

[245] S. Burt, J. Jannott and J. Mahoney. Personality Correlates of Structural Holes. *Social Networks*, 1998, 20 (1): 63 – 87.

[246] S. Burt. Structural Holes and Good Ideas. *American Journal of Soci-*

ology, 2004, 110 (2): 349 – 399.

［247］ S. Cho and H. Kim. Intellectual Property Rights Protection and Technological Imnovation the Moderating Effect of Internationalization. *Multinational Business Review*, 2017, 25 (4): 350 – 368.

［248］ S. Harbi, M. Amamou and R. Anderson. Establishing High – Tech Industry: The Tunisian ICT Experience. *Technovation*, 2009, 29 (6): 465 – 480.

［249］ S. Krammer. Drivers of National Inovation in Transition: Evidence from a panel of Eastern Europ ean counties. *Research Policy*, 2009, 38 (5): 845 – 860.

［250］ S. Lesage, M. Banerjee and C. Fisher. Spatial Statistics: Methods, Models and Computation. *Computation Statistics and Data Analysis*, 2009 (8): 2781 – 2785.

［251］ S. Vonortas and A. Tolnay. Innovation Policy in the Knowledge – Based Economy. Boston: *Springer Science + Business Media*, 2001.

［252］ T. Baker and R. Nelson. Creating Something from Nothing: Resource Construction through Entrepreneurial Bricolage. *Administrative Science Quarterly*, 2005, 50 (3): 329 – 366.

［253］ T. Clausen. Do Subsidies Have Positive Impacts on R&D and Innovation Activities at the Firm Level? . *Structural Change & Economic Dynamics*, 2009, 20 (4): 239 – 253.

［254］ T. Rowley and B. Krackhardt. Redundant Governance Structures: An Analysis of Structural and Relational Embeddedness in the Steel and Semiconductor Industries. *Strategic Management Journal*, 2000, 21 (3): 369 – 386.

［255］ W. Nordhaus. Invention, Growth, and Welfare: A Theoretical Treatment of Technological Change. *Cambridge*: *MIT Press*, 1969: 27 – 40.

［256］ W. Powell, K. Koput and L. Smith – Doerr. Interorganizational Collaboration and the Locus of Innovation: Networks of Learning in Biotechnology.

Administrative Science Quarterly, 1996, 41 (1): 116 – 145.

[257] W. Rostow. The Stagesof Economic Growth. *The Economic Gistory Review*, 1959, 12 (1): 1 – 16.

[258] W. Schultz. Investment in Human Capital. *The American Economic Review*, 1961, 51 (5): 1035 – 1039.

[259] X. Xie, L. Wang and S. Zeng. Inter-organizational Knowledge Acquisition and Firms' Radical Innovation: A Moderated Mediation Analysis. *Journal of Business Research*, 2018, 90 (3): 295 – 306.

[260] Y. Furukawa. Intellectual Property Protection and Inmnovation: An Inverted – U Relationship. *Economics Letters*, 2010, 109 (2): 99 – 101.

[261] Y. Hsu and W. Fang. Intellectual Capital and New Product Development Performance: The Mediating Role of Organizational Learning Capability. *Technological Forecasting and Social Change*, 2009, 76 (5): 664 – 677.

[262] Y. Zhang, K. Chen, G. Zhu, et al. , Interorganizational Scientific Collaborations and Policy Effects: An Ego-network Evolutionary Perspective of the Chinese Academy of Sciences. *Scientometrics*, 2016, 108 (3): 1383 – 1415.

[263] Z. Griliches. Issues in Assessing the Contribution of Research and Development to Productivity Growth. *Bell Journal of Economics*, 1979, 10 (1): 92 – 116.